人力资源管理业务流程与制度系列

# 绩效考核管理业务流程与制度

弗布克管理咨询中心　编著

人民邮电出版社
北　京

**图书在版编目（CIP）数据**

绩效考核管理业务流程与制度 / 弗布克管理咨询中心编著. -- 北京 ： 人民邮电出版社，2018.9（2022.3重印）
（人力资源管理业务流程与制度系列）
ISBN 978-7-115-49065-0

Ⅰ．①绩… Ⅱ．①弗… Ⅲ．①企业绩效－企业管理
Ⅳ．①F272.5

中国版本图书馆CIP数据核字(2018)第179216号

## 内 容 提 要

绩效考核管理是企业人力资源管理中最核心，也是最有挑战性的工作之一，几乎每一家企业都会进行绩效考核，但真正能把绩效考核做好并让其为自身创造价值的企业并不多。企业应该怎样实施绩效考核？绩效考核考什么？如何应用绩效考核结果？本书针对这些问题，从绩效考核管理业务流程与制度的角度给出了答案。

《绩效考核管理业务流程与制度》从企业绩效管理工作的实际出发，按照绩效管理业务流程，以"常见问题＋执行流程＋关键节点执行细节＋常见问题解决"和"制度＋管控要点＋管控工具"为主要形式，对绩效考核目标设定与分解、绩效考核指标设定与考核办法、绩效考核实施流程等绩效考核管理中的主要环节和流程进行了系统梳理。书中内容可以将管理者从琐碎的日常工作中解放出来，使其专注于为企业人才队伍发展开出"良方"。

本书适合企业管理人员尤其是人力资源管理人员阅读，也可作为管理咨询人士、企业培训师及高等院校相关专业师生的参考读物。

◆编　　著　弗布克管理咨询中心
　　责任编辑　陈　宏
　　责任印制　焦志炜

◆人民邮电出版社出版发行　　北京市丰台区成寿寺路11号
　　邮编 100164　电子邮件 315@ptpress.com.cn
　　网址 http://www.ptpress.com.cn
　　北京九州迅驰传媒文化有限公司印刷

◆开本：787×1092　1/16
　　印张：14　　　　　　　　　　　2018年9月第1版
　　字数：150千字　　　　　　　　2022年3月北京第9次印刷

定　价：59.00元

读者服务热线：（010）81055656　印装质量热线：（010）81055316
反盗版热线：（010）81055315
广告经营许可证：京东市监广登字 20170147 号

智能时代已经到来，许多企业对人力资源（HR）的需求量逐渐降低，但对人力资源的质量要求却越来越高。企业需要什么样的人才？怎样培养人才？如何更好地管理人才？这些都是摆在企业面前的问题。传统的"等人才""靠领导""要指令"的人力资源管理方式已经不适应这个时代的市场环境，HR 管理人员要学会主动执行、主动管理。

人力资源管理流程与制度系列图书对人力资源管理各项业务的具体流程进行了详细分解，描述了关键节点的执行细节、常见问题及其解决办法，提炼总结了老 HR 管理人员多年积累的执行经验，新 HR 管理人员学习之后能在短时间内快速成长起来。该系列图书还对人力资源管理各项业务的具体管理制度进行了精细化解析，列出了管控要点和管控工具，将老 HR 管理人员多年的管理经验融入制度中，新 HR 管理人员学习之后能快速掌握管理技巧。

《绩效考核管理业务流程与制度》是人力资源管理流程与制度系列图书中的一本。本书以"常见问题＋执行流程＋关键节点执行细节＋常见问题解决"和"制度＋管控要点＋管控工具"的形式，详细讲解了如何设定绩效考核目标与指标，如何构建绩效考核指标体系，如何实施绩效考核，同时重点介绍了企业五个重要岗位和三个关键事项的绩效考核方法。另外，本书还介绍了当下三类热门企业是如何开展绩效考核工作的。

本书具有以下三大特色。

1.简单、实用的流程图，让执行者一看即懂

本书针对绩效考核管理业务的关键环节绘制了大量泳道式流程图，再配以关键执行节

点的细节说明，内容直指要害，既全面系统，又细致可靠，让执行者一看即懂。

2. 对执行过程中的问题进行深入剖析

书中介绍的每一个工作流程后面都配有说明该流程的执行细节表格。读者可以将其直接应用到实际工作中。

3. 不仅提供了制度，还提供了针对制度的管控说明

本书针对各项绩效考核管理业务提供了具体的绩效考核管理制度模板及其管控要点和管控工具，读者可拿来即用或稍改即用。

本书将业务流程精细化、管理制度要点化，目的是让老 HR 管理人员温故知新，让新 HR 管理人员快速自学成才。

# 目　录

第 3 章

## 构建指标，选择方法 / 41

**第 4 章**

## 落实战略，实施考核 / 77

**第 5 章**

## 高效实战之企业重要岗位人员绩效考核 / 115

## 第6章

## 高效实战之企业关键业务事项绩效考核　/　147

## 第7章

## 高效实战之企业核心部门绩效考核　/　167

# 第8章

## 高效实战之热门企业绩效考核 / 195

第 1 章

# 绩效考核业务流程
# 与制度体系

# 1.1　绩效考核流程

## 1.1.1　如何设计绩效考核流程

1. 什么是流程

流程能把一项工作的若干个项目或工作环节及其责任人，以及责任人之间的工作关系一目了然地体现出来。

更确切地说，流程就是为了给特定的顾客或市场提供特定的产品或服务而精心设计的一系列活动。

2. 流程设计的基础

（1）流程设计的外部基础。企业要想在激烈的市场竞争中求得生存和发展，就必须全面彻底地了解顾客需求，并最大限度地满足顾客需求，同时也要不断地适应外部市场环境的变化。流程设计的目的就是通过规范企业流程、改进企业内部管理，使企业适应不断变化的市场形势。

（2）流程设计的内部基础。企业的中长期发展战略规划是流程设计的内部基础。因此，企业要先制定中长期发展战略，然后再着手设计流程，确保设计出来的流程能够适应企业的实际发展需要。

3. 流程设计的原则

在流程设计过程中，企业应遵循下列三个基本原则。

（1）以顾客需求为导向。企业要想提高自身竞争力，就必须以顾客需求为导向，充分满足顾客的各种需求。

（2）以流程为中心。以流程为中心是指将企业的管理方式由以任务为中心转变为以流程为中心，将企业的管理重点从任务管理转移到流程管理上来，以此实现流程式管理。

（3）以人为本的团队式管理。在流程设计过程中，企业必须始终坚持以人为本的原则，注重团队合作，明确团队中每一位成员的职责，这样才能提高团队的整体工作效率。

4. 流程设计的目的

流程设计的目的包括提高经济效益、提高工作效率、提升工作质量、节省企业资源、加强安全生产及提升管理水平等。

5.流程设计中的关键节点

（1）什么是关键节点。在管理流程图或业务流程图中，每一个事项都对应某一个环节（即关键节点）。关键节点对企业的某一流程的执行效率及整体经济效益发挥着至关重要的作用。

（2）确定关键节点的原则。为了在推行流程式管理的过程中最大限度地提升经济效益，企业应该以关键节点为突破口开展流程设计、改善管理工作。在确定关键节点时，企业需要遵循表1-1所示的三个原则。

表1-1　确定关键节点的三个原则

| 确定原则 | 具体说明 |
| --- | --- |
| 绩效低下，不得不改 | 某个节点存在工作效率低、绩效低下的问题 |
| 地位重要，不得不改 | 某个节点在整个管理流程中的地位非常重要，即改善有关问题或进行流程再造后，对企业的整体工作效率、经济效益会产生重要影响 |
| 具有改造的可行性 | 某个节点的改造工作容易落实，进行流程再造后能够很快见到实效 |

（3）流程使用的文件。流程使用的文件是指用于规范各流程节点工作的规章制度、表单、文书及方案等文件，这些文件可以对流程执行过程进行有效的内部控制。

（4）流程中常见的问题。在设计流程之前，企业应明确该流程中的各类常见问题，并对容易出现这些问题的节点进行重点控制，避免问题再次发生。

（5）流程的执行主体。执行主体是指依照企业制定的各项管理制度和规定，在业务中享受权利和承担义务，并影响业务发生、发展或结束的部门或个人。在设置流程的执行主体时，企业需要注意表1-2所示的三个事项。

表1-2　企业设置流程执行主体时应注意的三个事项

| 序号 | 注意事项 |
| --- | --- |
| 1 | 明确各岗位职责 |
| 2 | 通过工作关系分析和工作定量分析，减少各岗位或各部门之间的协调工作，降低企业的运营成本 |
| 3 | 明确各岗位或各部门的职责，确保不相容岗位相互分离、制约和监督。例如，流程涉及授权、签发、审核、执行及记录等工作时，必须由独立的人员或部门实施或执行 |

6. 设计流程图的工具

设计流程图常用的工具有 Word 和 Visio，它们的特点如表 1-3 所示。

表 1-3　设计流程图的两大工具的特点

| 工具名称 | 具体说明 |
|---|---|
| Word | （1）发排打印方便，便于印刷<br>（2）绘制出来的图片清晰、文件占用空间小，且容易复制到移动存储器中，可作为电子邮件附件收发<br>（3）绘图比较费时<br>（4）与其他专用绘图软件相比，Word 的绘图功能过于简单 |
| Visio | （1）属于专业绘图软件，内置大量素材<br>（2）只要拖动预定义的图形符号就能轻松地绘制出图表<br>（3）可根据企业流程设计需要进行组织的自定义<br>（4）可以绘制组织复杂、业务繁杂的流程图 |

7. 流程设计的步骤

流程设计的具体步骤如下。

（1）初步确定流程。明确流程事项的工作目标，确定工作过程中的各个环节及其相互之间的关系。

（2）界定流程范围和参与部门。界定流程涉及的范围，确定参与该工作过程的相关主体的职能与作用。

（3）绘制并分析流程图。初步绘制流程图并分析、判断流程的准确性。

（4）调整并修改流程。对经过分析的流程进行审核与讨论，对流程中的不恰当之处进行调整和修改。

（5）瞄准标杆，对比研究。将流程设计工作做得较好的单位作为标杆，进行对比研究，找出本单位流程设计工作中的不足之处，并加以改进。

（6）试行流程，收集反馈信息。安排相关人员试行流程，并及时收集流程试行过程中的反馈信息。

（7）分析与研究反馈信息。流程试行结束后，相关人员应对收集到的反馈信息进行认真分析与研究。

（8）实施流程改进。对收集到的反馈信息进行认真的分析与研究，改进现有流程。

（9）确定流程。改进流程之后，企业管理层正式公示流程，并将公司所有的流程图汇集成册，保存起来。

## 1.1.2　流程图设计模板

1. 步骤式流程图设计模板

步骤式流程图又称直观式流程图，是以上下步骤来表示工作先后顺序的一种流程图。步骤式流程图示例如图 1-1 所示。

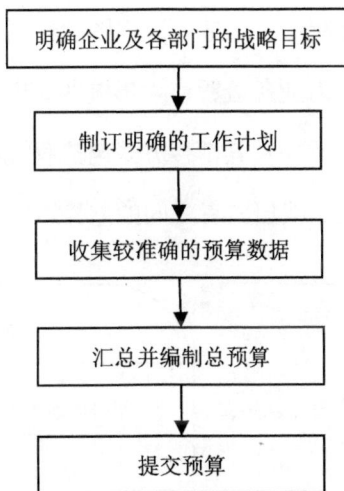

**图 1-1　步骤式流程图示例**

2. 矩阵式流程图设计模板

矩阵式流程图有纵向和横向两个方向，纵向表示流程事项的先后顺序，横向表示承担某个具体流程事项的部门。

矩阵式流程图的绘制方法如表 1-4 所示。

**表 1-4　矩阵式流程图的绘制方法**

| 序号 | 绘制方法 |
|---|---|
| 1 | 横坐标表示各个部门，部门级别从左至右由高到低排序 |
| 2 | 对各部门名称进行编码，一般用英文字母表示，如总经理用 A 表示，部门总监用 B 表示，生产管理部用 C 表示 |

（续表）

| 序号 | 绘制方法 |
|---|---|
| 3 | 纵坐标表示流程事项的先后顺序 |
| 4 | 通常矩形和菱形符号都要求有入口和出口，如果只有入口而没有出口，或者只有出口而没有入口，就无法表明流程的顺序 |
| 5 | 某些工作完成以后，若该项工作与其他部门无关，则用一条虚线表示工作结束 |

3. 泳道式流程图设计模板

泳道式流程图分为纵向和横向两个方向，纵向表示各项工作任务，横向表示承担该项任务的具体部门（即执行主体）。

泳道式流程图示例如图 1-2 所示。泳道式流程图的绘制步骤为：明确各个流程事项之间的关系及其衔接方式，确定能对业务流程产生影响的制度；确定每一个流程事项对应的执行主体；确保各项任务之间的顺序及其衔接方式与流程说明文件保持一致；将绘制好的流程图与流程说明文件进行对比，找出二者之间的差异，并对流程图加以改进。

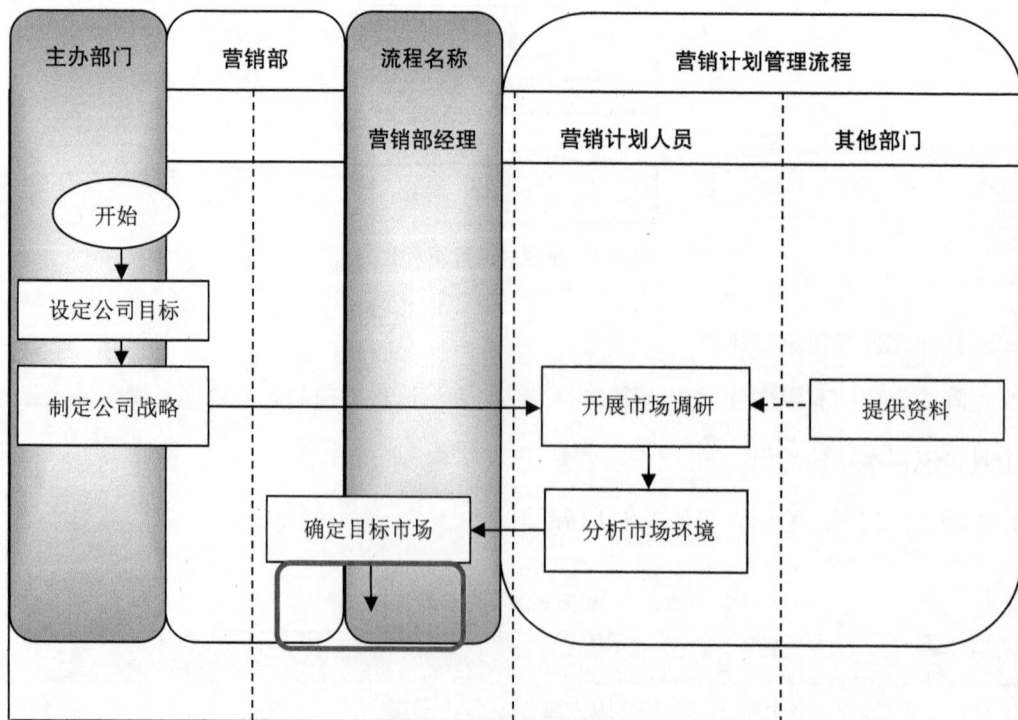

图 1-2　泳道式流程图示例

## 1.1.3　绩效考核管理业务流程体系

1. 绩效考核计划

（1）绩效考核计划的定义。绩效考核计划是由企业管理者和员工共同制定的绩效契约。我们可以从两个方面理解绩效考核计划。

① 绩效考核计划的目标。绩效考核计划的目标是指员工在本次绩效考核期间要实现的目标。

② 明确结果。制订绩效考核计划的过程是一个双向沟通的过程，企业管理者与员工通过双向沟通建立起有效的工作关系，明确想要取得的结果。

（2）制订绩效考核计划的原则。为了有效开展绩效考核，确保企业发展目标的顺利实现，企业在制订绩效考核计划时须遵循下列四个原则。

① 与企业总体发展战略和年度发展目标保持一致原则。制订绩效考核计划的目的是确保企业总体发展战略和年度发展目标顺利实现。因此，在确定绩效考核计划目标时要从企业的总体发展战略和年度发展目标出发。

② 可操作性原则。绩效考核计划的可操作性是指绩效考核目标要符合企业的实际情况，计划可以落地、能够执行。

③ 全员参与原则。企业内部的所有人员都应参与绩效考核计划的制订工作，这样才能制订出科学、合理的计划。

④ 公平、公正原则。绩效考核计划的内容涉及企业内每一位员工的利益，因此，制订绩效考核计划时须针对各岗位及各员工的特点设定考核标准，确保绩效考核结果公平、公正。

（3）绩效考核计划制定流程关键点。绩效考核计划的制订主要有三个阶段，即绩效考核计划准备阶段、绩效考核计划沟通阶段及绩效考核计划审定和确认阶段。绩效考核计划制定流程关键点及其注意事项如图 1-3 所示。

```
                    ┌──────────────────────────────────────┐
                    │          收集关于组织的信息            │
    绩效考核                └──────────────────────────────────────┘
    计划准备            ┌──────────────────────────────────────┐
    阶段                │          收集关于团队的信息            │
                    └──────────────────────────────────────┘
                    ┌──────────────────────────────────────┐
                    │         收集关于员工个人的信息          │
                    └──────────────────────────────────────┘

                    ┌──────────────────────────────────────┐
                    │  回顾绩效考核的各种相关信息，据此确定   │
                    │     绩效考核的目标和评价标准            │
    绩效考核                └──────────────────────────────────────┘
    计划沟通            ┌──────────────────────────────────────┐
    阶段                │  讨论企业可以为员工实现绩效目标        │
                    │     提供哪些资源和支持                 │
                    └──────────────────────────────────────┘
                    ┌──────────────────────────────────────┐
                    │    沟通结束后，约定下次的沟通时间        │
                    └──────────────────────────────────────┘

                    ┌──────────────────────────────────────┐
                    │  确认员工的绩效目标与组织的绩效目标是否一致  │
                    └──────────────────────────────────────┘
                    ┌──────────────────────────────────────┐
    绩效考核                │  确认员工的工作职责描述能否反映其工作内容  │
    计划审定            └──────────────────────────────────────┘
    和确认              ┌──────────────────────────────────────┐
    阶段                │  确认管理人员和员工对工作内容、程序、标准及  │
                    │     权限等是否达成共识                 │
                    └──────────────────────────────────────┘
                    ┌──────────────────────────────────────┐
                    │  明确员工在实现绩效目标的过程中可能遇到的困难， │
                    │  以及主管领导能提供哪些帮助             │
                    └──────────────────────────────────────┘
```

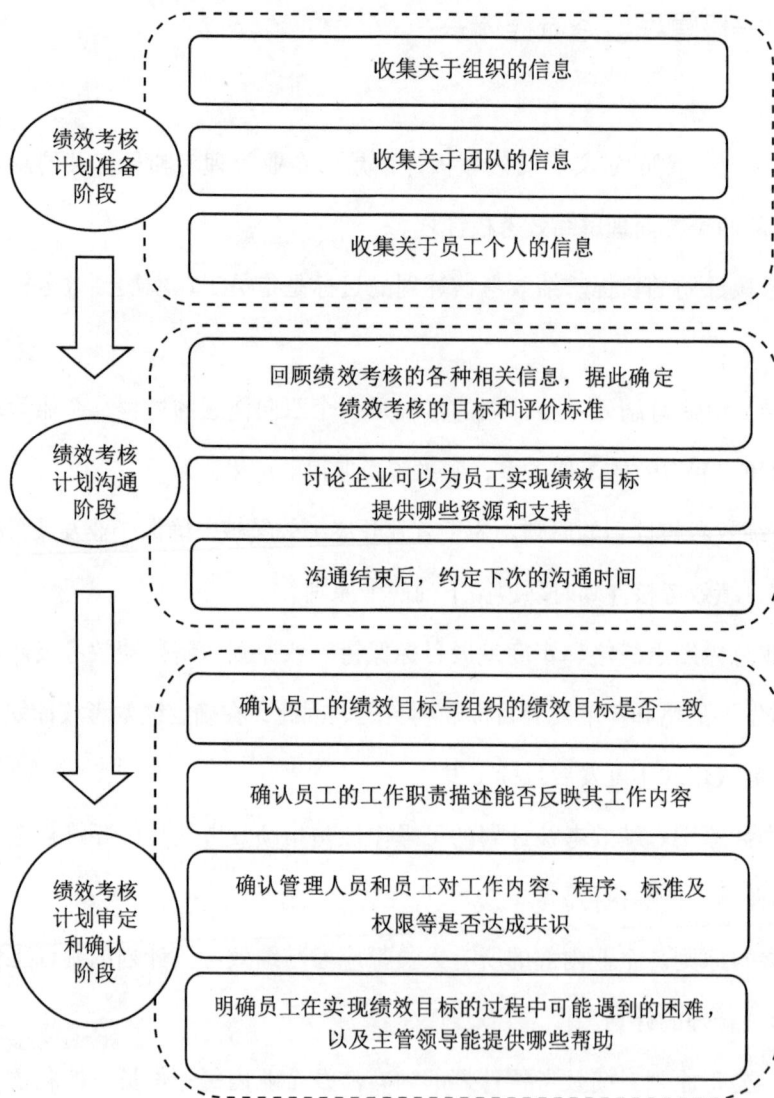

**图 1-3　绩效考核计划制定流程关键点及其注意事项**

2. 绩效考核管理

（1）绩效考核管理的内容。绩效考核管理包括绩效考评和绩效辅导两部分内容。绩效考评是对员工实际的工作绩效与计划绩效之间的差异进行科学评估。绩效辅导是指部门主管与员工就员工在工作中存在的问题进行沟通，确定下一步应该采取的措施或办法，以更好地帮助员工实现绩效目标。

（2）绩效考核管理业务流程关键点。

①绩效考评。绩效考评关键步骤及其说明如表 1-5 所示。

表 1-5 绩效考评关键步骤及其说明

| 序号 | 具体说明 |
|---|---|
| 1 | 编制绩效考核实施方案，设计考核工具，拟订绩效考核计划，并对各级考核者进行必要培训 |
| 2 | 各部门主管组织员工撰写述职报告并进行自评 |
| 3 | 所有员工须对本人在考核期内的工作业绩及表现进行总结 |
| 4 | 各部门主管根据员工平时的工作表现（包括目标完成情况、管理日志记录、考勤记录、统计资料及个人述职），对员工进行客观、公正的考核评价，并提出对员工的期望或工作建议 |
| 5 | 各部门主管与员工进行绩效面谈后，员工可以保留个人意见，但必须在考评表上签字确认。员工若对考核结果有异议，可向上级领导或考评委员会提出申诉 |
| 6 | 人力资源部负责收集、汇总所有员工的绩效考核结果，编制"绩效考核结果一览表"，并报考评委员会审核 |
| 7 | 考评委员会要认真听取各部门的汇报，对有异议的绩效考核结果进行重点讨论，并确定最终的绩效考核结果 |
| 8 | 人力资源部负责整理最终的绩效考核结果，并建立员工绩效考核档案 |
| 9 | 各部门主管就最终的绩效考核结果与员工进行面谈，肯定员工在工作中的优点，同时指出其有待改进的地方 |
| 10 | 人力资源部须对本次绩效考核工作进行总结和分析，并提出改进意见和方案 |

② 绩效辅导。绩效辅导关键步骤及其说明如表 1-6 所示。

表 1-6 绩效辅导关键步骤及其说明

| 执行关键步骤 | 具体说明 |
|---|---|
| 观察与反馈 | （1）企业管理者观察员工的工作绩效，使员工了解自身的绩效情况，并为其提供绩效反馈<br>（2）企业管理者必须要求员工改进绩效，为其提供绩效辅导，使其保持较高的绩效 |
| 分析员工绩效低下的根本原因 | 若员工的工作绩效没有任何改进，则需要分析并找出员工绩效低下的根本原因 |
| 教导分析 | 如果员工的工作绩效持续低下，企业管理者就要运用教导分析方法帮助员工改进绩效 |
| 改进绩效 | 企业管理者和员工共同制订针对员工自身的绩效改进计划 |

3. 绩效考核结果申诉

（1）绩效考核结果申诉的定义。在绩效考核结果公布的有效期内，员工若对绩效考核结果有异议，可向人力资源部提出申诉。

（2）绩效考核结果申诉处理流程关键点。

① 提出绩效考核结果申诉。员工若对绩效考核结果有异议，则应在申诉有效期内向

人力资源部提出申诉。

② 受理考核申诉。人力资源部在接到员工的申诉后，应在规定的时间内做出是否受理的答复。

③ 处理考核申诉。受理绩效考核结果申诉后，人力资源部应实事求是地对员工的考核过程进行调查、复核，并在规定的时间内做出最终处理决定。若员工对处理后的绩效考核结果仍不满意，则可提出二次申诉。

④ 绩效考核结果二次申诉。绩效考核结果二次申诉一般由人力资源部经理负责处理。在二次申诉中，若员工与人力资源部经理就二次申诉处理结果达成一致意见，则二次申诉处理结果由人力资源部经理报总经理审批后公布。

（3）绩效考核结果申诉处理流程及注意事项。第一，员工对绩效考核结果有异议而提出申诉的，申诉期间原考核结果及处理决定依然有效，相关部门必须按照规定执行。第二，企业在处理申诉时，必须尊重员工的意见和想法。第三，考核者不应参与考核结果申诉的评审及处理工作。第四，企业应制定严格的奖惩规定，如申诉者有主观臆断、捏造事实、诬陷他人等违背公平、公正原则行为的，要予以严惩。

4. 绩效面谈

（1）绩效面谈的定义。绩效面谈是指企业管理者对员工的工作绩效进行评价，肯定员工本考核期内的工作表现，然后就绩效考核结果与员工进行面对面的绩效沟通，使员工对自己的工作表现有一个全面的认识，以便在下一个考核期内提升绩效。

（2）绩效面谈原则。企业管理者与员工进行绩效面谈时须遵循表1-7所示的四个原则。

表1-7　绩效面谈原则

| 绩效面谈原则 | 具体说明 |
| --- | --- |
| 及时性原则 | 企业管理者要及时将绩效考核结果反馈给员工，以便员工针对自身的实际情况制订绩效改进计划 |
| 实事求是原则 | 企业管理者要实事求是地指出员工在工作中的不足，以便员工改进 |
| 双向沟通原则 | 企业管理者要尊重员工，鼓励员工提出意见和建议 |
| 相互信任原则 | 企业管理者和员工要在相互信任的基础上进行绩效面谈 |

（3）绩效面谈流程关键点。

① 绩效面谈准备工作内容。绩效面谈准备工作内容如表1-8所示。

表1-8 绩效面谈准备工作内容

| 人员 | 步骤 | 具体内容 |
|---|---|---|
| 各部门主管 | 收集并准备绩效面谈资料 | ◆ 各部门主管应根据绩效考核计划内容，收集绩效面谈所需资料，如岗位说明书、绩效考核评估表和员工的工作记录等<br>◆ 岗位说明书要明确各岗位的职责和工作目标。在进行绩效面谈之前，各部门主管必须认真阅读被考核者的岗位说明书，做到有理有据<br>◆ 绩效考核评估表要明确记载被考核者的绩效完成情况。各部门主管在了解被考核者的绩效情况之后，要选择恰当的面谈方式<br>◆ 被考核者的工作记录是绩效考核的依据之一。各部门主管只有充分掌握员工的工作情况，才能准确分析员工得到这种绩效的原因 |
| | 拟订绩效面谈计划 | ◆ 各部门主管要先向员工说明绩效面谈的目的和程序，员工简单汇报上一阶段的工作情况。各部门主管根据员工的绩效考核结果提出其需要改进的地方，拟订下一阶段的绩效面谈计划<br>◆ 尽量选择能让人产生友好、亲密感觉的座位安排方式，这样才能拉近各部门主管与员工之间的距离<br>◆ 各部门主管应与员工共同商定绩效面谈的时间 |
| | 下发绩效面谈通知书 | 各部门主管应提前将绩效面谈通知下发给员工，以便让员工做好准备 |
| 员工 | 自我评价 | ◆ 员工首先要回顾自己在考核期内的工作成果，做到心中有数<br>◆ 在进行绩效面谈前，员工应对自己的工作表现进行总结，对比自评与实际绩效考核结果之间的差异 |
| | 制订下一阶段的工作计划 | 绩效面谈的目的是各部门主管根据员工上一阶段的工作情况，为员工制订下一阶段的工作计划。各部门主管只有根据员工的实际工作情况为其制订工作计划，才能帮助员工有效地改进绩效 |
| | 准备提出问题 | 员工应从两个方面提出问题：一是针对绩效考核结果提出问题；二是提供一些证据和资料，说明自己在某些绩效标准上未能达标的原因 |
| | 提前做好工作交接 | 绩效面谈一般会占用员工的工作时间，因此，员工须提前做好工作交接 |

② 进行绩效面谈。绩效面谈实施过程中的关键步骤如图1-4所示。

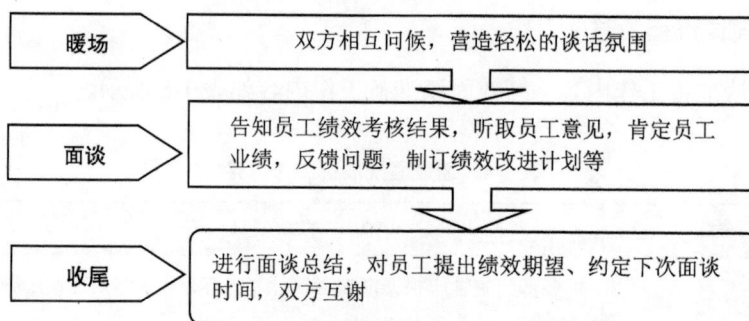

图 1-4　绩效面谈实施过程中的关键步骤

5.绩效考核结果应用

（1）绩效考核结果应用的定义。绩效考核结果应用是指企业根据绩效考核结果对员工实施奖励或惩罚，对相关问题进行纠正。

（2）绩效考核结果应用须遵循的原则。第一，以人为本原则，改进员工的工作绩效，促进员工的职业发展；第二，将员工个人利益与公司利益紧密联系原则，使员工和公司共荣辱、共成长。

（3）绩效考核结果应用的范围。绩效考核结果在人力资源管理中的应用主要表现在表 1-9 所示的五个方面。

表 1-9　绩效考核结果在人力资源管理中的应用

| 用途 | 具体说明 |
|---|---|
| 调整薪酬的依据 | 员工的薪酬与绩效挂钩主要体现在对员工的长期激励方面：一是将绩效考核结果作为年度薪酬总额的调整依据；二是将绩效考核结果作为定期调整薪酬的依据 |
| 发放奖金的依据 | 作为发放奖金的依据，主要体现在企业对员工的短期激励方面 |
| 职务晋升与干部选拔的依据 | 作为职务晋升和干部选拔的依据 |
| 违反规定扣分方法的制定依据 | 按照员工岗位要求制定违反规定的扣分方法，并定期进行考查和登记 |
| 个人工作计划的制订依据 | 将绩效考核结果反馈给员工，使员工据此制订个人工作计划 |

6.绩效改进

（1）绩效改进的定义。绩效改进是指确认工作过程中的不足和差距，查找绩效低下的原因，并有针对性地制订绩效改进计划，从而提升绩效。

（2）绩效改进的原则。主要原则有：平等性原则，凡是企业内部人员，在实施绩效改进的过程中要一律平等对待；主动性原则，在实施绩效改进的过程中，考核者要多倾听被考核者的意见，因为被考核者才是绩效改进的实施主体；指导性原则，在实施绩效改进的过程中，考核者要从被考核者的实际工作需求出发，为其提供明确具体的改进建议与必要的支持；可操作性原则，在实施绩效改进的过程中，改进措施应具有可操作性。

（3）绩效改进关键步骤。绩效改进关键步骤及其说明如表 1-10 所示。

**表 1-10　绩效改进关键步骤及其说明**

| 关键步骤 | 具体说明 |
| --- | --- |
| 分析绩效差距 | 在改进绩效前，人力资源部应采取横向比较法或水平比较法分析员工是否存在绩效差距 |
| 分析影响员工绩效的原因 | 人力资源部应从员工自身及企业的内外部环境等角度出发，分析影响员工绩效的原因 |
| 制定绩效改进策略 | 人力资源部根据员工产生绩效差距的原因制定适合的绩效改进策略 |
| 制订绩效改进计划 | 人力资源部根据员工的绩效考核结果制订适合的绩效改进计划 |
| 修订、完善计划 | 在实施绩效改进计划前，人力资源部应对员工的绩效改进计划进行修订与完善，确保员工的绩效改进工作能够顺利完成 |
| 绩效改进效果评估 | 绩效改进计划执行结束后，人力资源部需评估绩效改进效果 |

# 1.2　绩效考核管理业务制度

## 1.2.1　如何制定制度

制度是企业开展人力资源管理工作时必不可少的工具。制度的规范性和实用性将直接影响企业的管理成本。

1. 制度的定义

制度是企业规范员工行为的工具，是企业开展规范化管理的基础。制度一经制定和颁布，就对某一岗位上的或从事某一项工作的员工产生了约束作用，就成了他的行为准则和依据。

2. 制度的主要形式

制度是由企业制定的，全体成员共同遵守的办事规程或行动准则。制度的形式并没有十分严格的规定，不同的行业、不同的部门对各项管理制度的具体称谓存在一定的差异，其发挥的作用、适用范围也有所不同。一般来说，制度主要有表 1-11 所示的六种形式。

表 1-11 制度的六种形式

| 制度形式 | 具体说明 |
|---|---|
| 章程 | 章程是企业制定的关于组织规程和办事规则的文书，是一种根本性的规章制度 |
| 制度 | 制度是指企业制定的要求全体员工共同遵守的准则，是员工开展某项具体工作时必须遵守的行为规范 |
| 规则 | 规则是企业为了维护劳动纪律和公共利益而制定的，全体员工共同遵守的关于工作原则、方法和手续等的条文 |
| 规定 | 规定是企业为了保证工作质量，使工作、试验、生产按程序进行而制定的具体要求 |
| 办法 | 办法是企业针对有关法令、条例、规章提出的具体、可行的实施措施，或者针对有关工作、有关事项的实施、办理提出的切实可行的措施 |
| 细则 | 细则是企业为了实施条例、规定、办法而制定的详细、具体或补充性的说明，对贯彻方针、政策起着具体说明和指导的作用 |

3. 制定制度的原则

企业要想制定一套体系完整、内容合理且行之有效的管理制度，就必须遵循下列五个原则。

（1）合法合规原则。企业制定的制度须符合相关法律法规的规定；企业要明确制度制定主体的权利；制度必须经过有效的公示才能生效。

（2）内容充分原则。企业制定的制度必须适应公司整体发展战略和发展要求，在内容基本稳定的同时也要与时俱进。制度中规定的权利和义务必须保持一致，同时也要明确制度的执行和解释部门及其效力范围。

（3）形式美观原则。企业制定的制度的标题、总则、主体内容、附件、相关制度与资料等框架应统一，字体、字号、目录编排、页边距、页眉、页脚等格式应统一，文字要简洁易懂并易于操作。

（4）适宜性原则。企业制定的制度必须符合公司的实际情况，在一定时间和一定范围内适用，并且逻辑性强、有条理，语言通俗易懂。

（5）有效性原则。企业制定的制度要以书面或电子文档的形式向员工公示。

4. 制度的内容结构

制度通常采用一般规定＋具体制度＋附则的内容结构。一个规范、完整的制度应该包括制度名称、总则、正文、附则和附件五个部分。

（1）制度名称。制度的名称要简洁、醒目。

（2）总则。制度的总则包括制定制度的目的、依据的法律法规及企业内部制度文件、适用范围、受约对象或其行为界定、重要术语解释及职责描述等。

（3）正文。制度的正文内容主要包括受约对象或具体事项的详细约束条目，可按人员的行为要求分章、分条或按具体事项的流程分章、分条。对于针对性强、内容单一、业务操作性强的制度，正文可不分章，直接分条列出。

（4）附则。制度的附则主要用于对制度的制定、审批、实施、修订、生效日期及未尽事宜进行解释，以增强其真实性和严肃性。

（5）附件。制度的附件主要包括制度执行过程中需要用到的表单、附表及相关文件等。

5. 制定制度的方法

（1）专题专议法是指针对每一个专题内容进行专项讨论。讨论时要注意内容的准确性、规范性和实用性。

（2）解释说明法是指对某个问题的详细解释，也可以是指对某项工作的说明指导。

（3）依照细分法是指对已有的制度规范的相关内容进行细分。

（4）问题分析法是指对已经发生或即将发生的管理、业务或流程问题进行分析。

（5）导图设计法是指通过借用导图文件或书面导图进行管理制度设计。

6. 制定制度的步骤

在制定制度时，企业必须遵循下列六个步骤。

（1）明确目标。企业制定制度的目的是保证企业的经营活动正常进行。

（2）制度定位。相关人员在制定或修订制度时应从企业战略、企业管理、部门管理、业务、员工及工作流程等角度出发。

（3）调研访谈。相关人员在制定制度前要进行调研访谈。访谈内容主要包括目前企业的内外部环境、存在的问题等。

（4）起草制度。在起草制度之前，相关人员要明确制度类型，确定制度的写作风格和写作方法，明确制度制定目的，在调研的基础上规划制度内容并形成纲要，最后再拟订制度草案。

（5）制度定稿。制度起草完毕后，相关人员要通过意见征询、试行等方式收集反馈意见，然后根据反馈意见修订制度，直至最终定稿。

（6）制度公示。制度要为企业的运营和发展服务，企业应当以适当的方式向全体员工公示，并指定生效日期。

## 1.2.2　制度的编写要求

1. "章"的编写

"章"概述了制度的主要内容，编写者要通过完全并列、部分并列和总分结合的方式确定各章的标题，然后根据章标题确定每章的具体内容。

2. "条"的编写

"条"的内容应按以下要求进行编写。

（1）总结内容。先总结，概括各模块的主要内容。

（2）分解章标题。用并列式关系拆解章标题，用总分式关系诠释章标题。

（3）分解模块内容。从内容表达和编排两个方面分解模块的主要内容。

3. "款"的编写

"款"是"条"的组成部分，"款"表现为"条"中的自然段，每一个自然段为一款，每一款都是一段独立的内容或对前款内容的补充说明。

4."项"的编写

"项"的编写主要有三种方法，即梳理肢解"条"的逻辑关系、直接提取"条"的关键词和设计一套表达"条"的体系。"项"的内容应按以下要求进行编写。

（1）理清编写思路。

（2）明示编写人员。

（3）控制编写篇幅。

## 1.2.3 绩效考核管理业务制度体系

人力资源部应根据企业的实际情况，从组织层级和绩效考核两个角度出发，对企业绩效考核管理中各关键要素进行排序，寻找各组织层级的侧重点，并在制度中加以体现，从而构建完善的企业绩效考核管理业务制度体系。人力资源部在构建企业绩效考核管理业务制度体系时可参照表 1-12。

表 1-12　企业绩效考核管理业务制度体系构建表

| 考核维度<br>组织层级 | 管理支持（定性） | 业务考核（定量） |
| --- | --- | --- |
| 企业级（高层） |  |  |
| 部门级（中层） |  |  |
| 员工级（基层） |  |  |

## 第 2 章

# 战略设计，目标落地

# 2.1 设定有利于企业发展的目标

## 2.1.1 如何设定企业经营目标

企业经营目标是指企业在一定时期内所有经营活动预期要取得的成果。

1. 企业经营目标设定要点

企业经营目标要根据企业的经营战略规划和实际情况来设定。设定企业经营目标时的要点如图 2-1 所示。

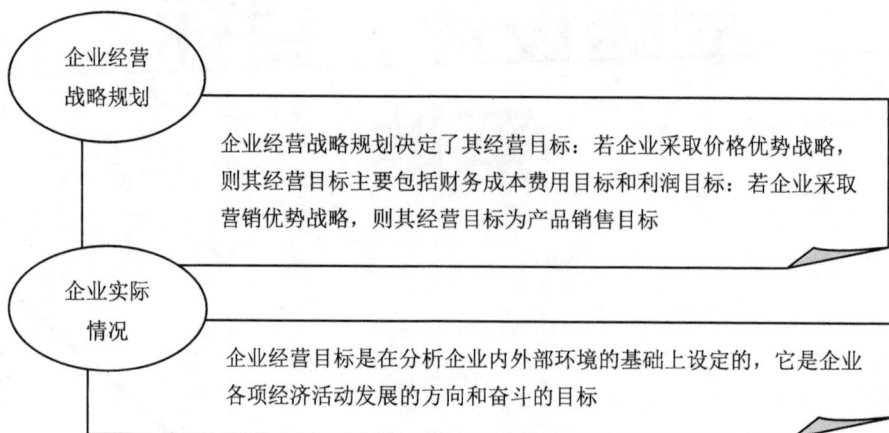

企业经营战略规划

企业经营战略规划决定了其经营目标：若企业采取价格优势战略，则其经营目标主要包括财务成本费用目标和利润目标；若企业采取营销优势战略，则其经营目标为产品销售目标

企业实际情况

企业经营目标是在分析企业内外部环境的基础上设定的，它是企业各项经济活动发展的方向和奋斗的目标

**图 2-1 设定企业经营目标时的要点**

2. 企业经营目标的类型

企业经营目标既包括经济目标也包括非经济目标，既有总目标也有分目标，它们之间相互联系，进而形成了一个目标体系。企业经营目标类型如表 2-1 所示。

**表 2-1 企业经营目标的类型**

| 划分标准 | 目标类型 |
|---|---|
| 按经济性划分 | 财务目标和非财务目标 |
| 按层级划分 | 企业总目标、部门目标及岗位目标 |
| 按性质划分 | 定性目标和定量目标 |

## 2.1.2　如何设定企业财务指标

### 1. 财务指标的选择

一般来说，企业可选择常用的具有代表性的财务指标有净资产收益率、总资产报酬率、主营业务利润率、成本费用利润率、总资产周转率及流动资产周转率等。

企业可通过下列五种方法分析和选择财务指标。

（1）根据不同对象选择财务指标。一般来说，总公司、集团公司和上规模的大公司可以全面地选择财务指标，分公司、中小企业、子公司或投资者、债权人选择适用的指标即可。

（2）针对不同财务信息需求选择财务指标。企业应针对不同财务信息需求者的要求，从偿债、营运及盈利等财务指标中进行选择，不应盲目选择不能体现企业特点的财务指标。

（3）广泛分析与重点分析相结合。企业应通过广泛分析找出变化较大的指标，将有显著变动的指标作为重点财务指标。

（4）选择正反相对的财务指标。企业要恰当选择正指标与反指标，从多个角度观察自身的财务状况和经营状况，例如，观察盈利能力的正指标与运营能力的反指标增减额与增减率的变化是否相对应。

（5）通过平衡长远利益选择财务指标。企业在选择财务指标时要综合考虑眼前利益和长远利益二者之间的平衡，要先找出能够使投资收益实现最大化的关键要素，然后有针对性地选择财务指标。

### 2. 企业财务指标目标值的设定标准

在设定财务指标后，接下来企业需要设定财务指标对应的目标值，其设定标准如表 2-2 所示。

表 2-2　企业财务指标目标值的设定标准

| 设定标准 | 具体说明 |
| --- | --- |
| 以预定目标为目标值 | 如预算指标、设计指标、定额指标及理论指标等 |
| 以历史标准为目标值 | 如上期实际数值、上年同期实际数值等 |

| 设定标准 | 具体说明 |
|---|---|
| 以行业标准为目标值 | 主管部门或行业协会颁布的技术标准，国内外同类企业的先进水平，国内外同类企业的平均水平等 |
| 以公认的国际、国内标准为目标值 | 在选择公认标准时，除了要注意采用国际、国内公认的标准，还要注意所选标准的服务对象。企业管理者要更多地考虑如何增强自身竞争力，注意与同行业进行比较；同时还要注意同类企业之间才可进行比较，非同类企业之间没有可比性 |

3.设定财务指标的注意事项

在设定财务指标的过程中，企业需要明确财务指标的计算公式及其对应的目标值，具体的注意事项如下。

（1）明确财务指标的计算公式。在构成比率指标中，部分指标必须是总指标的子项。在效率比率指标中，投入与产出之间必须有因果关系。例如，主营业务利润率是主营业务利润与主营业务收入之比，不可将利润总额与主营业务收入相比。在相关比率指标中，两个对比指标必须能够反映出经济活动的关联性。例如，流动率是流动资产与流动负债之比，不可将长期指标与流动指标相比。

（2）明确财务指标的目标值。财务指标的目标值之间存在着辩证关系，即正指标并非越大越好，反指标并非越小越好。例如，速动比率是正指标，本应越大越好，但一般认为速动比率的安全标准是1。如果速动比率小于1，企业将会面临很大的偿债风险；如果速动比率大于1，尽管偿债的安全性很高，但现金及应收账款占用过多资金会大大增加企业的机会成本。

## 2.1.3 如何设定企业生产业务目标

1.企业生产业务总目标分析

企业生产目标是由生产管理任务决定的，生产目标主要包括成本、效率、交期、质量、技术和安全管理六个方面。对生产业务总目标进行分析是设定生产业务考核目标的前提。

2. 生产业务工作岗位分析

生产业务工作岗位分析主要是分析生产部门相关岗位的职责与能力，从而确定关键业务工作要素。生产业务工作岗位主要包括生产总监、生产经理、车间主任、车间组长、生产调度员、设备管理员及安全管理员等。

3. 生产业务工作要素分解

企业可以根据具体的生产业务管理项目和实施流程来细分生产业务工作要素。生产业务管理项目主要包括生产计划管理、生产调度管理、生产设备管理、生产质量管理、安全生产管理及客户管理等。

4. 生产业务考核指标确定

企业需要对主要生产业务管理项目进行分解，并对相关业务工作要素进行研究和分析，以此确定生产业务考核指标。生产业务考核指标主要包括生产计划完成率、按期交货率、劳动生产率、设备利用率、质量合格率、生产成本降低率、生产安全事故发生次数及客户满意度等。

## 2.1.4　如何设定企业采购与供应管理目标

1. 企业采购与供应管理的总目标

企业采购与供应管理的总目标如图 2-2 所示。

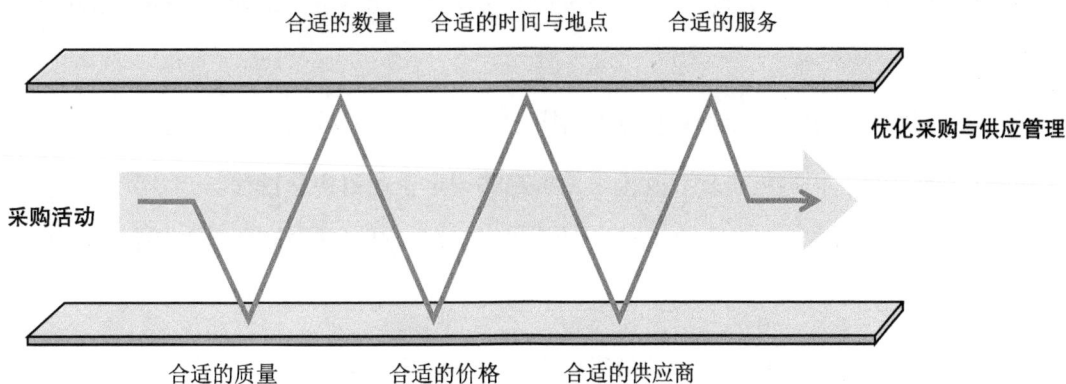

合适的数量　　合适的时间与地点　　合适的服务

优化采购与供应管理

采购活动

合适的质量　　合适的价格　　合适的供应商

图 2-2　企业采购与供应管理的总目标

2. 企业采购与供应管理的具体目标

根据企业采购与供应管理的总目标，其具体目标主要有下列八个：

（1）确保所需物资及时供应，确保企业正常运营；

（2）降低库存成本；

（3）保持并提高采购物资质量及企业产品质量；

（4）发现或发展有竞争力的供应商；

（5）缩短新产品研发周期；

（6）实现所购物资标准化；

（7）增强企业各部门之间的协作；

（8）降低企业总成本，提高企业竞争力。

## 2.1.5　如何设定企业销售目标

1. 企业销售目标设定要求

企业在设定销售目标时应满足下列两点要求：

（1）能够涵盖企业的所有工作事项；

（2）能够从多个角度反映企业相关工作事项。

2. 企业销售目标设定维度

为了确保销售目标能充分反映销售业务的实际情况，企业应从下列五个维度出发设定销售目标。

（1）时间维度。根据完成销售任务的时限设定不同发展阶段的销售目标。

（2）发展维度。根据销售现状及未来发展趋势设定企业销售总目标。

（3）组织结构维度。根据企业的组织结构设定各部门的销售目标，进而设定企业总销售目标。

（4）区域维度。根据销售区域的销售要求设定企业总销售目标。

（5）产品维度。根据各类产品的销售目标设定企业总销售目标。

3. 企业销售目标设定步骤

企业在设定销售目标时应遵循下列四个步骤。

（1）市场调研。了解目标市场的实际情况，确定目标客户及潜在客户的数量。

（2）市场机会分析。一是分析客户购买本企业产品的原因，二是分析购买本企业产品的客户数量及其购买频率。

（3）初步设定企业的销售目标。结合企业的销售能力，初步设定企业的销售目标。

（4）检验销售目标。检验已确定的销售目标是否与市场销售能力及本企业销售能力匹配。

## 2.1.6　如何设定部门绩效目标

1. 部门绩效目标类型

部门绩效目标包括刚性部门目标和柔性部门目标两类，具体内容如表 2-3 所示。

表 2-3　部门绩效目标类型

| 刚性部门目标 | 柔性部门目标 |
| --- | --- |
| 公司的生产部、采购部和销售部等部门被称为刚性部门或可视部门。这些部门的部门目标往往体现为量化的生产、经营或销售指标，一般包括下列五类：<br>（1）管理层的重点目标包括企业总收入、净资产收益率、利润、利润率和资产增长率<br>（2）销售部门的重点目标包括销售额、销售费用率、市场占有率、账款回收率和客户增长率<br>（3）生产部门的重点目标包括产量、生产费用、成本比重、产品合格率和废品率<br>（4）采购单位的重点目标包括库存率、采购成本、合同执行率和经济采购批量<br>（5）产品研发部门的重点目标包括新产品开发数目、产品技术更新速度和产品成本降低率 | 公司的财务部、人力资源部、行政部及后勤部等部门被称为柔性部门或不可视部门。这些部门的部门目标可以从下列两个方面进行设定：<br>（1）设定改善性目标。例如，人力资源部可以设定提高办事效率、增强员工的相对稳定率、加强培训力度等改善目标；客户服务部可以设定减少客户投诉次数、缩短处理问题时间、提高客户满意度等改善目标<br>（2）设定共同性目标。柔性部门应将企业总目标作为部门管理目标。管理部门服务于所有一线业务单位，因此其提供的服务的质量会影响刚性部门的部门目标的实现，进而影响企业总目标的实现 |

2. 设定部门绩效目标的方法

（1）参照标杆部门的绩效目标。参照同行企业，以及具有相同或相似职能的部门设定的绩效目标，结合本企业的实际情况，最终确定本企业相关部门的绩效目标。

（2）参照部门历史绩效达成情况。参照企业各部门往年同期绩效达成情况，或者同年上一周期的绩效达成情况，结合本周期的各种变动因素，确定企业相关部门的绩效目标。

3. 部门绩效目标的设定步骤

企业在设定部门绩效目标时应遵循下列三个步骤。

（1）明确企业的战略规划，将其转化为企业的经营目标。

（2）根据各部门的职能、各阶段业务重点、目标和 KPI，设定各部门的绩效目标，确保各部门按照公司总目标开展工作。

（3）各部门将本部门的绩效目标落实到各个发展阶段中，依据各阶段的工作重点予以落实。

## 2.1.7　如何设定岗位目标

1. 岗位目标类型

岗位目标管理是指让员工参与设定工作目标的工作，从而达到让员工自觉自发地为了达成工作目标而努力工作的目的。岗位目标类型及其具体说明如表 2-4 所示。

表 2-4　岗位目标类型及其具体说明

| 分类标准 | 具体类型 | 具体说明 |
| --- | --- | --- |
| 绩效考核的内容 | 工作业绩目标 | 包括工作的数量目标、工作的质量目标和成本费用目标 |
| | 工作能力目标 | 包括体能目标、智能目标和技能目标 |
| | 工作态度目标 | 不同的企业及不同的工作岗位，可以设定相同的工作态度目标 |
| 绩效目标的性质 | 定性目标 | 无法用数量表示，需要进行客观描述和分析的目标 |
| | 定量目标 | 可用数量表示的目标 |
| 绩效目标的定义 | 特质目标 | 来源于"能力绩效"，主要指个人性格和能力目标 |
| | 行为目标 | 来源于"行为绩效"，主要指工作开展、执行目标 |
| | 结果目标 | 来源于"结果绩效"，主要指产出目标 |

（续表）

| 分类标准 | 具体类型 | 具体说明 |
|---|---|---|
| 能否反映财务状况 | 财务目标 | 包括财务效益目标、资产运营目标、偿债能力目标和发展能力目标 |
| | 非财务目标 | 包括产品市场占有目标、服务满意目标、管理水平目标、技术装备水平目标和创新能力目标 |

2. 岗位目标的描述

为了提高岗位目标的可实现性，企业应在细化、分解岗位目标时做好岗位目标的描述工作。常见的岗位目标描述方法有等级描述法和预期描述法。

（1）等级描述法。等级描述法是对工作成果或工作履行情况进行等级划分，对各级别以数据或事实进行具体、清晰的界定，并据此对工作业绩进行评价的方法。等级描述法的应用步骤说明如表 2-5 所示。

表 2-5 等级描述法的应用步骤说明

| 应用步骤 | 具体说明 |
|---|---|
| 确定评价指标 | 等级描述法选择的指标包括工作态度、遵纪守法和职业道德等方面的指标 |
| 设置评价指标权重 | 根据各项指标的重要性及其在工作中的价值来设置相应的权重，指标权重合计为100% |
| 划分绩效指标标准等级 | 在采用等级描述法确定绩效指标标准时，一般可划分为优秀、良好、合格及不合格四个等级，也可划分为卓越、优秀、良好、合格及不合格五个等级 |
| 描述绩效指标标准 | 在描述绩效指标标准时一定要将各项标准区分开来，避免因各等级之间界限模糊使考核失去意义 |

（2）预期描述法。预期描述法是对工作完成情况是否达到预期标准进行界定，然后根据实际完成情况来评价工作业绩的方法。预期描述法的应用步骤说明如表 2-6 所示。

表 2-6　预期描述法的应用步骤说明

| 应用步骤 | 具体说明 |
|---|---|
| 确定绩效指标 | 确定达到岗位目标的绩效指标 |
| 确定预期指标标准及其权重 | 根据预期目标确定预期指标标准，并根据指标标准的重要性与价值为其设置权重 |
| 描述预期标准 | 尽可能缩小预期指标标准的误差范围，提高预期指标标准的精准性 |

3. 岗位目标的量化

要想做好岗位目标的量化工作，就必须掌握表 2-7 所示的七种量化方法。

表 2-7　岗位目标量化方法

| 量化方法 | 具体说明 |
|---|---|
| 数字量化法 | 用数值或百分比指标将员工的工作业绩和工作技能量化 |
| 时间量化法 | 时间量化法又称进度量化法，是一种在完成任务的过程中对事态发展进行控制的计量方法。具体做法是通过计算特定时间与行为之间的因果关系，给出相应的分值，如天数 |
| 质量量化法 | 衡量企业各项任务成果及工作实施过程的准确性和创造性 |
| 成本量化法 | 从成本的角度出发，细化、量化考核工作，落实成本管理责任，如成本节约率、费用控制率 |
| 结果量化法 | 在分析绩效考核目的的基础上明确期望的最终结果，从而得到与结果相对应的量化绩效考核指标 |
| 行动量化法 | 从分析某项结果出发，明确取得某项结果需要采取的行动，对各项需要采取的行动设定绩效考核指标 |
| 标准量化法 | 按照国际、国内标准及行业标准进行量化考核 |

4. 岗位目标的考核准备

企业在进行岗位目标考核之前，应做好相关准备工作，完成必要的基础性工作，确保岗位目标考核工作能够顺利开展。岗位目标考核主要准备工作说明如表 2-8 所示。

表 2-8　岗位目标考核主要准备工作说明

| 准备工作 | 具体说明 |
| --- | --- |
| 组建评估小组 | 为了顺利开展岗位目标考核工作，在进行考核前应遵循统一领导、分级管理的原则，在企业内部组建评估小组 |
| 明确岗位目标考核标准 | 为了确保公平、公正地对待每一位员工，企业应明确岗位目标考核标准 |

## 2.1.8　如何设定企业的量化目标

1. 量化目标的定义

量化目标是指可用指标与目标值描述的目标。量化目标的标准应明确、客观，受主观因素的影响较小。

2. 目标量化的方法

选择恰当的目标量化方法既有利于确保设定的目标科学、合理、明确、具体，也有利于目标的顺利实现。常见的目标量化方法主要有下列三种。

（1）目标转化法。企业人力资源部要先分析各部门的工作职能，明确哪些工作是可以量化的。例如，培训工作可以用培训时间、培训次数进行量化。

（2）目标细化法。对某些工作岗位来说，由于工作烦琐，无法确定其核心工作内容，因此不易量化。在这种情况下，人力资源部可以根据岗位职责将目标分解后再将其细化。目标细化程序如图 2-3 所示。

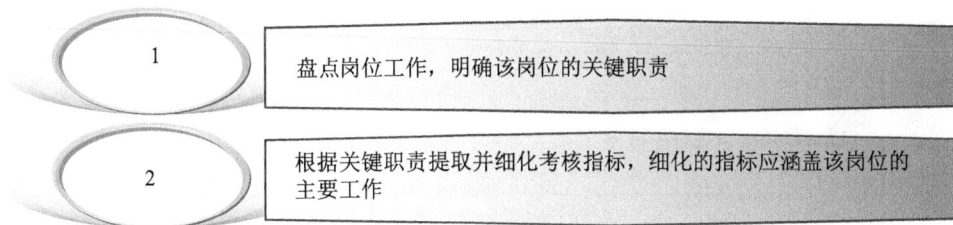

| 1 | 盘点岗位工作，明确该岗位的关键职责 |
| --- | --- |
| 2 | 根据关键职责提取并细化考核指标，细化的指标应涵盖该岗位的主要工作 |

图 2-3　目标细化程序

（3）目标流程化法。如果对工作内容单一的岗位进行细化，是无法准确衡量其价值的，如打字员、培训专员及监察员等岗位。在这种情况下，人力资源部可以将该岗位工作内容按照流程细化，针对每一个流程事项，从多个维度设定岗位目标。

3. 量化目标的设定

（1）量化目标的依据。量化目标的依据即目标值或标准。量化目标主要包括企业量化目标、部门量化目标和岗位量化目标三类，人力资源部应根据量化目标的类型，以国家标准、市场情况、企业情况和员工个人情况为依据对目标进行量化，具体内容如表2-9所示。

表2-9　量化目标的依据

| 依据 | 具体说明 |
| --- | --- |
| 国家标准 | 国家标准是由政府机构批准发布，在全国范围内统一实行的标准，一般包括行业标准、地区标准及企业标准等。人力资源部在确定目标前，应明确企业产品或服务的国家标准，以国家标准为依据确定相关的目标值或目标范围 |
| 市场情况 | 市场情况主要分为两类：一类是竞争对手情况，包括竞争对手数量、实力及竞争激烈程度等；另一类是本行业情况，包括企业市场份额、品牌市场占有率及市场发展方向等。人力资源部在量化目标之前应先了解竞争对手的情况，并对本行业情况进行分析，在确定目标各项数值时应以市场情况为依据，确保设定的目标与市场情况及企业需求相适应 |
| 企业情况 | 企业情况包括企业的发展目标、制度流程规定、考核管理情况、现有设备设施运作情况、整体技术水平、客户数量及要求及业绩水平等。人力资源部在设定目标或指标值时应综合分析企业情况，确保设定的目标能够满足企业的发展需要 |
| 员工个人情况 | 员工个人情况包括个人素质、技术水平、能力水平及业绩水平等。人力资源部在量化企业、部门及员工个人目标之前应对员工的个人情况进行分析，明确员工的工作绩效，再结合企业及市场情况设定各项目标 |

（2）量化目标的范围。量化目标的范围是指目标值的范围。人力资源部在量化目标时应遵循图2-4所示的四个步骤。

了解目标值的类型

常见的目标值类型包括单一目标值、目标范围和分段目标值三种。单一目标值即固定目标值，如销售额200万元/月。目标范围是指目标值有一定的范围，如预算偏差率。分段目标值可分为目标值和挑战值两种，如销售额目标值为100万元，挑战值为120万元

收集目标数据信息

在明确目标值的类型后，人力资源部需要收集目标数据信息，其中主要包括企业考核管理方案、企业年度或季度业绩报告及企业过去两年的目标达成情况等

明确目标类型

人力资源部需要对收集到的各种目标数据信息进行分析，并结合指标情况及目标值的类型确定每类指标的目标值类型

测算与确定目标值

人力资源部可以对历史数据进行分析，并根据企业管理要求将历史数据的平均值确定为目标值；也可以对目标进行预测，将预测结果确定为目标值，试行3~6个月后再确定最终的目标值

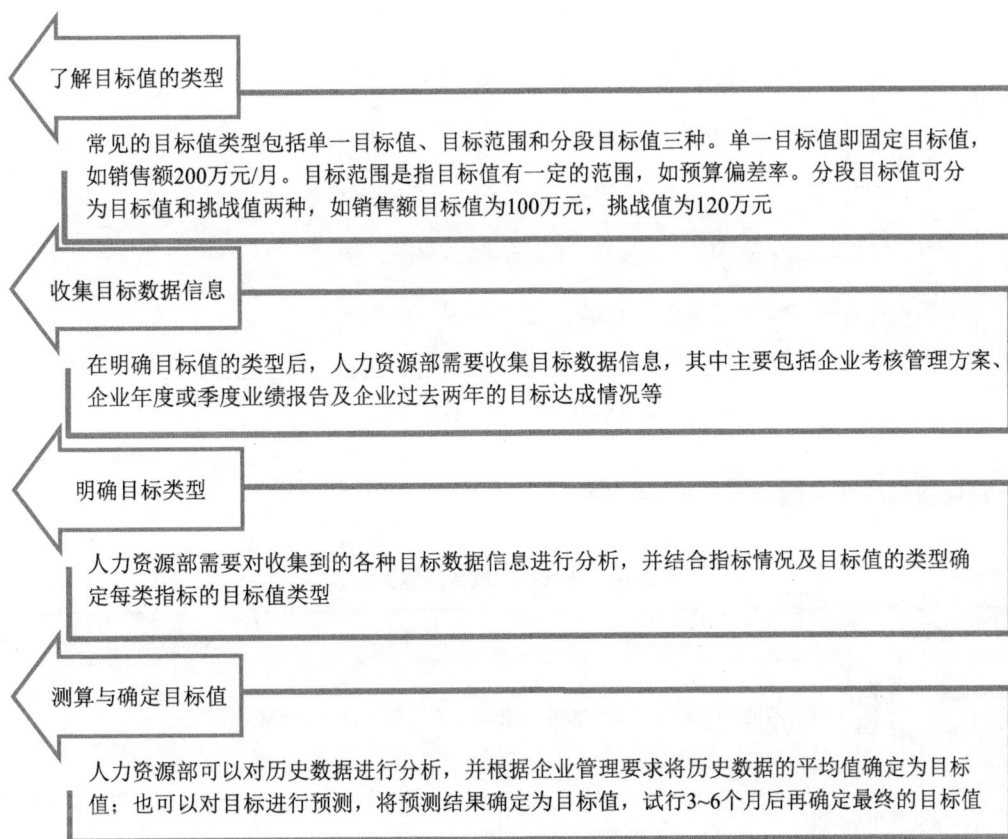

**图 2-4　量化目标范围的步骤**

（3）企业要想量化绩效考核指标就要建立数据采集系统，并收集量化指标相关数据。量化指标相关数据来源于各部门或各岗位的实际工作。各部门或各岗位应在规定时间内将收集到的数据上传到数据采集系统，人力资源部在对数据传递行为进行监控的同时也要提取相关数据。例如，部门费用预算完成率数据由财务部提供，以财务部经理审核为准；食堂服务满意度数据由后勤部提供，以后勤部经理审核为准；人员流失率数据由人力资源部提供，以人力资源部经理审核为准。

（4）量化指标的改变。量化指标的改变是指指标数值的改变，当企业外部环境发生变化时，企业应适时调整量化指标或指标值，使量化指标与企业发展要求相适应。量化指标改变的条件如图 2-5 所示。

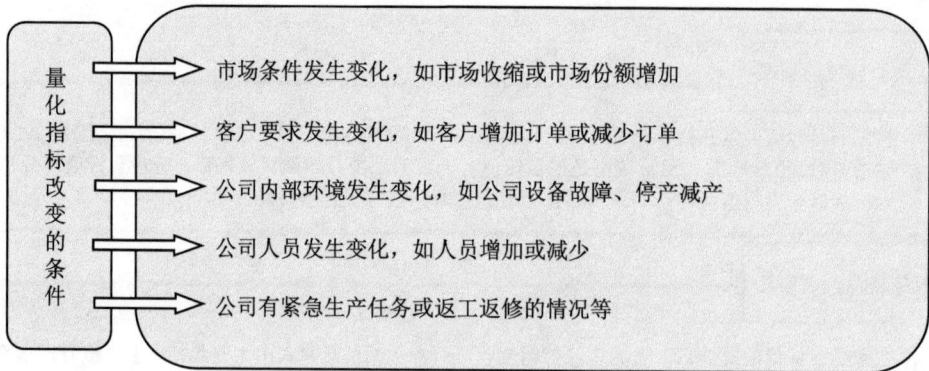

**图 2-5　量化指标改变的条件**

量化指标改变步骤说明如表 2-10 所示。

**表 2-10　量化指标改变步骤说明**

| 步骤 | 具体说明 |
|---|---|
| 分析企业经营条件发生变化的原因 | 当企业的生产经营条件发生变化时，人力资源部应分析其原因 |
| 提出目标变更申请 | 人力资源部根据分析结果，结合企业当前目标，提出目标变更申请，以确保目标适应各部门和人员的需要，并确保变更后的目标可以实现 |
| 目标变更信息的审核与审批 | 人力资源部须将目标变更信息报上级部门审核与审批 |
| 传达目标变更信息 | 人力资源部须将目标变更信息以方案或制度的形式下发给相关部门和员工，要求相关部门和人员按照新的目标开展工作 |

## 2.1.9　如何设定定性目标

1. 定性目标的特点

企业的定性目标可分为管理类、技能类和素质类三类，其特点主要有下列四个：

（1）定性目标多用语言描述，多用于无法用具体数字衡量的目标；

（2）定性目标决定了定量目标的方向和重点；

（3）定性目标的评价往往受考核者的主观因素影响；

（4）定性目标一般由指标名称、指标描述与衡量标准三部分组成。

2.定性目标的设定

企业设定的定性目标既要有利于员工明确工作要求与工作方向，也要有利于激励员工按要求积极完成岗位工作。企业在设定定性目标时应遵循下列三个步骤。

（1）选择定性指标。定性指标是指无法直接通过数据计算，而要通过对评价对象进行客观描述和分析来反映评价结果的指标。在选择定性指标时，企业应注意下列四点要求。

① 人力资源部要熟悉员工及其所在部门的工作流程，了解员工在流程中扮演的角色、承担的责任及上下游之间的关系。

② 人力资源部应对分管领导、各职能部门及下属分公司进行调研和访谈，了解员工及其所在部门的关键工作事项或典型工作行为，以及员工胜任该岗位工作所应具备的能力等。

③ 人力资源部应根据关键工作事项、典型工作行为及岗位能力素质等选择无法量化的指标，如工作态度、工作技能。

④ 人力资源部应根据绩效考核的基本原理与原则，对已选择的定性指标进行验证，确保其能够有效地反映被考核者的绩效特征。

（2）明确指标达成状态。指标达成状态即完成指标的状态，人力资源部可采用等级描述法对工作成果或工作履行情况进行分级描述，并对各级别用数据或事实进行具体和清晰的界定，使被考核者明确各级别指标达成的具体要求及指标达成状态。

（3）将定性指标与其达成状态相结合。在明确指标的达成状态后，人力资源部应将定性指标与其达成状态相结合，将二者结合后形成的定性描述就是定性目标。

3.定性目标的选择

在确定定性目标后，为了提高考核指标的有效性，人力资源部应根据各部门或各岗位的工作内容、岗位工作能力要求等因素，选择管理类、技能类及素质类等定性目标，一般以 3 ~ 8 个为宜，可根据实际需要确定。

定性目标的选择一般遵循下列三个步骤。

（1）在选择定性目标之前，人力资源部应对管理类、技能类及素质类定性目标进行具体划分。

（2）人力资源部应与各部门或各岗位的上级领导进行面谈，了解工作要求与工作重点，并根据岗位说明书评估各个定性目标。

（3）人力资源部根据评估结果对定性目标进行排序，排名靠前的目标就是应该选择的定性目标。

#### 4.定性目标的考核

在考核定性目标时，要按照一定的指标或评价标准来衡量员工完成既定目标和遵守工作标准的情况，并根据衡量结果给予员工相应的奖惩。定性目标的考核应遵循下列三个步骤。

（1）确定定性目标考核权重。定性目标的考核权重是根据定性目标的重要程度确定的。人力资源部应根据岗位说明书分析定性目标的重要性，然后根据分析结果为其设置相应的考核权重。

（2）确定考核标准。在确定定性目标考核权重后，人力资源部应根据考核指标的定义及岗位工作重点逐级分解各定性目标，用数据或事实进行具体和清晰的界定，并赋予相应分数，以确定考核标准。考核标准一般可划分为优秀、良好、一般、及格和不及格五个等级。

（3）定性目标考核的实施。在确定考核标准后，人力资源部根据考核指标、考核权重及考核标准编制"定性目标考核表"，并组织实施考核。

## 2.2 分解并落实部门目标

### 2.2.1 如何分解销售部门目标

#### 1.分解销售部门总目标

销售部门负责人与企业高层协商后，确定销售部门总目标。人力资源部组织召开绩效研讨会，参会人员包括公司总经理与各部门负责人，他们共同讨论并确定销售部门绩效目标，拟定目标管理经济责任书，由销售部门负责人签字确认。销售部门目标包括销售任务目标、销售网络建设目标、客户管理目标、营销费用目标和销售人员管理目标等。

2. 分解目标关键领域

销售部门根据企业战略目标与岗位职责分析本部门的工作情况，确定目标关键领域。销售部门目标关键领域如表 2-11 所示。

表 2-11 销售部门目标关键领域

| 目标 | 关键领域 |
| --- | --- |
| 销售任务目标 | 包括销售额、销售增长率、销售回款率、销售费用率和销售合同履行率 |
| 销售网络建设目标 | 包括经销商数量、代理商数量和零售商数量 |
| 客户管理目标 | 包括客户增长率、客户满意度评分和有效投诉次数 |
| 营销费用目标 | 包括营销费用控制率、营销成本额和销售费用率 |
| 销售人员管理目标 | 包括培训计划完成率和员工绩效考核平均得分 |

3. 将目标实施分解到各岗位

销售部门各岗位绩效目标分配说明如表 2-12 所示。

表 2-12 销售部门各岗位绩效目标分配说明

| 岗位 | 目标 |
| --- | --- |
| 销售部部长 | 产品销售任务目标 |
| | 销售回款目标 |
| | 产品销售成本目标 |
| | 客户管理目标 |
| | 销售资料管理目标 |
| | 员工管理目标 |

（续表）

| 岗位 | 目标 |
|---|---|
| 区域销售经理 | 区域销售任务目标 |
| | 销售费用控制目标 |
| | 销售回款目标 |
| | 渠道管理目标 |
| | 客户关系管理目标 |
| | 员工管理目标 |
| 销售代表 | 产品销售目标 |
| | 分销渠道建立目标 |
| | 市场信息收集与反馈目标 |
| | 客户关系管理目标 |
| 客户关系管理专员 | 客户满意度调查实施目标 |
| | 客户档案管理目标 |

4. 分解目标的指标值

分解目标的指标值是指分析岗位目标及企业实际情况，对企业年度销售任务进行逐级分解，形成各销售人员的月度销售计划；描述目标，确定关键绩效指标及其目标值。由于销售业绩受销售市场完善程度、市场周期波动及产品美誉度等因素的影响，因此在确定目标值时，应在详细分析相关影响因素的基础上确定合理的考核标准。

5. 签订目标落实协议

销售部门负责人与员工就目标设定情况进行沟通，并确认最终目标值。确认完毕后，双方签订"目标落实协议"。经上级领导批准后，由销售部门负责人组织执行。

## 2.2.2 如何分解生产部门目标

### 1. 分解生产部门总目标

生产部门负责人与企业高层协商后，确定生产部门总目标。人力资源部组织召开绩效研讨会议，参会人员包括公司总经理与各部门负责人，他们共同讨论并确定生产部门绩效目标，拟定目标管理经济责任书，并由生产部门负责人签字确认。

### 2. 分解目标关键领域

生产部门根据企业战略目标与岗位职责分析本部门的工作情况，确定目标关键领域。生产部门目标关键领域如表 2-13 所示。

**表 2-13　生产部门目标关键领域**

| 目标 | 关键领域 |
|------|----------|
| 生产任务目标 | 包括生产计划完成率和生产产量 |
| 生产工艺与质量目标 | 包括工艺试验及时完成率和产品质量合格率 |
| 生产成本目标 | 包括生产成本降低率和生产成本预算达成率 |
| 生产设备目标 | 包括生产设备完好率和生产设备利用率 |
| 安全生产目标 | 包括生产安全事故发生次数 |

### 3. 将目标分解到各岗位

生产部门各岗位绩效目标分配说明如表 2-14 所示。

**表 2-14　生产部门各岗位绩效目标分配说明**

| 岗位 | 目标 |
|------|------|
| 生产部部长 | 产品产量目标 |
|  | 产品质量目标 |
|  | 成本管理目标 |
|  | 安全生产目标 |
|  | 设备管理目标 |
|  | 员工管理目标 |

（续表）

| 岗位 | 目标 |
|---|---|
| 生产调度主管 | 生产调度会议组织目标 |
| | 生产调度实施目标 |
| | 生产突发事件处理目标 |
| 设备主管 | 设备采购目标 |
| | 设备维修目标 |
| | 设备维护与保养目标 |
| | 设备档案管理目标 |
| 安全主管 | 安全检查与维护目标 |
| | 安全教育目标 |

4.分解目标的指标值

分解目标完成指标值是指分析岗位目标及企业的实际情况，对企业年度生产任务进行逐级分解，并形成各生产人员的月度生产计划。

5.签订目标落实协议

生产部门负责人与员工就目标设定情况进行沟通，并确认最终目标值。确认完毕后，双方签订"目标落实协议"。经上级领导批准后，由生产部门负责人组织执行。

### 2.2.3　如何分解项目部门目标

1.分解项目部门总目标

项目部门负责人与企业高层协商后，确定项目部门总目标。人力资源部组织召开绩效研讨会议，参会人员包括公司总经理与各部门负责人，他们共同讨论并确定项目部门绩效目标，拟定目标管理经济责任书，并由项目部门负责人签字确认。

2.分解目标关键领域

项目部门根据企业战略目标与岗位职责分析本部门的工作情况，确定目标关键领域。项目部门目标关键领域如表 2-15 所示。

表 2-15 项目部门目标关键领域

| 目标 | 关键领域 |
|---|---|
| 项目量目标 | 包括完成的总项目量和项目数量 |
| 项目成本目标 | 包括总成本和项目成本降低率 |
| 项目进度目标 | 包括阶段任务按时完成率和任务目标达成率 |
| 项目质量目标 | 包括项目质量审核通过率和客户满意度 |
| 项目安全目标 | 包括安全考试合格率、安全事故次数和安全事故损失金额 |

3. 将目标分解到各岗位

项目部门各岗位绩效目标分配说明如表 2-16 所示。

表 2-16 项目部门各岗位绩效目标分配说明

| 岗位 | 目标 |
|---|---|
| 项目经理 | 项目进度目标 |
| | 项目成本目标 |
| | 项目质量目标 |
| | 项目安全目标 |
| | 员工管理目标 |
| 项目技术工程师 | 研发任务按时完成率目标 |
| | 软件设计测试缺陷率目标 |
| | 研发报告上交及时率目标 |
| 项目质量检验员 | 项目质检准确率目标 |
| | 项目质检报告提交及时率目标 |
| | 项目产品检验合格率目标 |
| | 项目来料检验出错率目标 |
| | 项目制程检验合格率目标 |
| | 未及时检验被投诉次数目标 |

（续表）

| 岗位 | 目标 |
|---|---|
| 项目成本核算员 | 项目成本数据收集准确率目标 |
| | 项目成本计划提交及时率目标 |
| | 项目成本分析报告提交及时率目标 |
| | 项目成本核算准确率目标 |
| 项目安全专员 | 项目安全工作计划完成率目标 |
| | 项目现场巡视完成率目标 |
| | 项目安全隐患整改率目标 |
| | 项目安全报告提交及时率目标 |

4. 分解目标的指标值

分解目标的指标值是指分析岗位目标及企业的实际情况，将项目考核目标按照年度或项目进度计划划分为若干阶段，进行逐级分解，并形成项目部门各工作人员的项目计划；描述各岗位项目计划各阶段的目标，确定关键绩效指标及其目标值。

5. 签订目标落实协议

项目部门负责人与员工就目标设定情况进行沟通，并确认最终目标值。确认完毕后，双方签订"目标落实协议"。经上级领导批准后，由项目部门负责人组织执行。

第 3 章

# 构建指标，选择方法

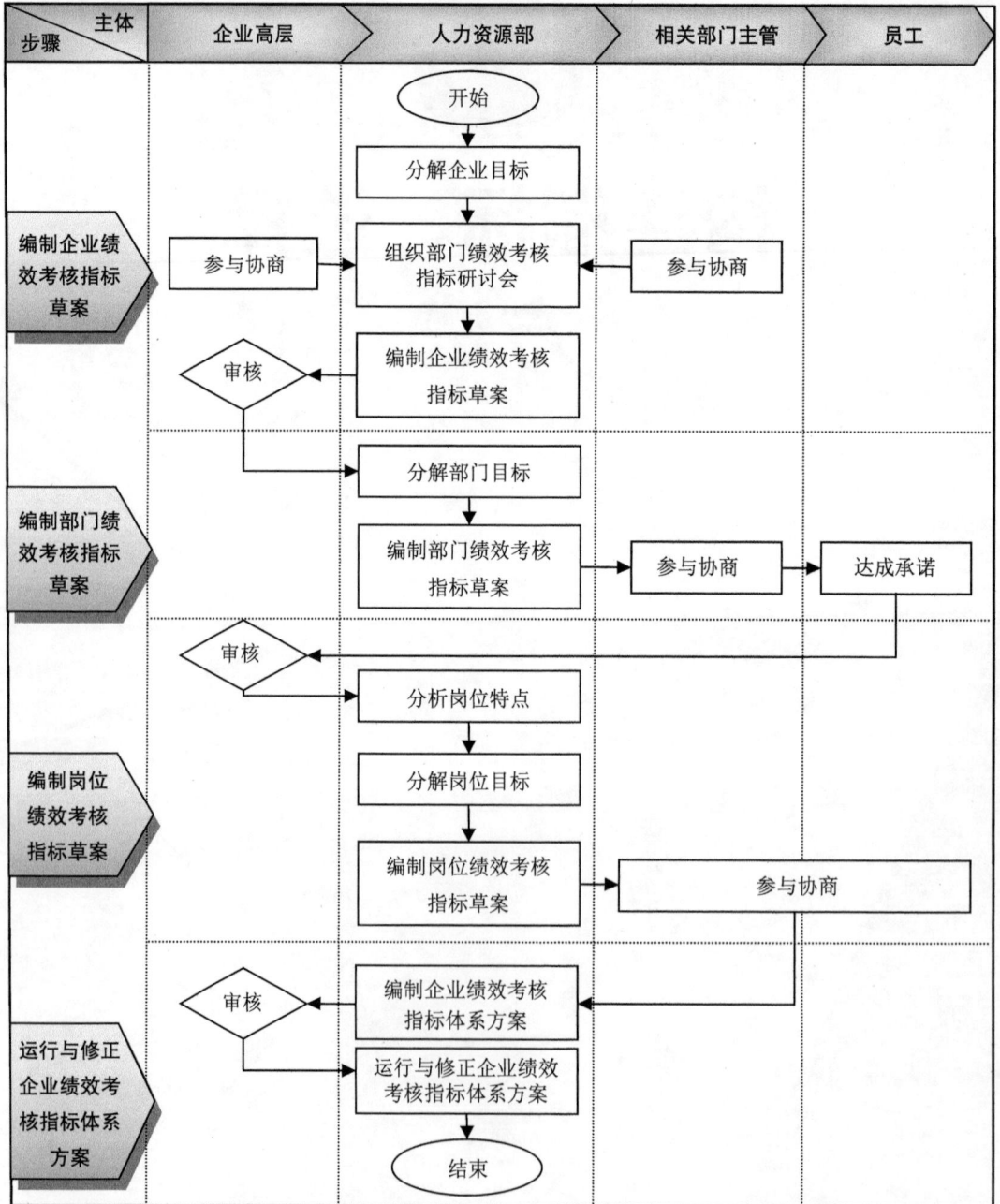

# 3.1 编制企业绩效考核指标体系方案

## 3.1.1 企业绩效考核指标体系方案编制流程与制度

1. 执行流程图

| 步骤　主体 | 企业高层 | 人力资源部 | 相关部门主管 | 员工 |
|---|---|---|---|---|
| 编制企业绩效考核指标草案 | 参与协商 | 开始 → 分解企业目标 → 组织部门绩效考核指标研讨会 → 编制企业绩效考核指标草案 → 审核 | 参与协商 | |
| 编制部门绩效考核指标草案 | 审核 | 分解部门目标 → 编制部门绩效考核指标草案 | 参与协商 | 达成承诺 |
| 编制岗位绩效考核指标草案 | 审核 | 分析岗位特点 → 分解岗位目标 → 编制岗位绩效考核指标草案 | 参与协商 | |
| 运行与修正企业绩效考核指标体系方案 | 审核 | 编制企业绩效考核指标体系方案 → 运行与修正企业绩效考核指标体系方案 → 结束 | | |

## 2. 执行关键节点及执行细节

| 阶段 | 关键节点 | 执行细节 |
|---|---|---|
| 编制企业绩效考核指标草案 | 分解企业目标 | （1）人力资源部确定企业总目标之后，将总目标分解为可控目标和可影响目标，并为各个目标设置多项指标。其中，可控目标是按照各部门的职责分解总目标而产生的目标，可影响目标是由多个部门共同完成的目标<br>（2）人力资源部组织企业高层和各部门主管召开企业绩效考核指标研讨会，协商确定各指标的具体内容 |
| | 编制企业绩效考核指标草案 | （1）人力资源部根据会议结果编制企业绩效考核指标草案，并从定性与定量两个角度对企业绩效考核指标进行划分和描述<br>（2）人力资源部将企业绩效考核指标草案报企业高层审核，若企业高层对草案有异议，则人力资源部要及时对草案做出调整 |
| 编制部门绩效考核指标草案 | 分解部门目标 | 人力资源部将各部门的部门目标逐级分解 |
| | 编制部门绩效考核指标草案 | （1）人力资源部根据部门目标的分解情况分析部门关键领域；与各部门主管及相关岗位员工进行充分沟通后，编制部门绩效考核指标草案。在草案中应划分定性指标和定量指标并设定考核标准，同时还要设定各指标的考核周期<br>（2）人力资源部将编制好的草案下发至各部门，各部门主管与相关员工就绩效考核草案指标达成一致 |
| 编制岗位绩效考核指标草案 | 分析岗位特点 | 人力资源部须对各岗位的特点进行分析 |
| | 分解岗位目标 | 人力资源部在分析岗位特点的基础上分解岗位目标。一般可将岗位目标分解成绩效目标、能力目标及素质目标 |
| | 编制岗位绩效考核指标草案 | （1）人力资源部将分解后的岗位目标细化，确定各岗位目标的指标及其权重，然后编制岗位绩效考核指标草案<br>（2）人力资源部将编制好的草案下发至各部门，各部门主管与相关员工对该草案进行讨论和修改，直至最终定稿 |

（续表）

| 阶段 | 关键节点 | 执行细节 |
|------|---------|---------|
| 运行与修正企业绩效考核指标体系方案 | 编制企业绩效考核指标体系方案 | 人力资源部汇总企业、部门及岗位绩效考核指标草案，编制企业绩效考核指标体系方案，并报企业高层审核 |
| | 运行与修正企业绩效考核指标体系方案 | 企业绩效考核指标体系方案将被作为绩效考核的依据。在实施过程中，人力资源部要及时对该方案进行修正 |

## 3. 企业绩效考核指标体系方案编制制度

### 第1章 总则

**第1条 目的**

为了规范企业绩效考核指标体系方案编制工作，根据公司绩效考核管理制度和各部门主管岗位说明书，特制定本制度。

**第2条 适用范围**

本制度适用于本企业所有绩效考核指标体系方案的编制工作。

**第3条 职责划分**

企业人力资源部负责企业绩效考核指标体系方案的编制工作。各部门负责人要积极配合人力资源部。

### 第2章 绩效考核指标体系的构建

**第4条 绩效考核指标的设定**

绩效考核指标的设定是构建绩效考核指标体系的核心环节。为了保证绩效考核指标的有效性，企业应按照六个步骤设定绩效考核指标。

1. 岗位分析

根据绩效考核的目的，考核者对被考核者所在岗位的工作内容、性质，完成这些工作应履行的岗位职责和应具备的能力素质、工作条件等进行研究和分析，从而了解在该岗位工作的被考核者应达到的目标及应采取的工作方式，进而初步确定绩效考核指标。

2. 工作流程分析

考核者根据被考核者在流程中扮演的角色、承担的责任及其同上下游之间的关系，确定衡量其工作绩效的指标。

（续）

3. 绩效特点分析

考核者可以用图标标出各指标要素的绩效特点，然后按需评估程度分档。例如，考核者可以按照非评估不可、非常需要评估、需要评估、需要评估程度低和不需要评估五档对各指标要素进行分档，然后有针对性地选择。

4. 理论验证

根据绩效考核的基本原理与原则，考核者须对设定的绩效考核指标进行验证，保证其能够有效、可靠地反映被考核者的绩效特点，以达到考核的目的。

5. 要素调查，确定指标

考核者应灵活运用多种方法对已确定的指标要素进行调查。

6. 完善

绩效考核是一个管理的过程，而不是终点。人力资源部要不断地对绩效考核指标体系进行完善。

（1）考核前完善。通过专家调查法将设定好的考核指标提交给企业高层及相关专家，征求他们的修改意见，然后完善绩效考核指标体系。

（2）考核后完善。根据绩效考核指标体系试行效果对其进行完善。

第 5 条　关键绩效指标

在进行绩效考核之前，考核者应确定关键绩效指标。确定关键绩效指标时要遵循下列五个原则。

1. 明确的、具体的（Specific），即绩效指标要契合工作目标，应适度细化，并且能够随情境变化而变化。

2. 可度量的（Measurable），即绩效指标是数量化或行为化的，同时要确保这些绩效指标的数据或信息是可以被获得的。

3. 可实现的（Attainable），即绩效指标在被考核者付出努力的情况下应是可以被实现的，一定要避免将目标设定得过高或过低，导致该考核指标失去意义。

4. 现实的（Realistic），即绩效指标是实实在在的，是可以通过证明和观察得到的，并非由假设而来。

5. 有时限的（Time-bound），即要设定完成绩效指标的期限，这也是注重效率的一种表现。

第 6 条　量化指标

人力资源部要与相关部门负责人进行充分沟通，以合理地量化指标。

（续）

1. 定量指标的选取

在选取定量指标之前，企业要先明确指标标准的基准点和等级之间的差距。基准点一般处于衡量尺度的中央。等级差距一般可分为两种，即尺度本身的绩效差距和每尺度差对应的绩效差距。一般来说，指标标准的上行差距越小，下行差距越大。

2. 定量指标的选取方法

在确定好指标标准的基准点和等级差距后，企业可以采用加减法和规定范围法选取定量指标。

3. 编制定量指标表

（1）编制定量指标表时应遵循清晰、简洁的原则。

（2）编制定量指标表的要求是形式美观、内容简洁及实用性强。

（3）定量指标表的内容主要包括绩效指标、指标定义、评价标准、信息来源和绩效考核者五个方面。考核者应根据企业绩效考核的实际需求对定量指标表做出调整。

第7条　定性指标

人力资源部与相关部门负责人进行沟通，初步确定大的绩效考核定性指标，然后再将其进行细分，针对每个方面制定具体的、可衡量的考核标准。

1. 定性指标的选取

（1）确定定性指标的考核维度。定性指标的考核维度包括战略管理、发展创新、经营决策、风险控制、基础管理、人力资源、行业影响和社会贡献八个方面。

（2）根据考核维度确定评价标准。评价标准设定方法主要有加减法、概括描述法及积分评语法。

2. 编制定性指标表

（1）编制定性指标表时应遵循清晰、直观的原则。

（2）编制定性指标表的要求是形式美观、内容简洁及实用性强。

（3）定性指标表的内容主要包括绩效指标、指标定义、评价标准、信息来源和绩效考核者五个方面。考核者应根据企业绩效考核的实际需求对定性指标表做出调整。

**第3章　绩效考核指标标准制定的程序及绩效考核指标的确定**

第8条　绩效考核指标标准的制定程序

1. 人力资源部根据各部门提供的资料，确定各部门工作事项及需要具备的岗位能力。

（续）

2. 人力资源部对各部门员工进行测试并分析测试结果。

3. 人力资源部负责确定每个岗位的胜任素质。

4. 人力资源部根据岗位胜任素质及工作目标确定绩效考核指标。

5. 人力资源部要筛选各绩效考核指标，并将选取出来的绩效考核指标按部门整理成册。

第 9 条　绩效考核指标的确定方法

人力资源部应根据绩效考核的实际需求及公司的实际情况选择适当的方法确定绩效考核指标，一般可采用工作分析法、绩效指标图示法、问卷调查法及访谈法。

第 10 条　选取绩效考核指标

人力资源部在组织员工开展绩效考核时应从指标库中选取合适的绩效考核指标，具体的选择要求有以下三个。

1. 以考核目的为依据，选取能够反映考核目的的绩效考核指标。

2. 指标数量要适量，一般要求每一类的指标数量为 4 ~ 8 个，保证绩效考核的全面性和准确性。

3. 在选取绩效考核指标后，人力资源部应与被考核者或其上级进行沟通，询问其意见，并对绩效考核指标进行调整，这样可以使被考核者或其上级更加了解考核内容，使其更愿意配合或支持考核工作。

### 第 4 章　附则

第 11 条　本制度由人力资源部制定，其解释权和修订权归人力资源部所有。

第 12 条　本制度自颁布之日起生效。

## 3.1.2 绩效考核指标数据库建立流程与制度

### 1. 执行流程图

```
                    ┌─────────────────┐
                    │      开始        │
                    └────────┬────────┘
                             ▼
                    ┌─────────────────┐
                    │  确定关键成功因素  │
                    └────────┬────────┘
                             ▼
                    ┌─────────────────┐
                    │   确定指标名称    │
                    └────────┬────────┘
                             ▼
                    ┌─────────────────┐
                    │   定义考核指标    │
                    └────────┬────────┘
                             ▼
                    ┌─────────────────┐
                    │   确定考核周期    │
                    └────────┬────────┘
                             ▼
                    ┌─────────────────┐
                    │  分级设定考核目标值 │
                    └────────┬────────┘
                             ▼
                    ┌─────────────────┐
                    │ 确定业绩考核计算公式 │
                    └────────┬────────┘
                             ▼
                    ┌─────────────────┐
                    │  明确考核数据来源  │
                    └────────┬────────┘
                             ▼
                    ┌─────────────────┐
                    │      结束        │
                    └─────────────────┘
```

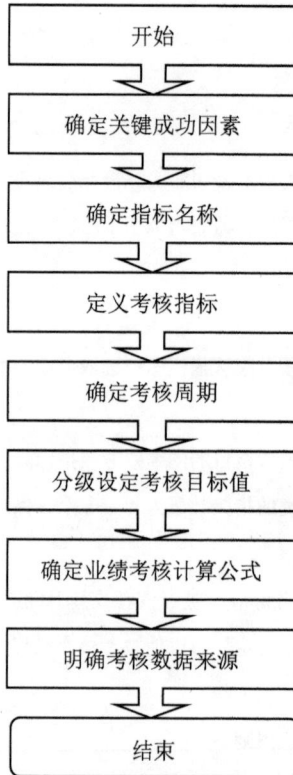

### 2. 执行关键节点及执行细节

| 关键节点 | 执行细节 |
| --- | --- |
| 确定关键<br>成功因素 | （1）在设定考核指标之前，企业应根据各部门主要职能及各岗位主要职责来确定关键成功因素<br>（2）关键成功因素主要包括对企业的利润有较大影响的业绩领域和成功因素，该关键业绩领域波动较大或潜力较大，与同行业或同级部门相比绩效差距较大 |
| 确定指标名称 | 在确定关键成功因素后，企业可以从时间、数量、质量和成本四个方面确定指标名称 |
| 定义考核指标 | 在定义考核指标时，企业应重点定义该指标的具体考核标准，并确定指标值的具体计算方法 |

（续表）

| 关键节点 | 执行细节 |
| --- | --- |
| 确定考核周期 | 考核周期视考核工作的具体内容而定。如果是经常性的工作，可按月度实施考核；如果是临时项目，视项目的具体情况确定考核周期。如果是基层岗位人员，可对其实施月度考核，保证各项工作反馈的及时性；如果是高层岗位人员，由于其工作成果需要较长的形成周期，可按季度或年度实施考核 |
| 分级设定考核目标值 | 在设定考核目标值时，企业要先将考核指标分级设定（例如，将目标值设定为基本目标、理想目标和挑战目标），并赋予各目标值相应的考核分数，这样可以减轻员工为完成考核指标而产生的心理压力，同时也能在一定程度上减少或避免考核目标确定过程中的矛盾 |
| 确定业绩考核计算公式 | 在确定业绩考核计算公式时，针对处于不同阶段、难易程度也不同的考核指标，企业可采用分段函数来计算各部门的工作业绩，保证计算出来结果的公正、科学。对于那些处于不同阶段但难易程度一样的考核指标，企业可采用同一公式来计算所有阶段的工作业绩 |
| 明确考核数据来源 | 在完成上述工作后，企业需要确定每个考核指标的数据来源，以便在实施绩效考核时向其归口部门索取相关数据 |

3. 各岗位绩效考核指标库

（1）高层管理岗位绩效考核指标库。

| 考核指标 | 指标释义 | 数据来源 |
| --- | --- | --- |
| 企业经营目标完成情况 | 考核期内的产品销量目标、销售额目标，以及生产目标、经营利润等的完成情况 | 总经办 |
| 企业文化建设项目完成率 | 企业文化建设项目完成数 / 企业文化计划建设项目总数 ×100% | 总经办 |
| 经济损失 | 由于决策失误给企业造成的经济损失 | 财务部 |
| 固定大客户的数量 | 考核期内企业拥有的固定大客户的数量 | 销售部 |
| 供货商满意度 | 考核期内企业的供应商对企业各事项的整体满意度 | 生产部 |
| 生产工艺改进率 | 生产工艺改进数量 / 生产工艺的总数 ×100% | 生产部 |

（续表）

| 考核指标 | 指标释义 | 数据来源 |
|---|---|---|
| 研发项目立项率 | 研发项目成功立项的数量／研发项目计划立项总数 ×100% | 研发部 |
| 人力资源规划情况 | 考核期内企业人力资源需求、供给及平衡等方面的工作的完成情况 | 人力资源部 |
| 安全事故次数 | 考核期内发生的生产安全、设备安全、质量安全及出行安全等事故次数 | 安全部 |

（2）网络营销类岗位绩效考核指标库。

| 考核指标 | 指标释义 | 数据来源 |
|---|---|---|
| 网销产品销量 | 考核期内网销产品的总销量 | 销售部 |
| 网销客户数量 | 考核期内网销客户的总数量 | 销售部 |
| 网销客户增长率 | （本期网销客户数量－上期网销客户数量）／上期网销客户数量 ×100% | 销售部 |
| 网销客户投诉率 | 网销投诉客户数／网销客户总数 ×100% | 客服部 |
| 网销计划完成率 | 网销实际销量／网销计划销量 ×100% | 销售部 |
| 网销收入 | 考核期内产品网销总额 | 财务部 |
| 网销收入增长率 | （本期网销收入－上期网销收入）／上期网销收入 ×100% | 财务部 |
| 网销产品退货率 | 网销产品退货数量／网销产品销售总数 ×100% | 销售部 |
| 货款回笼率 | 回笼的网销货款总额／网销收入总额 ×100% | 财务部 |

（3）销售类岗位绩效考核指标库。

| 考核指标 | 指标释义 | 数据来源 |
|---|---|---|
| 销售合同额 | 考核期内签订的销售合同总额 | 销售部 |
| 销售收入 | 考核期内产品销售总额 | 财务部 |

（续表）

| 考核指标 | 指标释义 | 数据来源 |
|---|---|---|
| 贷款回笼率 | 回笼的销售贷款总额 / 销售收入总额 ×100% | 财务部 |
| 营销、销售计划完成情况 | 考核期内营销及销售计划的完成情况 | 销售部 |
| 市场占有率 | 产品销售收入 / 产品市场总额 ×100% | 销售部 |
| 营业费用比率 | 营业费用总额 / 产品销售收入总额 ×100% | 财务部 |
| 销售收入增长率 | （本期销售收入 − 上期销售收入）/ 上期销售收入 ×100% | 财务部 |
| 营销费用预算达成率 | 实际营销费用 / 营销预算费用 ×100% | 财务部 |
| 运输费用达成率 | 实际发生的运输费用 / 计划预算费用 ×100% | 财务部 |
| 销售台账归档及时性和准确性 | 销售往来记录是否准确、及时 | 销售部 |
| 销售呆账及坏账率 | 考核期内销售呆账及坏账金额 / 考核期内销售额 ×100% | 销售部 |

（4）客服类岗位绩效考核指标库。

| 考核指标 | 指标释义 | 数据来源 |
|---|---|---|
| 客户投诉率 | 客户投诉的数量 / 客户的总数 ×100% | 客服部 |
| 客户信息反馈及时率 | 标准时间内反馈客户意见数 / 需要反馈客户意见数 ×100% | 客服部 |
| 客户回访率 | 实际客户回访数量 / 计划客户回访数量 ×100% | 客服部 |
| 大客户流失率 | 流失的大客户数 / 大客户总数 ×100% | 客服部 |
| 客户服务满意度 | 考核期内企业所有客户对服务水平满意度评分的算术平均分 | 客服部 |
| 客户冲突发生次数 | 考核期内与客户发生冲突的次数 | 客服部 |
| 客服费用控制率 | 客服费用实际额 / 客服费用预算额 ×100% | 财务部 |
| 客户投诉结案率 | 客户投诉结案数 / 客户投诉总数 ×100% | 客服部 |
| 单位客户索赔成本 | 考核期内因赔偿客户损失所发生的费用 | 财务部 |

（5）生产类岗位绩效考核指标库。

| 考核指标 | 指标释义 | 数据来源 |
|---|---|---|
| 产值 | 考核期内入库品总额 | 生产部 |
| 生产计划完成率 | 实际完成量／计划完成量×100% | 生产部 |
| 按时交货率 | 按时交货额／计划交货额×100% | 生产部 |
| 全员劳动生产率 | 总产值／员工总人数×100% | 生产部 |
| 设备故障停机率 | 故障停机台时／（设备实际开动台时＋故障停机台时）×100% | 生产部 |
| 废料率 | 生产产生的废料数／投入生产的物料总数×100% | 生产部 |
| 生产安全事故发生次数 | 考核期内发生的生产安全事故次数 | 安全部 |
| 安全事故经济损失 | 因安全事故给企业造成直接和间接的损失总额 | 安全部 |
| 生产安全事故处理的及时性 | 生产安全事故是否得到了及时、有效的处理 | 安全部 |
| 生产作业现场的整洁性、有序性 | 生产作业现场各种设备和物品摆放是否整齐，存放是否有序 | 生产部 |

（6）质量类岗位绩效考核指标库。

| 考核指标 | 指标释义 | 数据来源 |
|---|---|---|
| 一次检验成功率 | 一次检验成功的产品数／检验的产品总数×100% | 质量部 |
| 废品率 | 废品数／产品总数×100% | 质量部 |
| 质量事故处理的及时性和有效性 | 质量事故处理是否及时、有效 | 质量部 |
| 产品抽检合格率 | 抽检合格产品总数／抽检产品总数×100% | 质量部 |
| 客户质量问题处理及时性和有效性 | 客户对质量问题的投诉是否在规定时间内得到了有效解决 | 质量部 |

（续表）

| 考核指标 | 指标释义 | 数据来源 |
| --- | --- | --- |
| 质量体系评审不符合项数 | 年度质量体系评审过程中发现的不符合项数 | 质量部 |
| 产品质量检验合格率 | 产品质量检验合格数 / 检验产品总数 ×100% | 质量部 |
| 供方质量检验资料的保管情况 | 供方质量检验资料是否完整、准确 | 质量部 |
| 制程产品检验合格率 | 制程产品合格数量 / 制程产品总数 ×100% | 生产部 |

（7）安全类岗位绩效考核指标库。

| 考核指标 | 指标释义 | 数据来源 |
| --- | --- | --- |
| 安全事故发生次数 | 考核期内发生的生产安全、设备安全、质量安全及出行安全等事故的次数 | 安全部 |
| 安全制度落实率 | 安全制度有效落实数 / 安全制度总数 ×100% | 安全部 |
| 安全检查次数 | 考核期内各类安全检查工作的开展次数 | 安全部 |
| 安全隐患排查率 | 排查出的安全隐患的数量 / 安全隐患的总数 ×100% | 安全部 |
| 安全隐患整改率 | 安全隐患整改数 / 安全隐患总数 ×100% | 安全部 |
| 安全保卫工作开展情况 | 考核期内在各生产现场、厂房、仓库、办公区域开展安全保卫工作的情况 | 安全部 |
| 安全事故损失额 | 考核期内发生的安全事故给企业造成的经济损失的总额 | 财务部 |
| 摄像头完好率 | 摄像头完好数 / 摄像头总数 ×100% | 安全部 |
| 安全管理台账准确率 | 安全管理台账准确的项目数 / 安全管理台账的总项目数 ×100% | 安全部 |

（8）采购类岗位绩效考核指标库。

| 考核指标 | 指标释义 | 数据来源 |
| --- | --- | --- |
| 采购计划完成率 | 已完成的采购项目数 / 计划项目采购数 ×100% | 采购部 |

（续表）

| 考核指标 | 指标释义 | 数据来源 |
|---|---|---|
| 采购成本降低率 | （上期采购成本－本期采购成本）/上期采购成本 ×100% | 财务部 |
| 供应商一次交检合格率 | （1-不合格批次数/考核期内所有供应商交货次数）×100% | 质量部 |
| 供应商信息管理 | 供应商对外协商信息的完整性、准确性 | 采购部 |
| 采购积压物资处理的及时性 | 是否及时、有效地处理了仓库积压物资 | 采购部 |
| 采购资金使用率 | 采购资金已付款总额/计划的采购资金总额 ×100% | 采购部 |
| 采购物资合格率 | 采购物资合格数/采购物资总数 ×100% | 质量部 |
| 供应商履约率 | 已履约的合同数/签订的合同总数 ×100% | 生产部 |
| 供应商延迟发货次数 | 考核期内所有供应商延迟发送采购物资的次数 | 生产部 |

（9）技术研发类岗位绩效考核指标库。

| 考核指标 | 指标释义 | 数据来源 |
|---|---|---|
| 研发计划完成率 | 按计划完成的当期研发项目数/当期计划完成的研发项目数 ×100% | 研发部 |
| 技术图档更改的及时性 | 是否及时更改技术图档 | 研发部 |
| 技术出图的及时性和准确性 | 是否按照生产进度及时、准确地出图 | 研发部 |
| 研发计划完成率 | 研发计划按时完成数/研发计划总数 ×100% | 研发部 |
| 开发新产品资料完整度 | 研发新产品过程中产生的各项资料的保管情况 | 研发部 |
| 新产品试制一次成功率 | 新产品试制一次成功数/试制新产品总数 ×100% | 研发部 |
| 研发项目按时完成率 | 研发项目按时完成数/研发项目总数 ×100% | 研发部 |

（10）物流类岗位绩效考核指标库。

| 考核指标 | 指标释义 | 数据来源 |
|---|---|---|
| 配送任务完成率 | 配送任务完成数 / 配送任务总数 ×100% | 运输部 |
| 配送损失额 | 考核期内因物流运输环节造成的损失的总额 | 财务部 |
| 运输物资盘点率 | 物流运输物资盘点的次数 / 物流运输货物的总次数 ×100% | 运输部 |
| 运输物资差错率 | 运输物资发生差错的次数 / 物流运输货物的总次数 ×100% | 运输部 |
| 客户服务满意度 | 考核期内所有客户对运输服务满意度水平评分的算数平均数 | 运输部 |
| 运输费用控制率 | 实际运输费用 / 计划运输费用 ×100% | 运输部 |
| 物资码放合格率 | 物资码放合格的次数 / 物资码放的总次数 ×100% | 运输部 |

（11）财务类岗位绩效考核指标库。

| 考核指标 | 指标释义 | 数据来源 |
|---|---|---|
| 营业收入增长率 | 考核期营业收入增长额 / 营业收入总额 ×100% | 财务部 |
| 净资产收益率 | 净利润 / 净资产 ×100% | 财务部 |
| 利润总额 | 考核期内实现的利润总额 | 财务部 |
| 利润总额增长率 | （本期利润总额 − 上期利润总额）/ 上期利润总额 ×100% | 财务部 |
| 集团利润贡献率 | 某分（子）公司利润总额 / 集团公司利润总额 ×100% | 财务部 |
| 资金周转率 | 本期主营业务收入 / [（期初占用资金＋期末占用资产）/2] ×100% | 财务部 |
| 投资收益率 | 运营期年均收益额 / 投资总额 ×100% | 财务部 |
| 资产负债率 | 负债总额 / 资产总额 ×100% | 财务部 |

（12）行政辅助类岗位绩效考核指标库。

| 考核指标 | 指标释义 | 数据来源 |
|---|---|---|
| 行政成本费用降低率 | 行政成本费用降低额 / 计划行政成本费用额 ×100% | 行政部 |
| 企业绿化面积 | 考核期内企业办公区域的绿化面积数 | 行政部 |
| 办公设备完好率 | 办公设备完好数 / 办公设备总数 ×100% | 行政部 |
| 发放办公用品及时的情况 | 考核期内及时发放办公用品到各部门的情况 | 行政部 |
| 及时组织会议的情况 | 考核期内及时组织各项会议的情况 | 行政部 |
| 文件起草合格率 | 文件起草合格数 / 文件起草总数 ×100% | 行政部 |
| 办公印章使用发生错误次数 | 考核期内各部门及人员使用办公印章发生错误的次数 | 行政部 |
| 行政车辆调度情况 | 考核期内各部门对行政车辆的使用情况满意度评分的算数平均数 | 行政部 |

（13）人力资源类岗位绩效考核指标库。

| 考核指标 | 指标释义 | 数据来源 |
|---|---|---|
| 员工增长率 | （本期员工数 - 上期员工数）/ 上期员工数 ×100% | 人力资源部 |
| 关键人才流失率 | 流失的关键人才数 / 公司关键人才总数 ×100% | 人力资源部 |
| 工资增长率 | （本期员工平均工资 - 上期员工平均工资）/ 上期员工平均工资 ×100% | 人力资源部 |
| 人力资源培训完成率 | 人力资源培训开展次数 / 人力资源培训计划总次数 ×100% | 人力资源部 |
| 部门员工出勤率 | 部门员工出勤人数 / 部门员工总人数 ×100% | 人力资源部 |
| 薪酬总量控制的有效率 | 实际发放的薪酬总额 / 计划发放的薪酬总额 ×100% | 人力资源部 |
| 人才引进完成率 | 实际引进人才数 / 计划引进人才数 ×100% | 人力资源部 |
| 考核工作完成的及时性和准确性 | 公司绩效考核是否及时、准确地完成 | 人力资源部 |

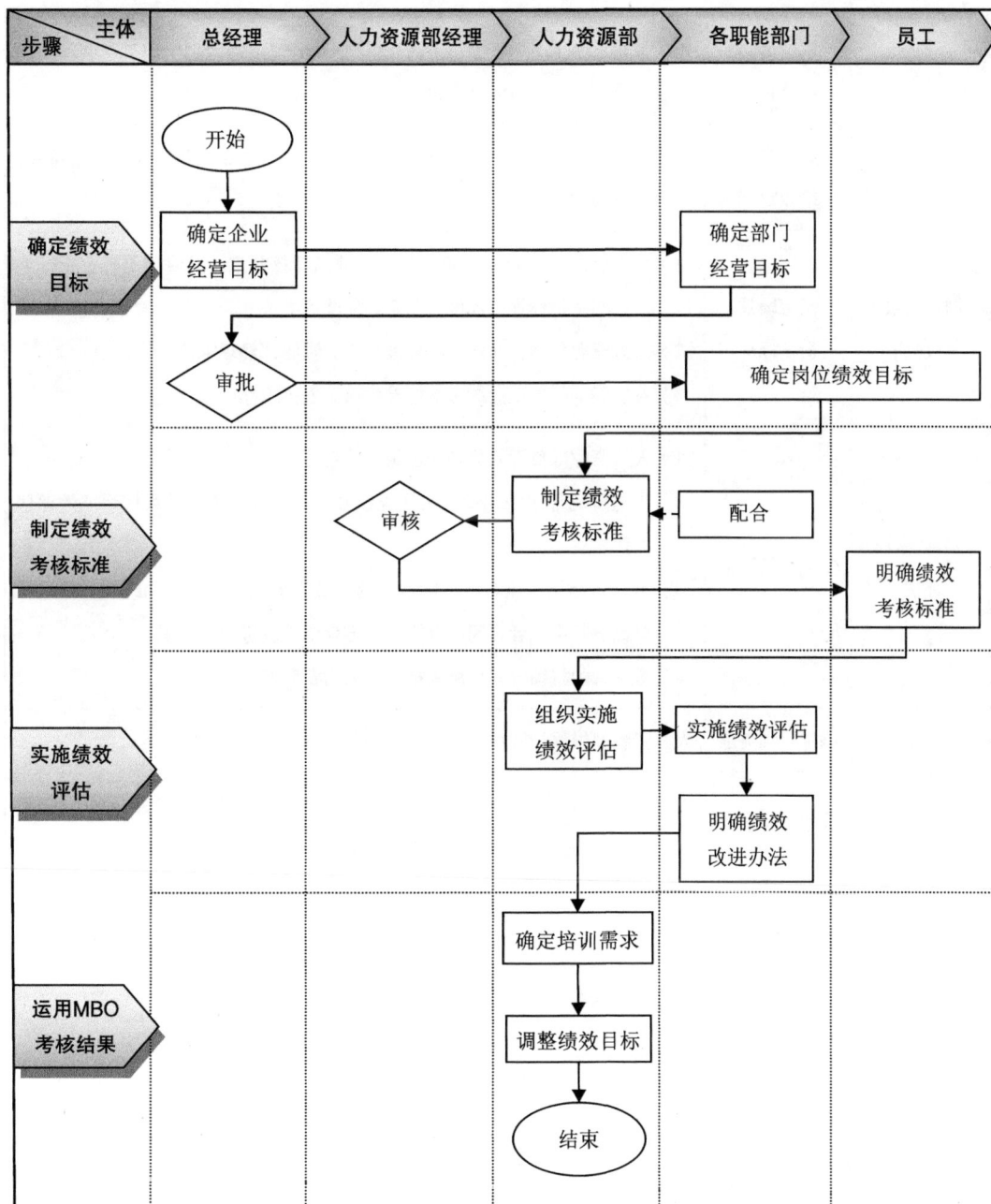

# 3.2 选择合适的绩效考核办法

## 3.2.1 MBO 考核流程与制度

1. 执行流程图

| 步骤 \ 主体 | 总经理 | 人力资源部经理 | 人力资源部 | 各职能部门 | 员工 |
|---|---|---|---|---|---|
| 确定绩效目标 | 开始 → 确定企业经营目标 → 审批 | | | 确定部门经营目标 · 确定岗位绩效目标 | |
| 制定绩效考核标准 | | 审核 | 制定绩效考核标准 ← 配合 | | 明确绩效考核标准 |
| 实施绩效评估 | | | 组织实施绩效评估 | 实施绩效评估 → 明确绩效改进办法 | |
| 运用MBO考核结果 | | | 确定培训需求 → 调整绩效目标 → 结束 | | |

## 2.执行关键节点及执行细节

| 阶段 | 关键节点 | 执行细节 |
|---|---|---|
| 确定绩效目标 | 确定企业经营目标 | （1）总经理与企业高层对企业内外部环境进行分析，确定企业各项经济活动的方向和奋斗目标<br>（2）行政人员负责将企业的经营目标传达至各职能部门 |
| | 确定部门经营目标 | 各职能部门负责人根据企业的经营目标，结合本部门岗位职责，确定本部门经营目标，并报总经理审批 |
| | 确定岗位绩效目标 | 考核者与被考核者协商，根据部门经营目标，结合被考核者的岗位特点，明确岗位绩效目标 |
| 制定绩效考核标准 | 制定绩效衡量标准 | （1）各职能部门配合人力资源部制定业绩考核标准，其目的是确定指标单位、明确指标评价尺度及制定具体奖惩办法<br>（2）人力资源部须将业绩考核标准报人力资源部经理审核<br>（3）各职能部门根据业绩考核标准为员工安排工作 |
| 实施绩效评估 | 实施绩效评估 | （1）人力资源部负责收集各岗位绩效信息<br>（2）人力资源部组织相关人员实施绩效考核，并将考核结果作为绩效评估的依据<br>（3）考核者与被考核者将实际达到的绩效水平与预先设定的绩效目标进行对比，找出二者之间的差距，双方就绩效改进达成共识<br>（4）考核者须将绩效评估结果提交给人力资源部备案 |
| 运用MBO考核结果 | 确定培训需求 | 人力资源部根据绩效评估结果确定企业培训需求 |
| | 调整绩效目标 | 人力资源部根据上一阶段绩效目标完成情况和企业发展形势的变化，调整下一阶段的绩效目标 |

## 3.MBO考核实施制度

### 第1章　总则

第1条　目的

为了提升员工工作绩效，根据公司考核管理制度和各部门主管岗位说明书，特制定本制度。

第2条　适用范围

本制度适用于本公司聘任的正式员工。

（续）

<table>
<tr><td>

**第3条 考核原则**

1. 以提高员工绩效、完成工作计划为导向的原则。

2. 定性与定量考核相结合的原则。

3. 公平、公正的原则。

4. 考核与奖惩相结合的原则。

**第4条 职责划分**

公司绩效管理考核组负责公司各部门的绩效考核及对各部门绩效考核执行过程的监督，各部门负责人负责职权范围内的各岗位员工的考核。

### 第2章 绩效考核目标的确定

**第5条 企业经营目标的确定**

企业经营目标是企业经营思想的具体化，也是评估企业经营价值的基础，更是企业发展战略的体现。公司总经理负责确定组织绩效总目标。

**第6条 部门目标的确定**

在确定企业经营目标后，总经理应及时将该目标传达给各部门负责人，各部门负责人要采用科学的方法进一步确定部门经营目标。部门经营目标应与企业经营目标保持一致，部门经营目标的实现要能促进企业经营目标的实现。

**第7条 岗位目标的确定**

岗位目标应由考核者和被考核者协商确定。

### 第3章 绩效考核实施流程

**第8条 制订季度目标计划**

被考核者在每季度首月____日内向直接上级书面提报本季度的工作计划。直接上级应于季度首月____日前，结合被考核者的工作计划，就季度主要工作任务、考评标准及指标权重等内容与被考核者进行面谈，双方对照"岗位说明书"共同讨论、制定并填写"绩效考核评分表"。"绩效考核评分表"一式三份，被考核者及其直接上级、人力资源部各执一份，将其作为本季度的工作指导和考评的依据。

**第9条 执行计划**

在执行季度目标计划的过程中，若出现重大任务调整，考核者和被考核者须重新填写"绩效考核评分表"，并与人力资源部进行沟通。

**第10条 员工自评**

每季度结束后，次季度首月____日前，被考核者应根据"绩效考核评分表"进行自评。

</td><td>

**管控要点**

✪ 在确定绩效目标的过程中，企业应建立沟通协商机制，加强企业高层、职能部门管理层与基层员工之间的沟通

✪ 人力资源部要加强对部门目标、企业目标确定的引导和监督，确保部门目标与企业目标保持一致

✪ 突出目标重点

**管控工具**

✪ 会议纪要

**管控要点**

✪ 人力资源部负责制定可量化的绩效考核标准

✪ 企业应制定绩效考核资料保管制度

**管控工具**

✪ 绩效考核评分表

✪ 岗位说明书

</td></tr>
</table>

（续）

第 11 条　直接上级考评

被考核者的直接上级先从工作业绩、工作能力及工作态度等方面对其进行评价，再填写"绩效考核评分表"中直接上级评分的内容，最后拟定评估成绩，并于＿＿日内报人力资源部审核。

第 12 条　绩效考核结果审核

人力资源部于＿＿日内汇总并审核绩效考核结果，确定被考核者的绩效考核得分。

### 第 4 章　绩效考核结果应用

第 13 条　绩效考核结果等级划分

人力资源部应将绩效考核结果从高分到低分进行排序。

（1）90 ~ 100 分为优秀。

（2）75 ~ 89 分为良好。

（3）60 ~ 74 分为合格。

（4）60 分（不含）以下为不合格。

第 14 条　奖惩措施

（1）对于被评为优秀的部门和员工，企业分别给予适当奖励，并对表现突出的员工给予晋升、加薪等奖励。

（2）对于被评为不合格的部门和员工，企业应取消该部门及该员工的当期奖金，若连续两次不合格，企业应责令其做出检查，并对相关部门负责人及相关责任人的工作岗位进行调整。

（3）对在考核过程中弄虚作假的部门和员工，企业应取消该部门考评等级，并追究相关领导的责任。

第 15 条　绩效目标调整与反馈

员工通过绩效考核结果找出实际工作业绩与预期目标之间的差距，并进行分析，及时调整工作方式，努力完成个人工作目标。

### 第 5 章　附则

第 16 条　本制度由人力资源部制定，其解释权和修订权归人力资源部所有。

第 17 条　本制度自颁布之日起生效。

**管控要点**

❂ 人力资源部应及时公示绩效考核结果

❂ 人力资源部应将考核结果报企业管理层审核、审批

**管控工具**

❂ 考核结果公示通知书

❂ 考核结果应用公示通知书

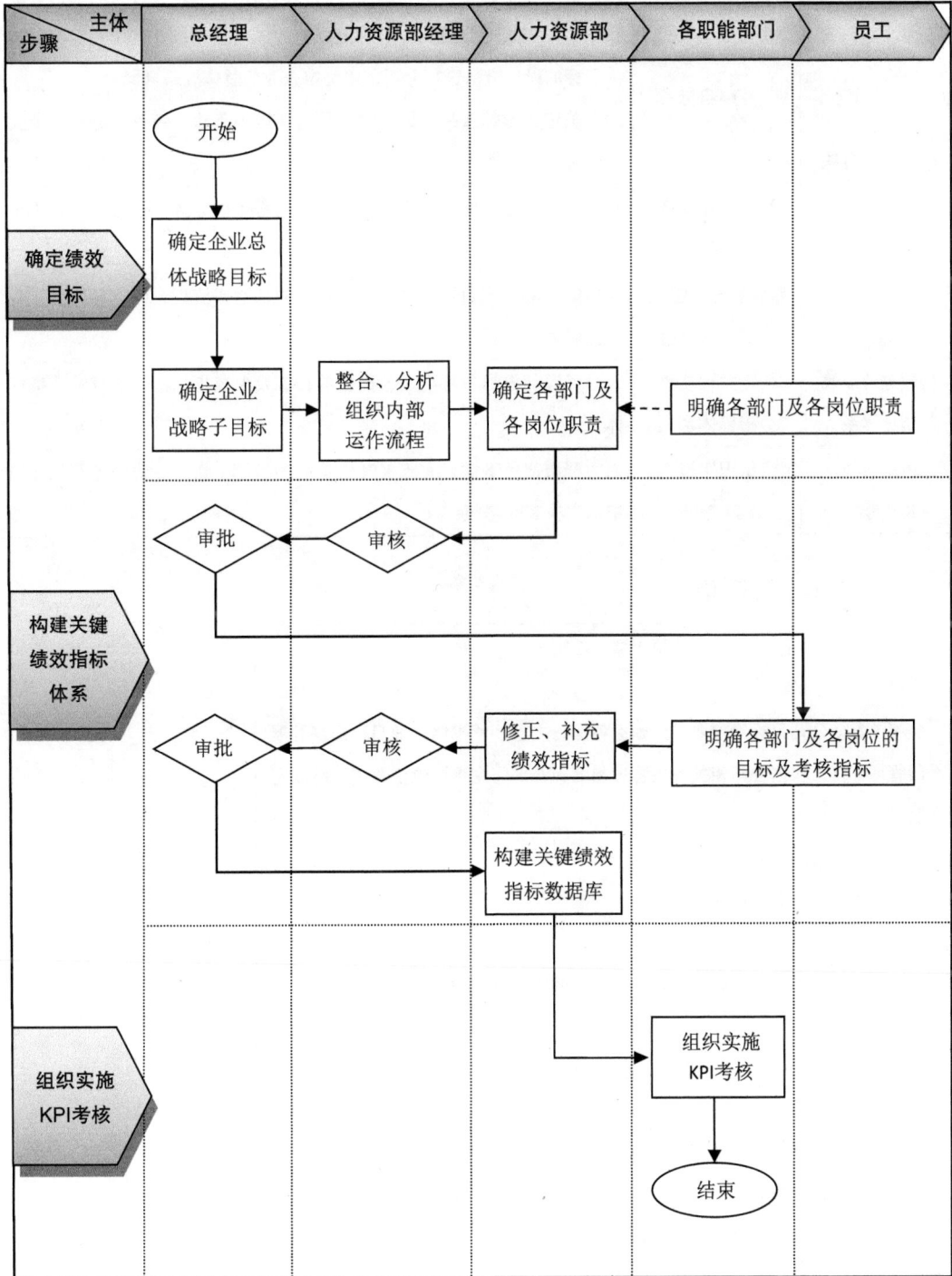

## 3.2.2　KPI 考核流程与制度

### 1. 执行流程图

| 主体<br>步骤 | 总经理 | 人力资源部经理 | 人力资源部 | 各职能部门 | 员工 |
|---|---|---|---|---|---|
| 确定绩效目标 | 开始 → 确定企业总体战略目标 → 确定企业战略子目标 | 整合、分析组织内部运作流程 | 确定各部门及各岗位职责 | 明确各部门及各岗位职责 | |
| 构建关键绩效指标体系 | 审批 | 审核 | 修正、补充绩效指标<br>构建关键绩效指标数据库 | 明确各部门及各岗位的目标及考核指标 | |
| 组织实施KPI考核 | | | | 组织实施KPI考核 → 结束 | |

## 2. 执行关键节点及执行细节

| 阶段 | 关键节点 | 执行细节 |
|---|---|---|
| 确定绩效目标 | 确定企业总体战略目标 | （1）总经理根据企业战略发展方向，从增加利润、提升盈利能力、提高员工素质等角度分别确定企业的战略重点，并运用关键绩效指标的设计方法进行分析，以确定企业的总体战略目标<br>（2）确定关键绩效指标的方法主要有头脑风暴法、鱼骨图分析法及关键成功因素法 |
| | 确定企业战略子目标 | 总经理须将企业的总体战略目标按照内部主要业务流程分解为若干个子目标 |
| | 整合、分析组织内部运作流程 | 人力资源部经理负责整合、分析组织内部运作流程，确定各部门及各岗位职责 |
| 构建关键绩效指标体系 | 构建关键绩效指标体系 | 人力资源部根据各部门及各岗位的目标及考核指标构建关键绩效指标体系 |
| 组织实施KPI考核 | 组织实施KPI考核 | 人力资源部负责做好实施KPI考核前的指导工作，并协助各职能部门组织实施KPI考核 |

## 3. KPI考核实施制度

### 第1章 总则

**第1条 目的**

为了贯彻公司目标管理要求，确保各部门主管能够围绕企业目标组织开展部门管理工作，根据公司相关考核管理制度和各部门主管岗位说明书，特制定本制度。

**第2条 适用范围**

本制度适用于本公司的全体员工。

**第3条 职责划分**

人力资源部负责具体实施KPI考核。各部门负责人须配合人力资源部工作。

### 第2章 关键业绩指标的选取

**第4条** 关键业绩指标考核是公司衡量各岗位绩效的一种手段。通过将之与经济手段挂钩，以达到激励各岗位员工持续提高工作业绩的目的。

**第5条** 各岗位的关键绩效指标是由公司经营目标分解而来的。

**第6条** 各部门经理根据组织架构和职能分工情况，对关键业绩指标进行逐层分解。

**管控要点**

✪ 提取关键绩效指标时应形成各岗位量化考核表，报企业高层审批后实施

**管控工具**

✪ 岗位量化考核表

✪ 公司经营目标分解表

（续）

第 7 条　公司总经理负责对各部门经理级人员进行考核。各部门经理负责对本部门人员进行考核。

第 8 条　每年____月由总经理负责组织公司管理人员根据公司的实际运营情况，确定下一年度的经营目标。

第 9 条　企业相关人员根据已确定的年度经营目标，及时更新相关管理制度并及时予以公示。

第 10 条　人力资源部经理根据公司的组织架构和各部门的职能情况，组织相关人员根据公司年度经营目标提取关键绩效指标，并逐层分解至各责任部门及各岗位，形成公司经营目标分解表。

### 第 3 章　关键业绩指标考核实施程序

第 11 条　人力资源部经理和总经理助理负责制定关键业绩指标考核方案。关键业绩指标考核方案内容主要包括关键业绩指标名称、关键业绩指标值、计算方法或考核依据、统计部门或负责人、考核周期及考核指标权重、考核方法等。

第 12 条　关键业绩指标考核方案必须遵循明确性、合理性、简要性和可操作性原则。

第 13 条　关键业绩指标考核方案编制完毕后须报总经理审批。

第 14 条　人力资源部和总经理助理共同组建考核小组，根据关键业绩指标考核方案中规定的考核时间对各级主管人员实施考核，考核结果以"绩效考核评价表"的形式下发给被考核者，在考核工作结束后的下一个工作周内对考核结果进行会议通报。

第 15 条　被考核者若对考核结果有异议，则须在三个工作日内向人力资源部提出申诉。人力资源部在接到申诉的三个工作日内须做出复核决定。员工若对复核仍有异议，可自人力资源部做出复核决定之日起三日内向总经理提出申诉。复核期间，不停止对原通告的执行。

第 16 条　人力资源部于每月的____日前组织各部门主管与被考核者进行绩效面谈。面谈内容包括告知被考核者上一周期的考核结果，肯定被考核者的工作业绩、指出其工作中的不足、制定下一周期的绩效目标。

第 17 条　面谈后形成的考核内容应记录在"绩效考核表"中。

第 18 条　每年年底，各部门主管须以述职报告的形式向上级领导进行述职。述职报告内容主要包括部门的年度工作绩效总结和取得的管理成效、部门目前的工作情况分析、下一年度的工作目标及实施计划等。

**管控要点**

✪ 人力资源部要做好员工的绩效辅导工作

✪ 绩效管理由各部门具体执行，人力资源部负责辅助和指导相关考核负责人的工作

✪ 企业应严格绩效考核结果的审核流程

**管控工具**

✪ 岗位绩效考核方案

✪ 绩效考核评价表

（续）

## 第4章 绩效考核结果划分及应用

第19条 员工绩效考核结果划分等级

1.年度内考核有三次以上被评为A级且从未被评为E级的员工，岗位工资等级在本职级内上升一档。

2.年度内考核有五次以上被评为B级及以上级别且从未被评为E级的员工，岗位工资等级在本职级内上升一档。

3.年度内考核有两次及以下被评为E级的员工，岗位工资维持不变。

4.年度内考核有三次或以上被评为E级的员工，工资级别在本职级内降低一档。

第20条 员工岗位调整

公司根据绩效考核结果对员工岗位进行必要的调整，包括晋升、降职和换岗。连续五次被评为A级的员工将会优先获得晋升机会；连续五次被评为E级的员工将被降级。

## 第5章 附则

第21条 本制度由人力资源部制定，其解释权和修订权归人力资源部所有。

第22条 本制度自颁布之日起生效。

**管控要点**

✪ 企业应及时公示绩效考核结果及其应用情况，重视绩效考核结果及应用公示的反馈信息收集和处理

✪ 绩效考核结果应用须形成纸质文件，并需要呈报相关部门负责人审核、总经理审批

**管控工具**

✪ 绩效考核结果公示通知书

## 3.2.3 BSC 考核流程与制度

1. 执行流程图

| 步骤 ＼ 主体 | 总经理 | 人力资源部经理 | 绩效主管 | 各部门经理 | 员工 |
|---|---|---|---|---|---|

**确定绩效考核指标**

- 开始
- 确定企业愿景与企业战略 → 分解绩效目标
- 审批

**确定绩效目标值**

- 组织内部沟通教育 → 编制部门绩效目标指标 → 编制岗位绩效目标指标
- 审批 ← 审核 ← 确定各层级绩效目标值

**组织实施绩效考核**

- 组织实施绩效考核 → 参与实施绩效考核
- 分析考核实施情况 ← 定期汇报绩效考核实施情况
- 调整考核指标
- 结束

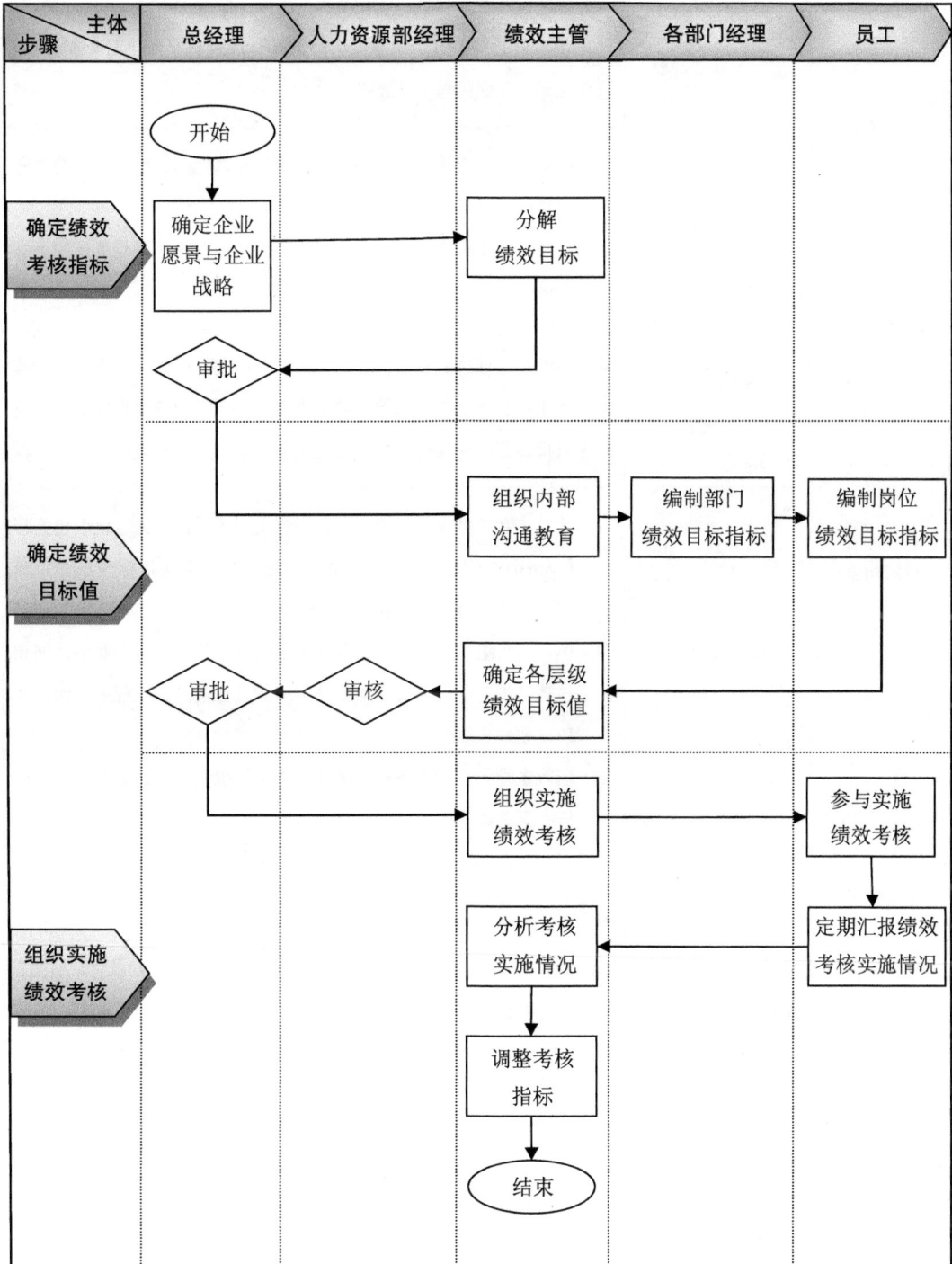

## 2.执行关键节点及执行细节

| 阶段 | 关键节点 | 执行细节 |
|---|---|---|
| 确定绩效考核指标 | 确定企业愿景与企业战略 | 总经理通过调查、收集企业各类相关资料，运用SWOT分析、目标市场价值定位分析等方法对企业内外部环境和现行系统进行全面分析，进而确定企业愿景与企业战略 |
| | 分解绩效目标 | （1）绩效主管负责将所有的绩效目标分解成具体的、可量化的绩效考核指标<br>（2）绩效考核指标主要从财务、客户、内部运营和学习与成长四个维度确定 |
| 确定绩效目标值 | 组织内部沟通教育 | 绩效主管负责通过刊物、信件、公告栏、电视、广播、标语及会议等渠道将企业的愿景与战略传达给全体员工，同时把绩效目标及具体绩效考核指标落实到各级组织，以及基层的每一位员工身上 |
| | 确定各层级绩效目标值 | （1）绩效主管负责收集各部门及各岗位员工的反馈意见，组织相关部门和岗位人员确定每年、每季及每月绩效考核指标的具体目标值，并编制绩效考核方案<br>（2）绩效主管组织相关人员根据已确定的目标值，结合企业的计划和预算，将企业员工的浮动薪酬与绩效目标值的完成程度挂钩，并建立绩效奖惩机制<br>（3）绩效主管须将绩效考核方案和绩效奖惩机制报人力资源部经理审核、报总经理审批 |
| 组织实施绩效考核 | 组织实施绩效考核 | 绩效主管负责组织各部门实施绩效考核 |
| | 分析考核实施情况 | 绩效主管要分析考核实施情况 |
| | 调整考核指标 | 绩效主管根据考核实际情况对考核指标进行适当调整 |

## 3.BSC 考核实施制度

**第 1 章　总则**

**第 1 条　目的**

为了提升企业员工绩效，加强对企业绩效考核的管理，根据公司相关考核管理制度，特制度本制度。

**第 2 条　适应范围**

本制度适用于本公司的全体员工。

**第 3 条　职责划分**

公司绩效管理考核组负责组织各部门实施绩效考核，并对考核过程进行监督。各部门负责人负责职权范围内的员工的考核。

**第 2 章　BSC 的构成要素分析**

**第 4 条**　为了更好地利用平衡计分卡分析企业要素，构建企业绩效考核指标体系，相关绩效负责人应从其构成要素着手进行有效分析。

**第 5 条　构成要素——维度**

维度用于体现企业战略的基本关注点，企业应将平衡计分卡划分成财务、客户、内部运营、学习与发展四个维度。

1. 财务维度。该维度是指企业要向股东展示的内容。企业经营的最终目标是利润，只有获得利润才能保证企业获得生存和发展，股东就是通过财务维度来评价企业经营状况的。

2. 客户维度。该维度是指客户对企业的看法。企业要想在市场中获得立足之地，并不断扩大市场份额，就必须获得客户的认同，提供客户需要的产品或服务。

3. 内部运营维度。该维度是指企业擅长的领域，更强调组织自身的竞争优势，将自己与竞争对手区别开来。

4. 学习与发展维度。该维度是指企业能否继续创造更多价值。学习与发展维度强调的是企业可持续发展的能力。

**第 6 条　构成要素——目标**

这里说的目标是指战略目标，即从企业总战略目标中分解、细化出来的关键性战略目标。每一个战略目标都包含一个或多个绩效指标。

**第 7 条　构成要素——指标与指标值**

指标是指在企业关键性战略目标的基础上推导出来的。指标值是对指标的具体化和数量化。

**管控要点**

- 企业应建立 BSC 考核指标沟通协商机制
- 各层级绩效负责人应根据企业的实际情况分析本层级各要素的具体内容
- 各层次的 BSC 构成要素分析结果应保持一致

**管控工具**

- 企业各岗位 BSC 考核表

（续）

第8条　构成要素——行动计划

行动计划是指支持平衡计分卡中每个指标得以实现和完成的具体项目计划。它是由若干个特定的计划与活动组成的。

### 第3章　BSC考核法操作流程

第9条　建立企业愿景和战略任务

公司总经理通过调查、收集企业各类相关信息资料，运用SWOT分析、目标市场价值定位分析等方法对企业内外部环境和发展现状进行系统、全面的分析，进而确定企业愿景和企业战略。

第10条　就企业愿景和企业战略达成共识

公司总经理与全体员工就企业的愿景与战略达成共识。绩效主管根据企业战略，从财务、客户、内部运营和学习与成长四个维度设定具体的绩效考核指标。

第11条　量化考核指标

各职能部门根据上述四个维度来确定具体的、可量化的业绩考核指标。

第12条　企业内部沟通与教育

加强企业内部沟通，利用各种信息传输渠道和手段，如刊物、宣传栏、电视及广播，将企业的愿景与战略传达给全体员工，并把绩效目标及具体绩效考核指标逐级落实到各级组织，以及基层的每一位员工身上。

第13条　绩效目标值的确定

确定每年、每季及每月绩效考核指标的目标值，并结合企业的计划和预算，将每年企业员工的浮动薪酬与绩效目标值的完成程度挂钩。

第14条　实施绩效考核

人力资源部根据绩效考核方案中规定的考核时间，组织各级人员实施绩效考核。考核结果以"绩效考核评价表"的形式下发给被考核者，在考核工作结束后的下一个工作周内对考核结果进行会议通报。

第15条　绩效考核保障

为切实保障BSC的顺利实施，企业应不断地加强各种基础管理工作。例如，完善人力资源信息系统，加强定编、定岗、定员、定额，促进员工关系和谐及注重员工培训等。

第16条　考核申诉

被考核者若对考核结果有异议，则须在三个工作日内向人力资源部提出申诉。人力资源部须在接到申诉后的三个工作日内做出复核决定。若被考核者对

**管控要点**

- 企业应加强BSC考核指标制定的沟通协商，各方就考核方案达成一致意见后方可实施
- 人力资源部须对每一位被考核者进行辅导，并督导绩效管理工作的实施过程
- 人力资源部应对绩效考核结果进行复核，保证考核结果的准确性

**管控工具**

- 绩效考核方案
- 绩效考核评价表

（续）

复核结果仍有异议，则可自人力资源部做出复核决定之日起三日内向总经理提出申诉。复核期间，不停止对原通告的执行。

第 17 条　绩效面谈

1. 人力资源部于每月的＿＿日前，组织各部门主管与被考核者进行绩效面谈，面谈内容主要包括三个方面。

（1）考核者对上一周期的考核结果进行宣告，肯定被考核者的工作业绩并指出其工作中的不足。

（2）考核者为被考核者重新确定绩效目标和考核指标权重。

（3）讨论被考核者日后需要改进的地方。

2. 面谈后形成的考核内容应记录在"绩效考核表"中，经总经理批准后生效。

第 18 条　绩效考核指标的调整

考核结束后，人力资源部应及时将绩效考核结果通知给各部门，并听取各部门员工的意见，然后对相关考核指标做出调整。

### 第 4 章　附则

第 19 条　本制度由人力资源部制定，其解释权和修订权归人力资源部所有。

第 20 条　本制度自颁布之日起生效。

## 3.2.4　OKR 考核流程与制度

1. 执行流程图

| 步骤　　主体 | 总经理 | 企业高层 | 人力资源部 | 各业务团队 | 员工 |
|---|---|---|---|---|---|
| **确定企业层级的 OKR** | 审批 ← 审核 | 参与 | 开始<br>↓<br>拟定企业使命<br>↓<br>描述企业愿景<br>汇总、分析各团队使命<br>确定企业战略 | 分析企业愿景<br>定义团队使命<br>参与 | 规划职业生涯<br>反馈 |
| **设定与执行 OKR** | 审批 ← 审核 | | 宣讲<br>组织召开联合定义会<br>发布定稿<br>汇总、评估季度结果 | 汇总、精炼OKR草案<br>定期复盘调整 | 拟定团队OKR草案<br>设定日常OKR<br>执行并记录 |
| **汇总与应用OKR考核结果** | 否 | | 是否截止<br>是<br>汇总考核结果<br>↓<br>应用考核结果<br>↓<br>结束 | | |

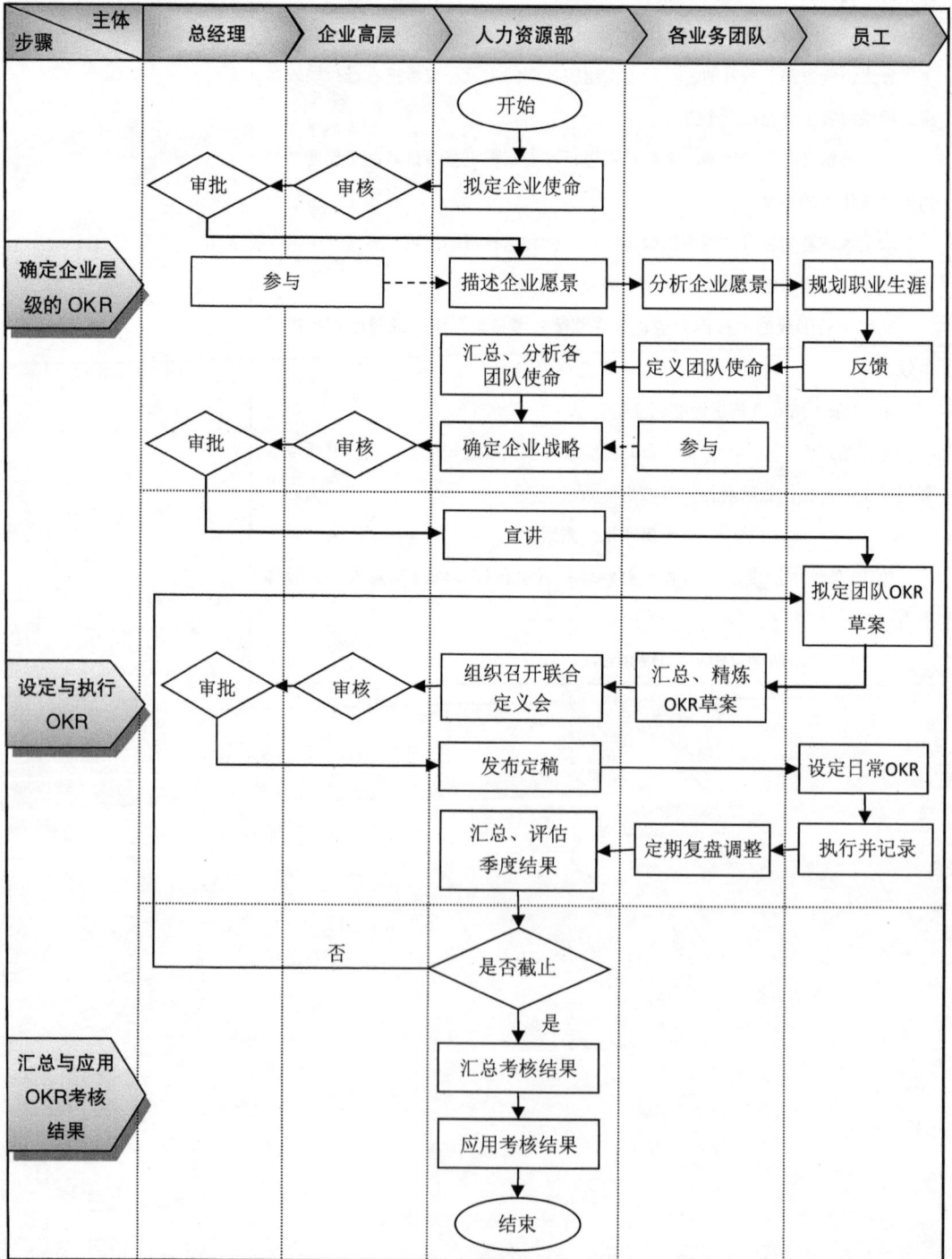

2.执行关键节点及执行细节

| 阶段 | 关键节点 | 执行细节 |
|---|---|---|
| 确定企业层级的 OKR | 拟定企业使命 | （1）人力资源部负责收集相关资料，并召集相关人员进行座谈，拟定企业使命<br>（2）人力资源部将拟定好的企业使命报企业高层审核、报总经理审批 |
| | 描述企业愿景 | （1）人力资源部根据企业使命，组织总经理、企业高层及核心团队负责人将企业使命描述为具体的企业愿景<br>（2）愿景描述中应明确业务活动的期望范围、达成期望的时间、企业利益相关者的态度、企业的竞争优势及价值主张等内容 |
| | 分析企业愿景 | 各业务团队根据企业公布的企业愿景，结合团队实际业务对企业愿景进行讨论，分析本团队应如何达成企业愿景 |
| | 规划职业生涯 | （1）员工在各业务团队对企业愿景分析的基础上，结合企业愿景，规划个人职业生涯<br>（2）员工针对企业愿景提出自己的意见和建议<br>（3）员工须将个人职业发展规划和提出的意见与建议以书面形式反馈给各业务团队 |
| | 定义团队使命 | 各业务团队根据员工提交的书面反馈组织召开团队使命定义会，明确各业务团队的使命 |
| | 确定企业战略 | 人力资源部须汇总、分析各业务团队提交的书面材料，在与利益相关人员进行座谈后确定企业战略，并将编制好的企业战略方案报企业高层审核、报总经理审批 |
| 设定与执行 OKR | 宣讲 | 人力资源部将已确定的企业使命、企业愿景及企业战略向全体员工进行宣讲，保证所有员工能理解企业的发展意图 |
| | 拟定团队 OKR 草案 | 员工根据人力资源部宣讲的企业战略组织召开头脑风暴会议，拟定团队 OKR 草案 |
| | 汇总、精炼 OKR 草案 | （1）员工将拟定好的 OKR 草案提交给各业务团队，各业务团队组织召开评审会议，对员工拟定的 OKR 草案进行解释说明<br>（2）各业务团队根据实际情况制定 OKR 评分标准。团队成员根据该标准对 OKR 进行讨论，从各草案中选出投入应用的 OKR 方案 |

| 阶段 | 关键节点 | 执行细节 |
|---|---|---|
| 设定与执行OKR | 组织召开联合定义会 | （1）各业务团队将拟定好的OKR方案提交至人力资源部。人力资源部召集各业务团队负责人召开联合OKR定义会，加强各业务团队OKR之间的关联性，弥补各业务团队OKR的缺陷<br>（2）人力资源部将最终形成的OKR方案报企业高层审核、报总经理审批 |
| | 设定日常OKR | 员工根据最终定稿的本团队OKR方案规划个人日常工作，明确工作目标及达成该目标需要关注的关键点 |
| | 执行并记录 | 员工在企业工作平台上填写工作日计划、周计划，并在各计划截止时间前如实填写完成情况 |
| | 定期复盘调整 | 各业务团队应在约定的周期结束前召开团队例会，讨论团队目标完成情况，并根据OKR完成过程中出现的问题对下一阶段OKR进行调整 |
| | 汇总、评估季度结果 | 每季度结束前，人力资源部须汇总、评估各业务团队OKR的完成情况，并编制评估报告 |
| 汇总与应用OKR考核结果 | 是否截止 | （1）每季度结束时，若该季度不是该业务完成最终时间节点，则各业务团队应重新制定下一阶段的OKR方案<br>（2）若该季度为业务完成最终时间节点，则人力资源部应汇总各季度OKR评估相关资料，对该业务涉及的团队绩效、人员绩效进行评估 |
| | 应用考核结果 | 人力资源部根据绩效考核结果对相关团队和人员实施奖惩 |

### 3.OKR考核实施制度

**第1章 总则**

第1条 目的

为了推进企业OKR规范化管理，提升员工工作绩效，实现企业战略目标，保证企业的长远发展，特制定本制度。

第2条 适用范围

本制度适用于本公司所有业务团队及员工的绩效管理工作。

第3条 职责划分

1.总经理负责审批OKR制定过程中产生的重要文件和方案。

（续）

2.企业高层应主动参与公司层级的 OKR 设置工作，对各业务团队的 OKR 执行情况进行定期审核。

3.人力资源部负责主导企业 OKR 管理工作的推进，并负责培训和沟通工作。

4.业务团队负责人是团队 OKR 的主要负责人，对团队 OKR 执行负主要责任。

## 第 2 章　OKR 设定

第 4 条　企业 OKR 体系

人力资源部应组织相关人员，征集基层工作人员的意见和建议，构建企业 OKR 体系，保证企业 OKR 既能满足企业短期执行需求，又能满足企业长期发展要求。企业 OKR 具体内容包括使命、愿景、战略、目标和关键结果五个方面。

1.使命。简单地说明企业存在、发展的理由。

2.愿景。用文字描述企业未来蓝图。

3.战略。描述为达成企业的使命与愿景，重点和优先处理的事项。

4.目标。聚焦近期企业应该达成的事项。

5.关键结果。为了推进目标的完成，企业应该完成的工作任务。

第 5 条　设定目标（O）的原则

1.各团队设定的目标应具有内在挑战性，以激发员工的拼搏精神。

2.各团队在设定目标时应注意完成时间，控制实施节奏，一般以季度作为达成目标所需的时间。

3.设定的目标应在可控范围内。

4.设定的目标应具有商业价值。

5.以定性的方式设定目标。

第 6 条　关键结果（KR）设定要求

1.具体化。在描述关键结果时，应该让执行者知道与此事相关的人、事、时间及地点等关键信息。

2.定量。以数字的形式来表现关键结果的完成程度。

3.自主设定。由具体执行者负责设定 KR。

4.具有关联性。各团队成员之间、团队成员与团队之间、各团队之间的 OKR 应相互依赖、相互关联，保证任务目标的统一性，避免独立操作。

5.导向正确。设定的 KR 的导向应有利于企业发展目标的顺利实现。

第 7 条　KR 主要类型

1.基线型 KR。无基础数据的新创关键结果指标。

**管控要点**

☉ 人力资源部要做好企业 OKR 的宣讲工作，保证全体员工掌握 OKR 制定方法

☉ 在制定 OKR 的过程中，团队负责人要控制 OKR 讨论的范围，保证始终围绕企业使命、企业愿景、企业战略和团队业务讨论 OKR 草案

（续）

2. 正向度量型 KR。设置越多越好的度量指标，如每销售一件产品收入增加 1000 元。

3. 负向度量型 KR。设置越少越好的度量指标，如将产品设计完成时间从 5 周缩短至 2 周。

4. 范围型 KR。需要设定结果范围的指标，如保证专家的利用率为 75% ~ 85%。

5. 里程碑型 KR。不能用具体数值表述的关键结果。

第 8 条　OKR 内容设定步骤

1. 拟定 OKR 草案。各团队内部自行分组，各小组从团队目标中选取 1 ~ 3 个目标，每个目标拟定 2 ~ 3 个关键结果，从而形成初步 OKR 草案。

2. 精炼 OKR 草案。各小组将拟定好的 OKR 草案交由团队大会讨论，在充分讨论后对 OKR 草案进行精炼。

3. 联合定义草案。人力资源部组织与该业务有关联的团队负责人，召开 OKR 联合定义会，通过会议增强各团队 OKR 方案的关联度和依赖度，弥补各团队 OKR 方案的缺陷。

4. 草案定稿。人力资源部汇总各团队 OKR 方案，编制整体 OKR 方案，并将其与各团队 OKR 方案报企业高层审核、报总经理审批。

5. 宣讲 OKR 方案。OKR 方案通过后，人力资源部须在企业公众平台上进行公布和宣讲。

第 9 条　OKR 评分标准

各团队在企业提供的评分标准的基础上，结合各团队实际业务情况，制定适合自身业务的 OKR 评分标准。各团队将编制完成的"团队 OKR 评分标准表"提交给人力资源部存档。

第 10 条　人力资源部应加强各 OKR 之间的关联度和依赖度，即公司 OKR 与各业务 OKR 之间、各业务 OKR 之间、业务 OKR 与负责该业务的团队 OKR 之间、团队 OKR 与该团队成员 OKR 之间、团队内部成员 OKR 之间应建立双向联系，以提高各方案之间具体指标的关联度和依赖度。

### 第 3 章　实施 OKR 考核

第 11 条　企业 OKR 推行规划

1. 企业高层推行。

2. 高管直属业务 / 团队推广。

3. 业务单元 / 团队试点。

4. 在企业项目中推行。

**管控要点**

◎ 各团队根据业务需求，定期组织 OKR 讨论

◎ 各团队进行 OKR 讨论前，应拟定讨论提纲

◎ 人力资源部须安排专业技术人员维护企业 OKR 软件的运行

◎ 各业务团队根据团队的实际情况，将 OKR 的关键结果转化成可量化的考核指标

**管控工具**

◎ OKR 考核方案

◎ OKR 管理软件

（续）

5. 全面推广实施。

第 12 条　企业管理人员应以身作则，贯彻执行 OKR。

第 13 条　OKR 培训

企业应注重 OKR 的沟通和宣讲。人力资源部负责组织对企业层级 OKR 的宣讲和培训。各团队负责人负责本团队 OKR 方案的培训，保证全体员工掌握并理解 OKR 方案内容。

第 14 条　OKR 管理软件

1. 全体员工必须在企业指定的 OKR 管理软件上进行 OKR 管理。

2. 各层级负责人应通过软件指导和督促职责范围内的 OKR 执行。

3. 企业所有 OKR 信息将在软件上不定时更新，全体员工应及时查阅信息，了解企业状态。

第 15 条　各业务团队根据业务周期确定复盘调整 OKR 的周期。除此以外，还应在规定的时间内对 OKR 的执行情况进行总结和调整。

1. 日记录。员工每日应做好工作计划和工作成果记录，并将计划和成果如实记录在公司 OKR 管理软件中。

2. 周例会。团队每周召开周例会，对目标达成进度进行评估，对潜在风险进行分析。

3. 季度中期审视。人力资源部须在每个工作季度中期收集团队工作完成情况及各方面反馈信息，组织各团队成员对 OKR 完成情况进行确认，并及时调整 OKR 方案。

4. 季度汇报总结

（1）每一个工作季度结束前＿＿＿天，人力资源部组织各团队召开季度工作成果陈述会，同时对各团队季度 OKR 完成情况进行考核。

（2）人力资源部负责汇总、总结各团队绩效考核结果，并将考核结果反馈给各团队。

（3）各团队针对反馈结果召开总结研讨会，分析利弊得失，同时制订下一季度 OKR 计划。

5. 年度评估。人力资源部负责汇总本年度各季度 OKR 评估结果，计算本年度 OKR 考核结果。考核结果将作为绩效工资发放的重要依据。

第 16 条　OKR 考核评分

各团队参照人力资源部制定的"评分度量参考标准表"，结合团队工作实际情况，编制本团队评分标准表。"团队评分标准表"须报人力资源部审核、报企业高层审批。评分度量参考标准如下表所示。

（续）

**评分度量参考标准**

| 分数（分） | 评分标准 |
|---|---|
| 1 | 结果远超预期，该结果几乎不可能达成 |
| 0.7 | 具有一定挑战性，但可以达成的结果 |
| 0.3 | 正常发挥工作能力就能达成的结果 |
| 0 | 未获得任何结果或进展 |

第17条 OKR考核结果的应用

1. 人力资源部根据OKR评估结果，结合各层级负责人、业务团队其他成员的意见和建议，对被考核者的岗位进行合理调动，表现突出的员工将成为晋升培养对象。

2. 人力资源部依据OKR评估结果，结合其他考核结果，为员工发放绩效工资和奖金。同时，OKR评估结果也可作为企业实施股权激励的重要依据。

3. OKR评估结果是企业人才选拔和培养的重要依据之一。当发现团队成员在完成目标过程中表现出具有重要作用的能力潜质时，企业应给予该成员相应的培养。同时，人力资源部还应对评估结果进行分析，选拔人才，建设企业人才队伍，更新企业人才库。

**第4章 附则**

第18条 本制度由人力资源部制定，其解释权和修订权归人力资源部所有。

第19条 本制度自颁布之日起生效。

第 4 章

# 落实战略，实施考核

# 4.1 充分准备实施绩效考核

## 4.1.1 绩效考核方案制定流程与制度

**1. 绩效考核方案体系维度**

为了使企业绩效考核工作系统有效地开展，保证绩效考核能真正为企业和员工的发展服务，人力资源部应构建系统化的企业绩效考核方案体系。企业绩效考核方案体系维度如图 4-1 所示。

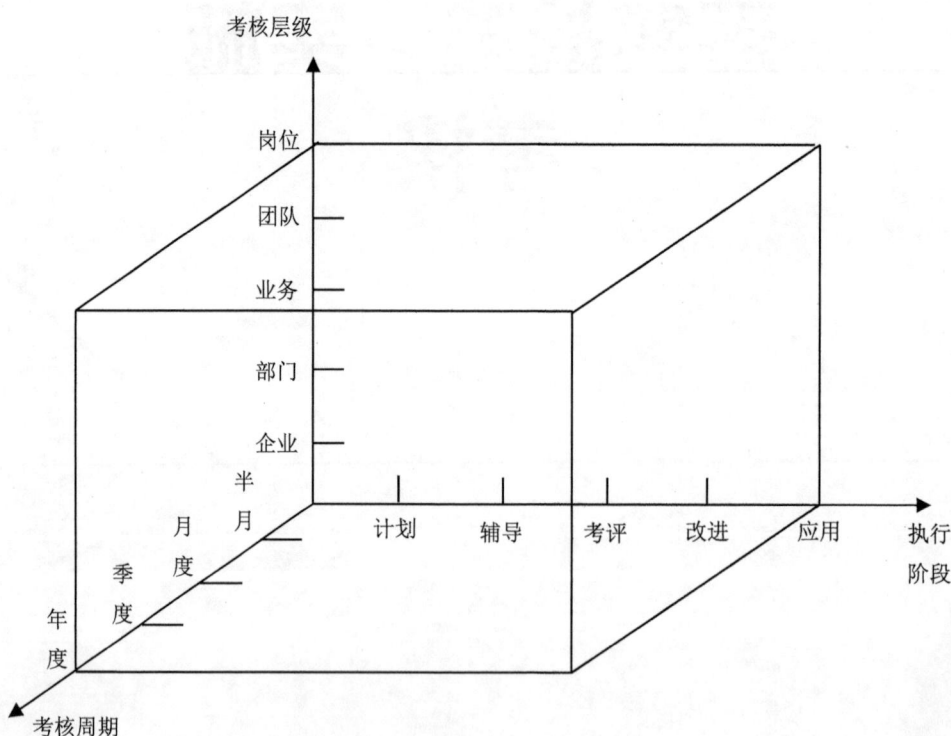

**图 4-1　企业绩效考核方案体系维度**

**2. 为编制绩效考核方案准备信息**

为了使制定的绩效考核方案符合企业的实际情况，并在实际运用中达到预期效果，相关人员必须事先准备相应信息，具体如表 4-1 所示。

表 4-1 编制绩效考核方案之前应准备的信息

| 信 息 | 具体内容 |
| --- | --- |
| 关于组织的信息 | 制定绩效考核方案的首要依据是组织的战略发展目标和计划、年度经营计划等。在制定绩效考核方案前，组织需要就企业战略发展目标和年度经营计划与管理人员、员工进行确认，确保所有人员熟悉组织的目标 |
| 关于团队的信息 | 每个团队的目标是从组织的发展目标衍生而来的。在分析团队信息时，要重点考虑各团队的工作计划 |
| 关于员工个人的信息 | 要重点关注员工个人信息的两个方面：一是员工个人职责的描述；二是员工在上一个绩效考核周期的绩效考核结果。员工的职责描述主要规定了员工的工作目标及岗位职责。在制定绩效考核方案时，应充分考虑员工的职责描述是否需要调整，以及是否需要重新定位 |

3. 制定绩效考核方案的关键点

为了规范各层级绩效考核方案的制定，提高制定绩效考核方案的效率，确保制定出来的绩效考核方案符合企业的实际情况、便于落实，人力资源部应把握以下两个关键点。

（1）绩效考核方案的制定步骤。年度绩效考核方案的制定步骤如图 4-2 所示。

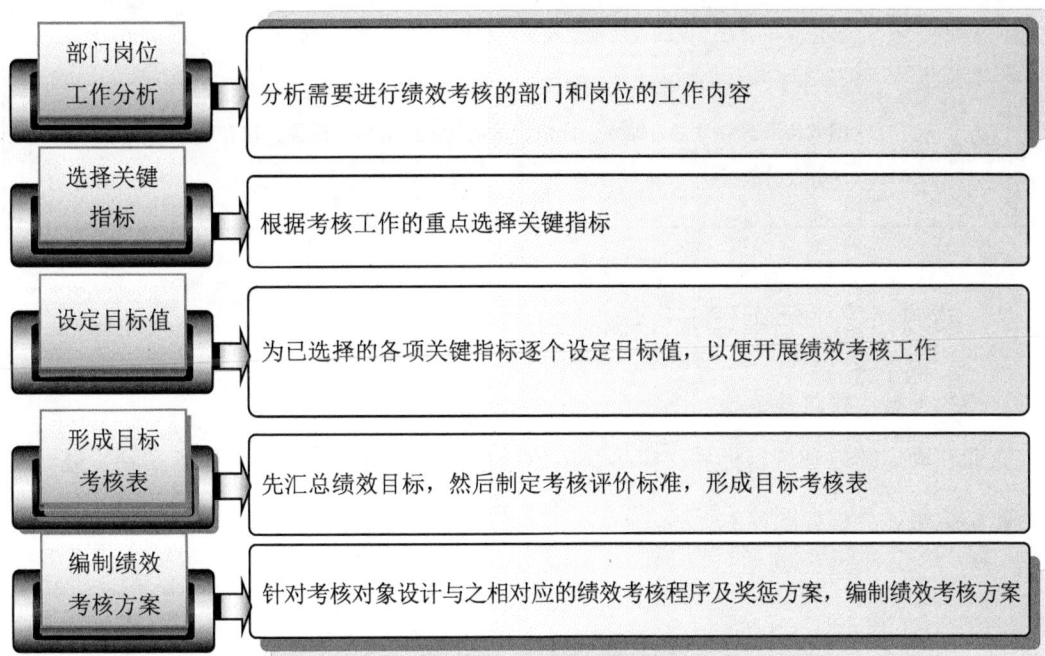

| 部门岗位工作分析 | 分析需要进行绩效考核的部门和岗位的工作内容 |
| --- | --- |
| 选择关键指标 | 根据考核工作的重点选择关键指标 |
| 设定目标值 | 为已选择的各项关键指标逐个设定目标值，以便开展绩效考核工作 |
| 形成目标考核表 | 先汇总绩效目标，然后制定考核评价标准，形成目标考核表 |
| 编制绩效考核方案 | 针对考核对象设计与之相对应的绩效考核程序及奖惩方案，编制绩效考核方案 |

图 4-2 年度绩效考核方案的制定步骤

（2）绩效考核方案的制定要求。绩效考核方案的制定要求如表 4-2 所示。

表 4-2　绩效考核方案的制定要求

| 制定要求 | 具体说明 |
|---|---|
| 高层管理者的高度重视 | 绩效考核方案内容涉及企业的方方面面，同时关系着员工的切身利益，因此企业高层管理者必须高度重视 |
| 直线管理者责任到位 | 直线管理者是绩效管理方案的细化者、实施者和反馈者。要想让直线管理者始终对绩效方案高度重视，就要加强其绩效责任意识 |
| 科学、合理地制定方案 | （1）核心内容包括实施者、考核者、被考核者及考核结果反馈等<br>（2）区别对待不同部门、不同层级及不同岗位。例如，企业高层管理者由总经理评定，中层管理者由主管领导和总经理评定，员工由部门负责人、主管领导和总经理评定<br>（3）在选择绩效考核指标时要突出重点，确定的绩效目标值要科学、合理<br>（4）绩效考核结果主要应用于确定绩效工资、晋升、培训、调岗、调薪及确定年终奖金等方面 |
| 宣传要深入基层 | 考核方案制定前及制定后，企业都要开展全面深入的宣传工作，让全体员工清楚地了解企业高层对方案的重视程度及贯彻决心 |
| 沟通贯穿始终 | 绩效沟通贯穿计划、辅导、评估、反馈及激励等各个阶段，这有助于发现过程中的不足并及时改进 |

## 4.1.2　绩效考核小组组建流程与制度

1. 绩效考核小组组建流程

企业在确定绩效考核目标后，应尽快组建绩效考核小组，将考核工作落实到实处。绩效考核小组组建流程如图 4-3 所示。

| 分析考核工作的特点与性质 | 通过分析绩效考核工作的特点与性质，明确绩效考核小组由哪些人员组成，这些人员的能力及经验是否具有互补性 |
| 确定团队成员的选择标准 | 在确定团队成员的选择标准时，人力资源部经理应综合分析以往年度绩效考核小组在组建与运营过程中存在的问题，然后再确定选择标准，以达到团队成员之间在各方面的平衡与稳定 |
| 分析候选人能力，确定候选人 | 在该工作阶段，人力资源部经理应确定候选人。在分析候选人时，除了需要分析候选人的工作业绩，人力资源部经理还应重点分析其工作能力、人际沟通能力等，以免影响企业整体绩效管理水平 |
| 反馈候选结果，征求候选人意见 | 人力资源部将候选结果告知各部门员工，询问其是否愿意成为绩效考核小组的一员。如果员工不愿意，人力资源部应进一步了解原因。如果员工愿意，人力资源部可听取员工对开展绩效考核工作的意见 |
| 对上报的成员名单进行审核与审批 | 在确定绩效考核小组成员后，人力资源部应将小组成员名单上报上级领导审核与审批 |
| 组织考核小组成员培训 | 人力资源部须对已确定的绩效考核小组成员进行相关培训。培训内容主要包括讲解企业人事制度、讲解考核需要掌握的基本知识及分析考核可能存在的误区等 |

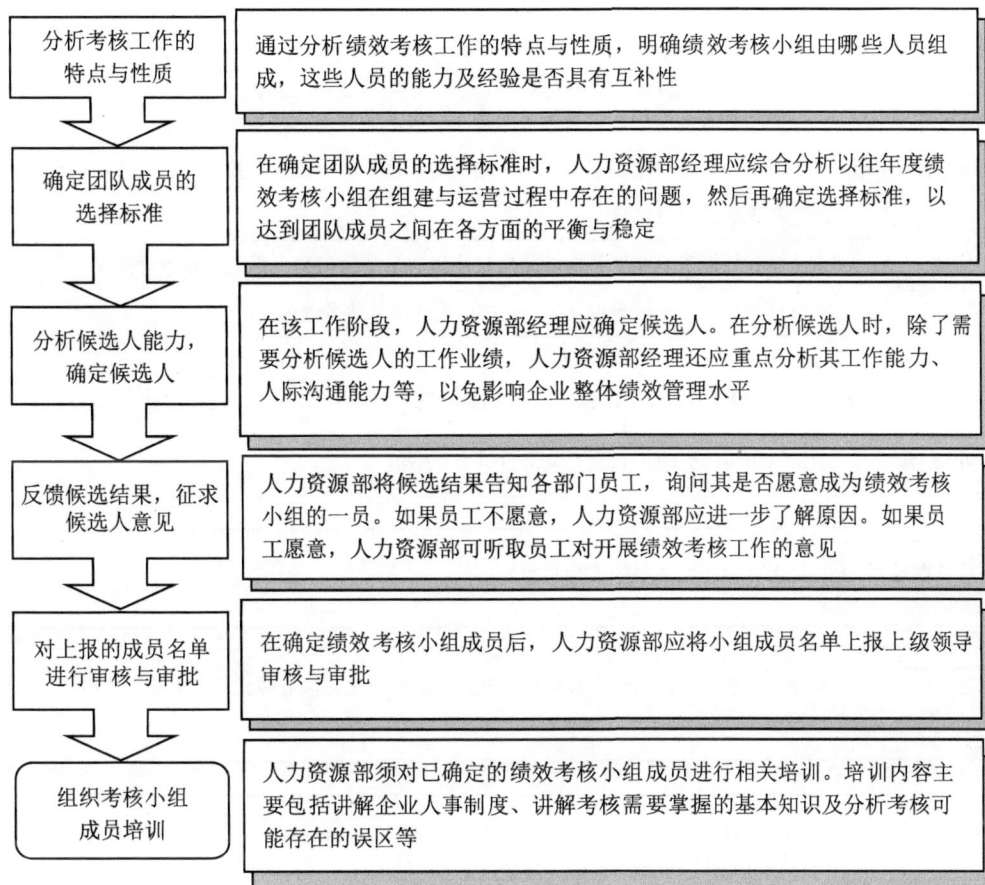

**图 4-3 绩效考核小组组建流程**

2. 绩效考核小组成员构成

（1）绩效考核小组成员构成的影响因素。绩效考核小组成员的构成受考核目标、考核方法、被考核者层级及考核周期长短四个因素的影响，具体如表 4-3 所示。

**表 4-3 绩效考核小组成员构成的影响因素**

| 影响因素 | 具体说明 |
|---|---|
| 考核目标 | 考核目标不同，绩效考核小组成员的构成也不尽相同。以生产人员考核为例，如果考核目标是生产质量，其考核小组成员应以质检人员为主；如果考核目标是生产任务量，其考核小组成员应以车间 / 班组管理人员为主 |
| 考核方法 | 考核方法对绩效考核小组成员的构成有直接影响。以高层管理者为例，如果选择 360 度考核法，其考核小组成员至少应包括高层管理者的上级、下级、同级及客户；如果选择关键绩效指标考核法，其考核小组成员由其上级和同级构成 |

（续表）

| 影响因素 | 具体说明 |
|---|---|
| 被考核者层级 | 被考核者的层级影响着绩效考核小组成员的级别。在一般情况下，中高层管理人员的考核工作由中高层管理人员组成的考核委员会负责，基层人员的考核工作由其直接上级及同级负责 |
| 考核周期长短 | 考核周期长短主要是对绩效考核小组成员的数量产生影响。在通常情况下，考核周期越长，考核情况越复杂，考核小组成员的数量越多 |

（2）选择绩效考核小组成员时的要点。为保证考核结果的客观性及公正性，企业在甄选和确定绩效考核小组成员时必须注意如图 4-4 所示的三个要点。

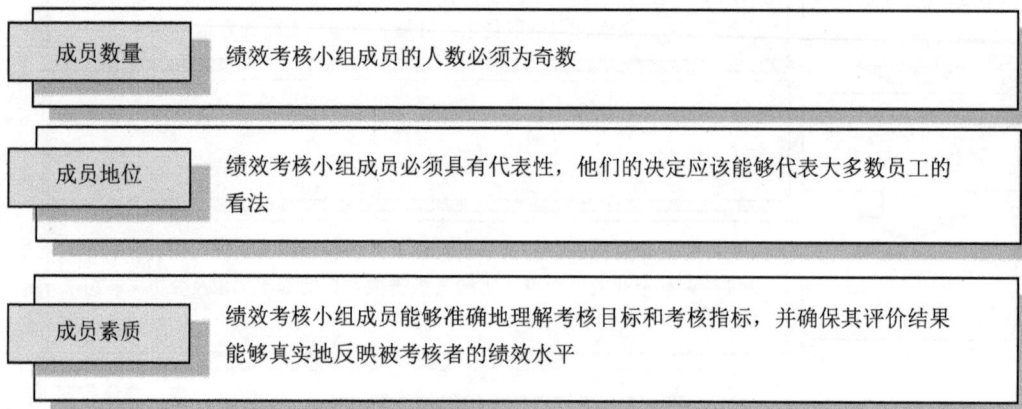

| 成员数量 | 绩效考核小组成员的人数必须为奇数 |
|---|---|
| 成员地位 | 绩效考核小组成员必须具有代表性，他们的决定应该能够代表大多数员工的看法 |
| 成员素质 | 绩效考核小组成员能够准确地理解考核目标和考核指标，并确保其评价结果能够真实地反映被考核者的绩效水平 |

图 4-4 选择绩效考核小组成员时的要点

# 4.2 高效实施绩效考核

## 4.2.1 绩效考核实施流程与制度

1. 绩效考核常见问题

（1）绩效考核依据的制度与规范更新不及时，企业无法对绩效考核进行规范化管理，导致考核容易受主、客观因素的影响。

（2）绩效考核依据的资料不完整，导致考核结果不准确。

（3）绩效考核依据的工作记录、考勤记录及工作业绩等统计数据不准确，导致被考核者对绩效考核产生抵触。

（4）在填写、录入与搜集绩效考核资料和数据的过程中，耗费了大量的统计／审计成本，导致被考核部门对考核实施部门产生抵触，考核结果长时间不能输出。

2.执行流程图

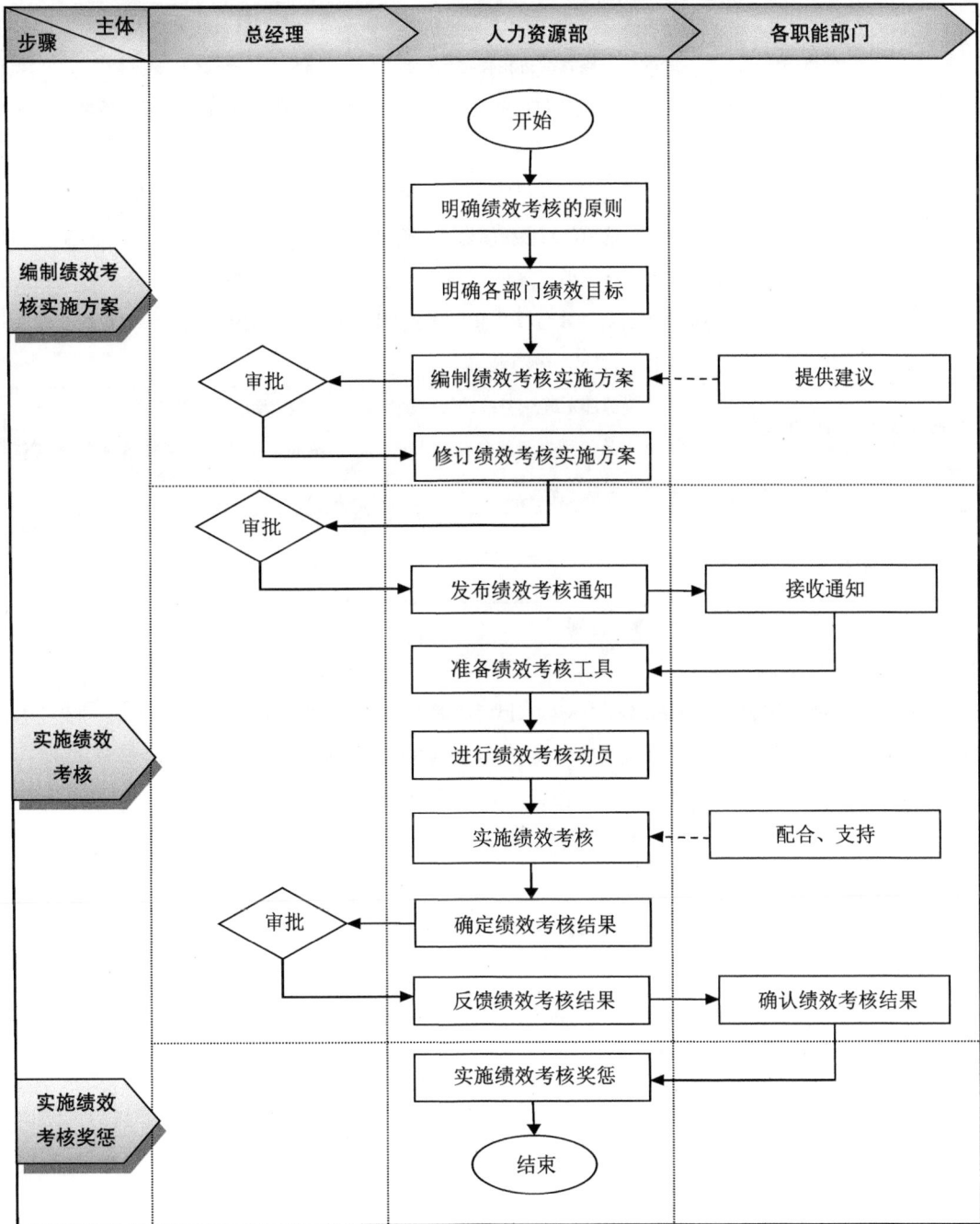

## .3. 执行关键节点及执行细节

| 阶段 | 关键节点 | 执行细节 |
|---|---|---|
| 编制绩效考核实施方案 | 编制绩效考核实施方案 | （1）人力资源部负责编制绩效考核实施方案，并报总经理审批<br>（2）绩效考核实施方案内容主要包括考核目的、考核时间、考核对象、考核标准、考核方法和考核量表等 |
| 实施绩效考核 | 发布绩效考核通知 | （1）绩效考核实施方案经总经理审批通过后，人力资源部负责发布考核通知，并为被考核者准备相关考核工具<br>（2）考核工具主要包括绩效考核表、绩效考核结果面谈记录表及绩效考核申诉表等 |
| | 反馈绩效考核结果 | （1）人力资源部应及时将经总经理审批通过的绩效考核结果反馈给各职能部门，由各职能部门对考核结果进行确认<br>（2）绩效考核结果反馈可以采取绩效结果面谈的方式进行<br>（3）员工若对绩效考核结果有异议，则应在____个工作日内向人力资源部提出申诉，过期不予受理 |
| 实施绩效考核奖惩 | 实施绩效考核奖惩 | （1）人力资源部须确认考核结果已经反馈给被考核者并签字确认<br>（2）人力资源部根据最终确认的考核结果，按照公司的绩效考核管理制度规定的奖惩方法实施奖惩 |

## 4. 绩效考核管理制度

### 第1章 总则

**第1条 目的**

为了更好地把绩效管理与公司战略和总体运营计划紧密联系起来，帮助各级主管和员工不断提高工作业绩，促进员工发展，并且协调各部门之间的运作，促进各部门内部的团队合作，提高团队业绩，推动公司整体业绩的提升，确保员工、部门和公司绩效目标的实现，特制定本制度。

**第2条 适用范围**

本制度适用于本公司全体员工，包括正式员工和试用员工。

**第3条 术语解释**

1. 绩效。绩效是组织期望的结果，是组织为实现目标而展现在不同层面上的有效输出。绩效与薪酬之间的关系是员工与组织之间的对等承诺关系，绩效是员工对组织的承诺。

2. 绩效考核。在某一考核周期内，考核者对被考核者的绩效进行考核，并就绩效考核结果与被考核者进行沟通和反馈。

3. 绩效管理。管理人员和员工就目标及如何实现目标达成共识。

（续）

第4条 绩效考核工作原则

1.公平、公正和公开的原则。

2.上级考核下级的原则。

3.工作目标设置坚持能量化的量化、不能量化的流程化的原则。

4.以岗位职责为主要依据，坚持上下结合、左右结合，定量与定性考核相结合的原则。

5.坚持事前指导、事中支持、事后检查与反馈的原则。

6.被考核者的意见应当受到尊重，被考核者有权申请复核的原则。

## 第2章 考核职责分工

第5条 公司所有管理人员都应当承担绩效管理的责任，强化绩效管理与绩效考核的观念，树立绩效管理与绩效考核的责任意识，具体内容如下。

1.员工的业绩就是管理人员的业绩。

2.各级管理人员是员工责任的最终承担者。

3.不断提高和改善下属的职业能力和工作绩效是管理人员不可推卸的责任。

4.在绩效管理与绩效考核的过程中，员工必须始终保持高参与度，各级管理人员应随时与下属进行沟通。

第6条 高层管理强调各级管理人员的参与和管理责任，其在绩效管理中承担的主要责任如下。

1.明确企业使命，确定公司战略规划。

2.组织开发和设计战略成功关键要素和财务考核标准。

3.组织制定公司年度经营管理战略目标，并提供资源和政策支持。

4.组织制定公司一级KPI，并将该指标逐层分解到部门。审核部门二级KPI，并确定绩效考核指标的权重。

5.定期重点关注公司一级KPI变动情况，发现问题后要及时组织评估。

6.定期召开经营检讨会，对阶段性经营管理情况进行检讨，并制定对策。

7.组织开展中高层管理人员的中期述职工作。

第7条 中基层管理人员的主要任务是分解部门承担的组织目标，并在高层管理人员的指导和帮助下完成计划目标，其在绩效管理中承担的责任如下。

1.依据公司发布的战略规划及一级KPI，明确本部门年度及季度的目标和经营管理重点。

2.设计部门二级KPI，从部门职责方面响应公司战略和一级KPI。

3.根据审核通过的二级KPI与公司签订业绩合同。

**管控要点**

✪ 人力资源部应安排专人对各岗位绩效管理工作落实情况进行督查

✪ 将各岗位考核职责分工写入相应岗位职责说明书中

**管控工具**

✪ 岗位职责说明书

（续）

4. 设计部门绩效执行计划和岗位 KPI。

5. 参加公司中层中期述职。

6. 组织实施部门绩效考核。

7. 组织开展中基层管理人员的中期述职工作。

第 8 条　人力资源部的职责是在整个绩效管理过程中，向考核的执行者提供必要的指导和帮助，确保公司绩效计划得到有效实施，提高整体管理水平，保证整个绩效管理系统的一致性。人力资源部在绩效管理中承担的主要责任如下。

1. 制定和完善绩效考核方案。

2. 拟定"绩效考核时间进度表"，检查、监督绩效考核工作的执行情况，提出改进意见和具体实施方案，并负责对各部门考核者进行绩效考核培训。

3. 收集、整理及汇总各部门绩效考核结果，并对考核结果提出初步分析意见。

4. 建立员工绩效考核档案，为员工的薪资发放、岗位调整、任职资格调整及培训与开发提供依据。

5. 接受、处理员工有关绩效考核的投诉及反馈意见和建议。

6. 总结绩效考核结果，为下一次绩效考核提出改进意见和方案。

## 第 3 章　绩效考核的实施

第 9 条　绩效考核分类实施说明如下表所示。

**绩效考核分类实施说明表**

| 考核对象 | 涉及岗位 | 绩效考核特征 | 绩效考核内容 | 绩效考核周期 |
|---|---|---|---|---|
| 中高层管理人员 | 总经理、副总经理、部门经理和大区经理 | 基于经营效益达成的 KPI 考核 | 常规 KPI 指标、改进 KPI 指标 | 半年度考核、中期述职 |
| 基层管理人员 | 各部门主管 | KPI 落实及计划完成情况的考核 | 工作计划完成情况，常规 KPI 指标、改进 KPI 指标 | 月度考核、季度考核 |
| 员工 | 各职能部门员工 | KPI 考核及基于 KPI 的关键行为考核 | 工作计划完成情况，常规 KPI 指标、改进 KPI 指标、行为指标及态度指标 | 月度考核 |

**管控要点**

✪ 人力资源部须定期组织开展绩效考核工作，纠正考核过程中出现的偏差

✪ 人力资源部要检查考核资料的收集情况，避免出现资料遗漏的情况

**管控工具**

✪ 绩效考核计划

✪ 绩效考核方案

（续）

第10条 公司对中高层管理人员每半年以述职报告的形式进行一次考核。基层管理人员按月度进行考核，当月绩效考核于次月 6 日前完成。员工按月度进行考核，当月绩效考核于次月 6 日前完成。

第11条 考核实施程序

1.考核初期，被考核者和上级主管在总结上一期绩效的前提下，结合当期的工作重点，以 KPI 体系为指导，经双方充分沟通，共同确定和确认本期的工作计划与目标。

2.考核计划的实施过程是考核者与上级主管共同实现目标的过程，上级主管有责任辅导与帮助下属改进工作方法，提高工作技能；下属有责任向上级汇报工作进展情况，并就工作中出现的问题求助于主管。

3.考核期末，被考核者先回顾初期制订的绩效计划及本期内的绩效改进情况，再进行自我评估，最后形成书面报告，呈报上级主管。

4.上级主管根据考核信息，对被考核者的绩效考核结果进行评价。

5.若被考核者对考核结果有异议，则可向人力资源部提出申诉。

### 第4章 确认与应用考核结果

第12条 绩效考核结果经上级主管核准后呈报人力资源部，以便进行必要的调整。

第13条 人力资源部对各部门考核结果进行调整后，须报总经理核准，并公布核准后的考核结果。

第14条 考核结束后，人力资源部应将原始表格以月为周期存档于本部门，并以一年为周期归入员工档案，员工和主管可以保留复印件。

第15条 员工若对考核结果有异议，则可以在一周内向上级主管提出申诉，也可以直接向人力资源部提出申诉。上级主管或人力资源部在接到员工申诉后一周内，组织有关人员对员工的考核结果进行再次评估并向员工反馈处理结果。

第16条 绩效考核结果主要用于沟通改进工作、薪酬与奖金发放、职务调整及培训与开发等。

第17条 对于值得肯定的绩效或行为，公司应给予一定的奖励。对于必须纠正的行为，公司要予以惩罚。

**管控要点**

❂ 人力资源部需要复查绩效考核结果

❂ 人力资源部须明确绩效申诉的条件和标准，严格按照制度规定的时间处理申诉意见，并及时向申诉人反馈申诉处理意见

**管控工具**

✪ 绩效考核表

✪ 员工档案

✪ 绩效考核结果申诉申请表

（续）

| 第5章　考核过程监督与检查 | 管控要点 |
| --- | --- |
| 第18条　人力资源部有权对每位员工的绩效考核过程进行监督和抽查。<br><br>第19条　在监督过程中，如果发现考核者有徇私舞弊的行为，那么人力资源部有权一次性扣除被考核者当月绩效考核分数。<br><br>第20条　在监督和检查时，如果发现考核者在未能确认被考核者的行为是否正确的情况下就给其评分，人力资源部应及时向该考核者和其直接上级指出，并将被考核者被错评的分数调整过来。<br><br>第6章　附则<br><br>第21条　本制度的解释权和修订权归人力资源部所有。<br><br>第22条　本制度经总经理审批后，自颁布之日起生效。 | ❂ 人力资源部在监督和抽查考核过程时应做好书面记录<br><br>❂ 监督结果应与考核人员的绩效挂钩，形成奖惩机制<br><br>**管控工具**<br><br>❂ 监督记录表 |

## 4.2.2　绩效考核申诉处理流程与制度

1.绩效考核申诉常见问题

（1）企业未明确绩效考核申诉处理程序，导致被考核者对考核申诉处理过程不了解，从而质疑申诉处理结果。

（2）绩效考核申诉处理期限设定不合理。申诉处理期限设置过长或过短，都会对最终的绩效考核结果产生影响。

（3）绩效考核申诉处理部门与组织管理部门难以站在第三方的立场上对考核申诉做出分析与判断，导致申诉处理结果不客观。

（4）员工对直属主管部门不信任，或者直属主管部门权力受限，申诉处理结果难以让被考核者满意，导致员工越级申诉情况时有发生。

2. 执行流程图

| 步骤 \ 主体 | 总经理 | 人力资源部经理 | 人力资源部 | 员工 |
|---|---|---|---|---|
| 绩效考核结果申诉申请 | | | 开始 → 公示绩效考核结果 | 确认绩效考核结果 |
| | | 是否受理申诉（不受理 / 受理） | | 是否有异议（否 / 是）→ 申请绩效考核结果申诉 |
| 绩效考核结果申诉评议 | | 审核 | 调查绩效考核结果 → 组织申诉评议 | |
| | | | 申诉评议结果面谈 | 是否满意（否 / 是） |
| 绩效考核结果申诉处理 | 审批 | | 处理申诉 → 组织绩效面谈 | 签字确认 |
| | | | 结束 | |

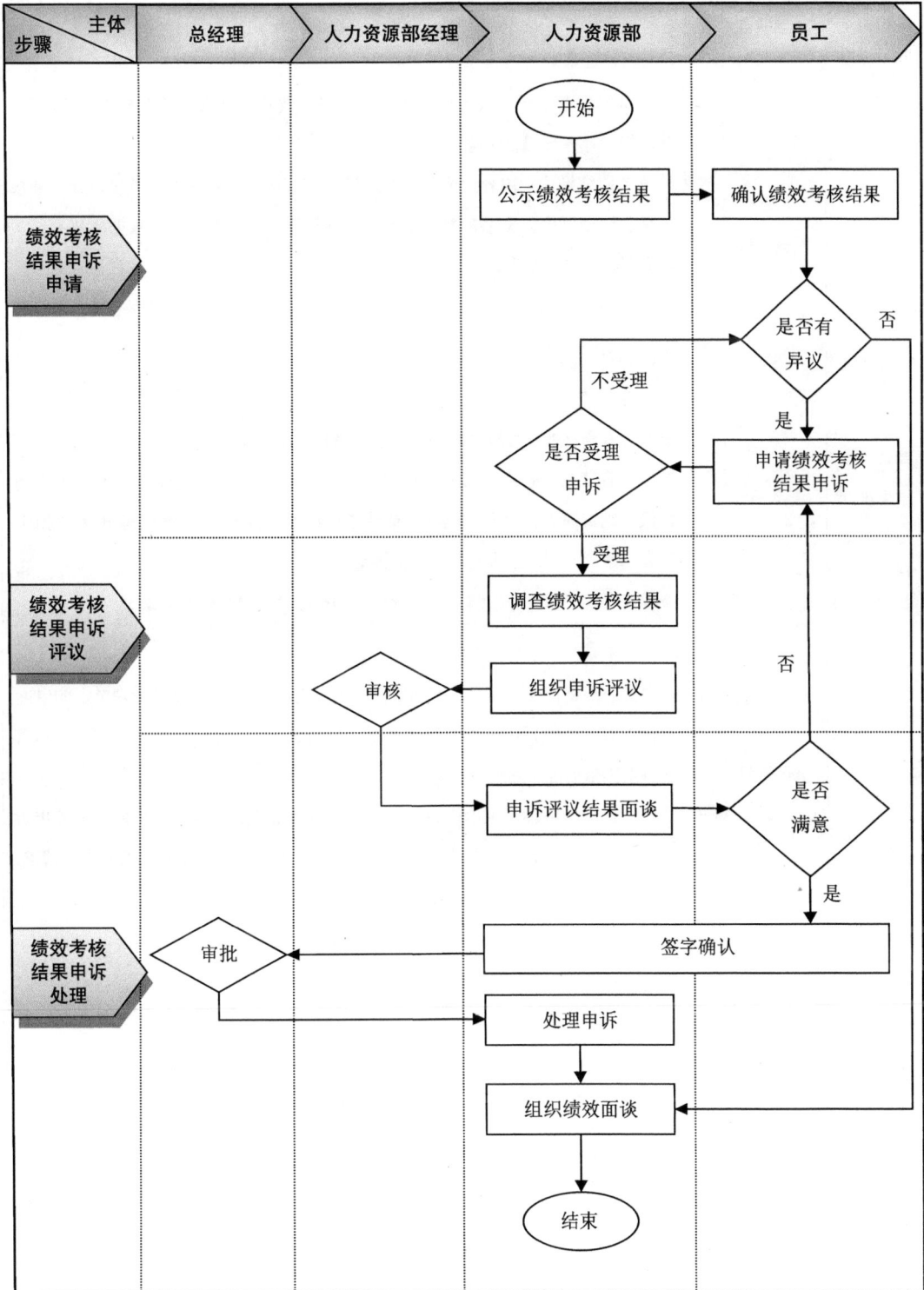

### 3.执行关键节点及执行细节

| 阶段 | 关键节点 | 执行细节 |
|---|---|---|
| 绩效考核结果申诉申请 | 公示绩效考核结果 | （1）人力资源部在分析绩效考核结果后，应将绩效考核结果反馈至相关业务部门，并通知各业务部门公示考核结果<br>（2）绩效考核结果公示内容主要包括员工姓名、职位、所属部门、考核得分、考核等级、综合评价、奖惩标准及绩效改进项目等。各业务部门可根据绩效考核实际需要进行自由组合，并公示绩效考核结果<br>（3）绩效考核结果公示应设定公示期限，如年度考核公示期限通常为七天，月度考核公示期限通常为三天 |
| | 是否有异议 | （1）被考核者查看绩效考核公示内容，确认考核结果<br>（2）被考核者若在绩效考核结果公示期间，对考核过程、考核结果及操作规范等有异议，则可向人力资源部提交"绩效考核结果申诉表"，详细填写申诉的原因、事由、争议问题的内容及争议的原因等<br>（3）被考核者若对绩效考核结果没有异议，则根据公示等待绩效面谈 |
| | 是否受理申诉 | （1）人力资源部审核员工提交的"绩效考核结果申诉表"，确定是否受理员工的申诉<br>（2）审核内容主要包括申诉材料是否齐全、是否超出申诉期限、申诉事项是否以客观事实为依据等<br>（3）若员工提出的申诉满足申诉条件，则人力资源部应在立案审理的同时通知申诉人；若员工提出的申诉不满足申诉条件，则人力资源部应驳回员工的申诉请求，并以书面形式告知员工申诉被驳回的原因 |
| 绩效考核结果申诉评议 | 调查绩效考核结果 | （1）人力资源部经理须调查绩效考核结果<br>（2）调查工作应在受理员工申诉后的____日内完成 |
| | 组织申诉评议 | （1）人力资源部组织相关人员召开申诉评议会，讨论人力资源部提出的调查结果，确定申诉处理决定<br>（2）申诉处理决定可分为维持原决定、撤销原决定、审核查证及调整变更决定四种<br>（3）申诉评议结果须报人力资源部经理审核 |

（续表）

| 阶段 | 关键节点 | 执行细节 |
|------|----------|----------|
| 绩效考核结果申诉处理 | 组织评议结果面谈 | （1）人力资源部、申诉人直接上级和申诉人就申诉评议结果进行面谈<br>（2）申诉人若对申诉处理结果仍有异议，则可提请二次申诉；若三方达成一致，则申诉人应在"绩效考核结果申诉表"上签字确认。签字确认后的"绩效考核结果申诉表"须报总经理审批 |
| | 处理申诉 | 人力资源部根据申诉处理决定对绩效考核结果进行相应处理 |

### 4. 绩效考核申诉管理制度

#### 第1章 总则

**第1条 目的**

为了规范绩效考核申诉管理工作，确保员工在绩效考核实施过程中遇到的考核问题能够得到及时解决，并且获得公平、公正、科学、客观的绩效认可，特制定本制度。

**第2条 适用范围**

本制度适用于本企业全体员工。

**第3条 职责划分**

企业人力资源部是员工绩效考核申诉的归口管理部门，被考核者若对考核结果有异议，则可填写"绩效考核结果申诉表"向人力资源部提出申诉。

#### 第2章 申诉的内容及处理方式

**第4条 申诉处理原则**

申诉处理应遵循迅速、保密及客观的原则。被调查人员须据实作证并对调查事项保密。

**第5条 申诉的内容**

在绩效考核实施过程中，若对考核结果有异议，对考核过程有异议，对他人的考核结果有异议，考核者考核操作不规范，员工可以提出申诉。

**第6条 申诉的方式及时效**

员工申诉应于绩效面谈结束后15日内以匿名或不匿名的方式进行。

**管控要点**

❂ 人力资源部须严格按照相关标准审查申诉材料

❂ 无论申诉申请受理与否，人力资源部都应及时向申诉人反馈相关意见，双方就反馈意见进行签字确认

❂ 人力资源部须严格把控申诉流程

**管控工具**

❂ 考核申诉表

（续）

第7条　申诉途径

员工可通过以下两种途径提出申诉。

1. 直接向人力资源部递交申诉书。

2. 通过企业公布的申诉电话和邮箱进行申诉。

第8条　申诉处理方式

人力资源部在接到员工的申诉后应及时进行调查，了解员工申诉的原因。

第9条　申诉处理流程

1. 人力资源部公布考核结果。

2. 被考核者若对考核结果有异议，则可以书面的形式向人力资源部提出申诉。

3. 人力资源部审核申诉原因，确定是否受理。

4. 人力资源部对于已确认受理的申诉要进行进一步的调查，收集、分析考核信息资料，提出考核意见。

5. 人力资源部做出申诉处理决定。

6. 人力资源部将最终调查结果报人力资源部经理审核、报总经理审批。

7. 人力资源部须将调整后的绩效考核结果存档备查。

## 第3章　申诉相关事项的说明

第10条　申诉期内考核结果的效力

员工对绩效考核结果有异议而提出申诉的，申诉期间原考核结果及处理决定依然有效，相关部门必须按规定执行。

第11条　申诉的驳回

员工在申诉过程中出现以下行为，人力资源部将驳回申诉，并视影响程度对其进行处理。

1. 无适当理由，超出申诉期限的行为。

2. 无客观事实依据，仅凭主观臆断提出申诉的行为。

3. 故意捏造事实，诬陷他人的行为。

4. 其他违背申诉公平原则的行为。

第12条　对申诉人的保护

任何人不得以任何借口对申诉人进行报复。如有人对申诉人进行打击报复，公司将严惩相关人员。

第13条　保密规定

泄露、散布申诉事件或申诉相关信息，造成不良影响或申诉人受到报复

管控要点

❂ 企业应制定完善的保密制度

❂ 人力资源部须对申诉处理执行情况进行复核

管控工具

❂ 申诉处理执行情况督查表

（续）

> 的，企业应给予信息泄露人相应处罚。若给企业带来严重后果，企业须将信息泄露人移交公安机关处理。
>
> **第 4 章　附则**
>
> 第 14 条　本制度由人力资源部制定，其解释权和修订权归人力资源部所有。
>
> 第 15 条　本制度自颁布之日起生效。

## 4.2.3　绩效面谈实施流程与制度

1.绩效面谈常见问题

（1）企业培训部选择的绩效面谈人员对绩效考核管理的全过程完全不了解，尤其对面谈对象的考核流程、考核反馈结果不清楚。

（2）绩效面谈人员未事先对绩效考核过程和考核结果进行全面了解，也未与面谈对象事先约定面谈时间，更未准备好考核数据、工作报告等资料，导致面谈过程中沟通不畅。

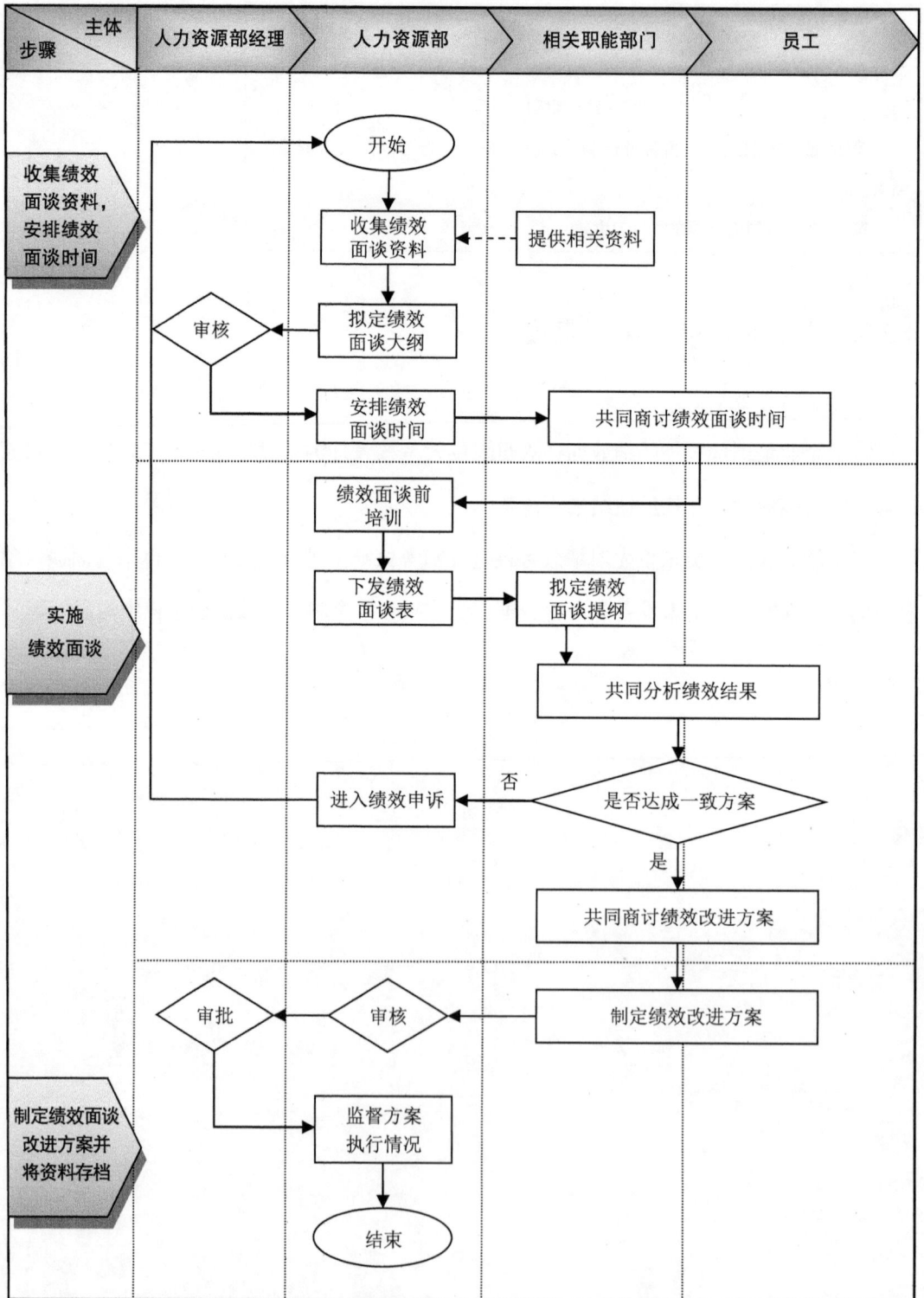

## 2.执行流程图

| 主体 / 步骤 | 人力资源部经理 | 人力资源部 | 相关职能部门 | 员工 |
|---|---|---|---|---|

**收集绩效面谈资料，安排绩效面谈时间**

开始 → 收集绩效面谈资料 ← --- 提供相关资料

审核 ← 拟定绩效面谈大纲

安排绩效面谈时间 → 共同商讨绩效面谈时间

**实施绩效面谈**

绩效面谈前培训

下发绩效面谈表 → 拟定绩效面谈提纲

共同分析绩效结果

是否达成一致方案 —否→ 进入绩效申诉

是↓ 共同商讨绩效改进方案

制定绩效改进方案 → 审核 → 审批

**制定绩效面谈改进方案并将资料存档**

监督方案执行情况

结束

## 3.执行关键节点及执行细节

| 阶段 | 关键节点 | 执行细节 |
|---|---|---|
| 收集绩效面谈资料，安排绩效面谈时间 | 收集绩效面谈资料 | （1）相关职能部门须积极配合人力资源部收集绩效面谈相关资料<br>（2）绩效面谈资料主要包括岗位说明书、绩效考核表、被考核者历史绩效档案及被考核者的工作记录等 |
| | 拟定绩效面谈大纲 | （1）人力资源部根据收集到的绩效面谈资料拟定绩效面谈大纲<br>（2）绩效面谈大纲内容主要包括面谈的内容、面谈的地点及面谈座位的安排等 |
| | 安排绩效面谈时间 | 人力资源部根据绩效面谈大纲安排绩效面谈时间，并督促相关职能部门与员工确定绩效面谈时间 |
| 实施绩效面谈 | 绩效面谈前培训 | （1）人力资源部组织对各绩效面谈负责人进行面谈前的培训<br>（2）培训内容主要包括面谈的标准、面谈的流程及面谈的技巧等 |
| | 下发绩效面谈表 | （1）人力资源部负责编制"绩效面谈表"，并将此表下发给各绩效面谈负责人<br>（2）绩效面谈表内容主要包括面谈参与人员、信息记录人员、面谈时间、面谈地点、面谈内容的意见及下一步工作计划等 |
| | 拟定绩效面谈提纲 | （1）人力资源部应指导绩效面谈负责人拟定绩效面谈提纲<br>（2）绩效面谈提纲应明确绩效面谈的内容，以及各部分内容所花费的时间等 |
| | 进入绩效申诉 | （1）员工若对绩效考核结果有异议，则可以书面的形式向人力资源部提出申诉<br>（2）人力资源部在接到员工申诉后，应在规定时间内做出是否受理的答复，若受理申诉，则应按绩效申诉处理流程办理 |
| 制定绩效面谈改进方案并将资料存档 | 制定绩效改进方案 | （1）绩效面谈负责人须与员工共同制定针对员工的绩效改进方案，并报人力资源部主管审核、报人力资源部经理审批<br>（2）绩效改进方案内容主要包括绩效改进目标及改进措施等 |

## 4.绩效面谈实施管理制度

### 第1章 总则

**第1条 目的**

为了实现以下五个目的，根据公司绩效管理制度，特制定本制度。

1.充分发挥各部门负责人在绩效管理工作中的指导作用，使绩效管理工作能够规范、高效地开展。

2.了解员工工作过程中出现的问题及员工发展的需要，制订有针对性的绩效改进计划。

3.通过向员工反馈工作执行情况和执行结果，让员工充分认识自我，找到今后努力的方向。

4.帮助员工确定发展目标，提高员工对工作的关注程度，培养员工工作责任感。

5.与员工保持良好沟通，在公司内部营造良好的沟通氛围。

**第2条 适用范围**

本制度适用于本公司全体员工的绩效反馈与绩效面谈工作。

**第3条 职责划分**

1.人力资源部负责公司绩效面谈的组织实施与培训指导工作。

2.员工的上级主管在人力资源部的协助与监督下，与员工进行绩效面谈。

**第4条 绩效面谈的原则**

1.直接、具体的原则。面谈交流要直接而具体，不能做抽象的、一般性的评价。

2.互动原则。为了了解员工的真实想法，其上级主管应当鼓励员工多表达个人观点。

3.基于工作的原则。绩效面谈中涉及的工作绩效是关于工作的一些事实，包括员工是怎么做的，采取了哪些行动和措施及取得的效果如何等。

4.分析原因原则。在绩效面谈的过程中，上级主管应指出员工工作中的不足，并指出员工绩效未能达成的原因。

5.互相信任原则。绩效面谈是上级主管与员工进行双向沟通的过程，双方必须建立起相互信任的关系。

### 第2章 绩效面谈的内容划分与组织实施

**第5条** 绩效面谈包括绩效计划面谈、绩效指导面谈和绩效反馈面谈，不同的面谈其内容也不同，具体如下表所示。

**管控要点**

- 人力资源部须对各部门主管进行面谈培训
- 人力资源部须审核面谈大纲，以提高面谈效率

**管控工具**

- 面谈方案
- 面谈提纲

（续）

### 绩效面谈类型及其内容

| 面谈类型 | 面谈实施 | 面谈重点 |
|---|---|---|
| 绩效计划面谈 | 在工作初期，上级主管与员工就本期绩效计划的目标、内容及实现目标的措施、步骤和方法进行面谈 | 业绩目标、内容、实施步骤和方法 |
| 绩效指导面谈 | 根据员工各个阶段的工作表现，上级主管与员工围绕思想认识、工作程序、操作方法、新技术应用及新技能培训等方面进行面谈 | 工作态度、工作能力、工作技能、遇到的困难及解决办法 |
| 绩效反馈面谈 | 考核结束后，上级主管对员工绩效计划的执行情况及其工作表现和工作业绩进行全面回顾、总结和评估，并将考核结果及相关信息反馈给员工 | 工作业绩、工作表现、改进措施及新的工作目标 |

第6条　绩效面谈准备

1. 上级主管应提前确定绩效面谈的时间与地点，并告知员工。

2. 上级主管应提前准备好面谈资料，如员工评级表、员工的日常表现记录、岗位说明书及薪金变化情况等资料，并通知员工准备相关面谈资料。

3. 上级主管应事先了解员工的特点，以便有针对性地向员工提出问题。

4. 上级主管应事先详细阅读员工的绩效自评表，了解需要讨论和指导的事宜。

5. 上级主管应事先拟定面谈程序，计划好如何开始、结束，面谈过程中先谈什么、后谈什么，以及各阶段的时间分配。

第7条　员工绩效面谈准备

1. 员工应提前填写"自我评价表"。员工要客观地进行自我评价，使之与考核结果趋于一致。

2. 员工应提前制订个人发展计划。员工在面谈时要提出个人发展计划，使之于上级主管有针对性地为其安排下一阶段的工作。

3. 员工应提前准备好在面谈过程中向上级主管提出的问题。

4. 员工应提前安排好自己的工作，避免因绩效面谈而影响正常的工作。

第8条　绩效面谈

1. 在绩效面谈的过程中，双方应营造和谐的谈话氛围。

（续）

2.绩效面谈负责人应向员工说明此次面谈的目的及流程。

3.绩效面谈负责人根据既定的绩效指标与员工讨论工作完成情况。

4.双方共同讨论员工的表现与公司价值观是否相匹配，指出员工的强项和有待改进的地方。

5.双方为员工下一阶段的工作设定目标和绩效指标，并讨论员工需要哪些资源和帮助。

6.双方经协商达成一致后在"绩效面谈记录表"上签字确认。

第9条　确定绩效面谈结果

1.上级主管为员工制定下一阶段工作改进计划及时间表。

2.根据公司的相关管理制度，上级主管对员工晋升、调薪或调职提出合理建议。

第10条　面谈人员在绩效面谈的过程中需要掌握的技巧及注意事项如下表所示。

### 绩效面谈过程中的技巧与注意事项

| 面谈阶段 | 技巧与注意事项 |
| --- | --- |
| 面谈前的准备阶段 | （1）事先安排合适的面谈时间与面谈地点<br>（2）面谈前应充分准备并熟悉面谈资料，做到心中有数 |
| 暖场阶段 | （1）营造轻松、融洽的谈话氛围，让员工能够放松心情<br>（2）可以先谈论工作以外的事情 |
| 员工自评阶段 | 认真、耐心倾听员工的意见 |
| 面谈人员评价阶段 | 肯定员工的工作业绩，并指出员工在工作中的不足及有待改进的地方 |
| 讨论并确定评价结果阶段 | 先从有共识的地方谈起，遇到意见不一致的情况时要耐心与之沟通，并关注绩效标准及相关事实 |
| 制订绩效改进计划阶段 | 制订符合员工自身实际情况的绩效改进计划 |
| 确定下阶段工作目标阶段 | 确认目标的实现期限，并注意目标的可衡量性和可行性 |
| 结束阶段 | 鼓励员工并向其表达谢意 |

（续）

| 第 3 章　绩效面谈注意事项 |
|---|

**第 11 条　绩效面谈注意事项**

1. 面谈双方应进行充分沟通和交流，以增强绩效面谈的效果。

2. 绩效面谈负责人应在提出问题的基础上，帮助员工解决工作中的实际问题。

3. 在面谈结束时，绩效面谈负责人应让员工树立进一步把工作做好的信心，并以积极的方式结束面谈。

**第 12 条**　在绩效面谈的过程中，若绩效面谈负责人与员工经过反复协商仍未达成一致，员工可向人力资源部提出申诉。

**第 13 条**　公司人力资源部须将绩效面谈结果写入部门负责人考核方案中。对未按规定要求进行绩效面谈者，人力资源部须进行统计与分析，并对相关部门负责人进行通报批评。

**第 14 条**　员工绩效面谈记录表等资料由人力资源部整理、归档、保存。

**第 4 章　附则**

**第 15 条**　本制度由人力资源部制定，其解释权和修订权归人力资源部所有。

**第 16 条**　本制度自颁布之日起生效。

**管控要点**

✪ 面谈内容要形成书面报告，面谈双方须签字确认

✪ 人力资源部须审核面谈记录，分析、评估面谈工作，并提出进一步改进面谈工作的方案

✪ 明确绩效考核申诉的条件和标准

**管控工具**

✪ 员工绩效面谈记录表

## 4.2.4　绩效考核结果应用流程与制度

1. 绩效考核结果常见问题

（1）绩效考核结果一般用于企业员工的薪资调整、职位调整等，如果绩效考核结果应用制度中没有明确的标准，就会导致考核结果无法得到有效应用。

（2）绩效考核结果应用激励分为正向激励和负向激励。正向激励起正强化的作用，是对行为的肯定；负向激励起负强化的作用，是对行为的否定。

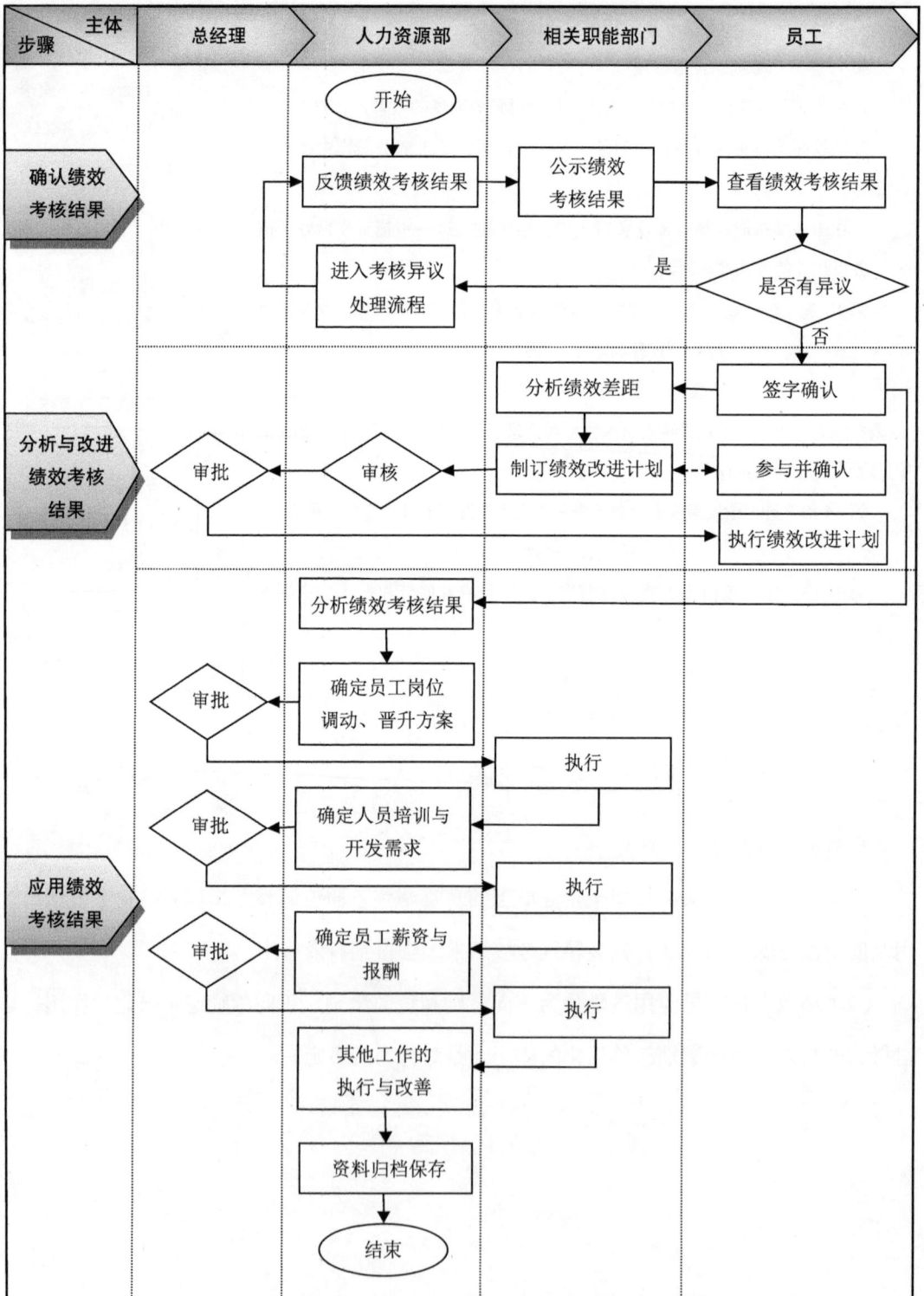

2. 执行流程图

| 步骤 主体 | 总经理 | 人力资源部 | 相关职能部门 | 员工 |
|---|---|---|---|---|
| 确认绩效考核结果 | | 开始 → 反馈绩效考核结果 | 公示绩效考核结果 | 查看绩效考核结果 |
| | | 进入考核异议处理流程 ← | 是 | 是否有异议 |
| | | | | 否 |
| 分析与改进绩效考核结果 | 审批 ← 审核 | 分析绩效差距 制订绩效改进计划 | 签字确认 参与并确认 | |
| | | | | 执行绩效改进计划 |
| 应用绩效考核结果 | 审批 | 分析绩效考核结果 确定员工岗位调动、晋升方案 | 执行 | |
| | 审批 | 确定人员培训与开发需求 | 执行 | |
| | 审批 | 确定员工薪资与报酬 | 执行 | |
| | | 其他工作的执行与改善 资料归档保存 结束 | | |

## 3.执行关键节点及执行细节

| 阶段 | 关键节点 | 执行细节 |
|------|----------|----------|
| 确认绩效考核结果 | 公示绩效考核结果 | （1）人力资源部在分析绩效考核结果后，要将绩效考核结果反馈至相关职能部门，并通知各职能部门公示绩效考核结果<br>（2）绩效考核结果公示内容主要包括员工姓名、职位、所属部门、考核得分、考核等级、综合评价、奖惩标准及绩效改进项目等<br>（3）绩效考核结果公示应设定公示期限，如年度绩效考核结果的公示期限通常为七天，月度绩效考核结果的公示期限通常为三天 |
| | 是否有异议 | （1）员工查看绩效考核结果公示内容，确认考核结果<br>（2）员工若在绩效考核结果公示期间对考核结果有异议，则可填写"绩效考核申诉表"，向人力资源部提出申诉，人力资源部按照申诉流程处理申诉<br>（3）若员工对绩效考核结果没有异议，则在签字确认后，根据公示的最终结果安排后续工作 |
| 分析与改进绩效考核结果 | 分析绩效差距 | 各职能部门组织员工及其主管对员工的绩效指标结果进行分析 |
| | 制订绩效改进计划 | （1）员工与上级主管在分析绩效差距的基础上制订绩效改进计划。计划内容主要包括本次改进的主题、目标（标准）、时间、改进方法或措施及资源支持等<br>（2）绩效改进计划须报人力资源部审核、报总经理审批 |
| 应用绩效考核结果 | 分析绩效考核结果 | 人力资源部须对收集到的绩效考核结果进行统计和分析 |
| | 确定员工岗位调动、晋升方案 | （1）人力资源部根据绩效考核结果对员工的任职情况进行调查和分析，确定员工岗位调动、晋升方案<br>（2）对于不适应当前工作岗位的员工，企业应调整其岗位；对于业绩稳定、突出的员工，企业应将其作为晋升对象培养 |

（续表）

| 阶段 | 关键节点 | 执行细节 |
|------|---------|---------|
| 应用绩效考核结果 | 确定人员培训与开发需求 | （1）人力资源部须对绩效考核结果进行分析，找出员工工作能力上的不足，为员工制订下一阶段的培训计划，并报总经理审批<br>（2）人力资源部对员工培训工作前后的绩效考核结果进行对比，对员工的培训效果进行评估，为员工的绩效改进培训工作提供依据 |
| | 确定员工薪资与报酬 | （1）人力资源部须制定与绩效挂钩的薪酬管理制度，根据绩效考核等级情况确定员工绩效工资和奖金发放方案，并报总经理审批<br>（2）若企业有股权激励，则应结合绩效考核结果落实股权激励措施 |
| | 其他工作的执行与改善 | 人力资源部应对绩效考核结果进行分析，以指导其他工作的开展，如绩效考核工作的改进、基层管理工作的改善等 |

## 4. 绩效考核结果应用制度

### 第1章　总则

**第1条　目的**

为了规范绩效考核结果的应用，充分发挥绩效考核结果的作用，结合公司的实际情况及人力资源管理发展现状，特制定本制度。

**第2条　适用范围**

本制度适用于本公司各级绩效考核结果的应用。

**第3条**　人力资源部应及时对绩效考核结果进行整理、归档、保存，并根据实际需要进行统计和分析，为制定和实施各项人力资源管理制度（如招聘制度、选拔制度、培训制度等）提供参考。

**第4条**　绩效考核结果应用的范围

1. 员工岗位调动与晋升。

2. 人员培训与开发。

3. 薪资与报酬的发放。

4. 人力资源管理专题研究。

5. 基础管理。

（续）

## 第 2 章　绩效考核结果分析

第 5 条　公司应对绩效考核结果分析人员进行相关培训，指导其正确地运用绩效考核结果分析方法，以保证绩效考核结果的准确性。

第 6 条　绩效考核结果分析方法可分为纵向分析和横向分析两种类型，具体如下表所示。

### 绩效考核结果分析方法及其说明

| 分析方法 | 方法说明 | 具体运用 |
| --- | --- | --- |
| 横向比较分析法 | （1）以指标、人员、部门、类别为变量，对同一个考核期进行比较分析<br>（2）对同一人员的各指标进行比较，分析其各项工作的执行情况，以便开展进一步指导 | （1）对人员、部门和类别进行比较，分析任务对公司的贡献值，这是确定绩效工资、评先进的依据<br>（2）在比较过程中，发现评价过程中的各种误差，以便及时做出调整，提高日后的考核评估质量 |
| 纵向比较分析法 | （1）以人员、部门、公司为变量，对不同考核期的同一考核指标进行比较分析<br>（2）对员工（部门、公司）本期考核结果与上期考核结果进行对比分析，找到二者之间的差距及其产生的原因，这样才能有针对性地改进员工的（部门、公司）绩效 | （1）可全部进行比较，也可任选指标进行比较<br>（2）将当年的单项考核指标平均值与上一年度或其他年度的同一考核指标平均值比较，观察其变化情况，看看有无进步<br>（3）查看各单项考核结果的平均水平及历年变化趋势，分析单项考核指标平均值的历年变化趋势<br>（4）对各组考核指标总体平均水平进行比较，对某一年度或历年变化进行趋势分析，方法与分析单项指标的方法相同 |

第 7 条　绩效差距分析与绩效改进

1.绩效差距分析准备工作。在进行绩效差距分析前，公司应建立收集绩效考核结果数据到制订绩效改进计划的程序，以达到准确分析考核结果的目的。

**管控要点**

✪ 人力资源部须制定绩效考核结果分析人员选择标准，以及常用候选人名单

✪ 企业应建立完善的绩效考核结果分析培训机制，定期对绩效考核结果分析人员进行相关培训

✪ 人力资源部要做好分析资料的归档、保存工作，建立绩效考核结果分析资料库

**管控工具**

✪ 绩效考核结果分析报告

✪ 绩效改进计划

（续）

2.绩效差距分析程序。在实际分析的过程中，分析人员应对员工的能力类指标（难以量化的）和业绩类指标（能量化的）进行区别对待。

3.绩效差距分析要求。分析人员应对考核指标进行多维度分析，首先应对单个指标在同一条件下不同时期的考核结果进行分析，以确定单一指标的不足；然后对各个指标的考核结果进行全面综合分析，以确定业绩改进的总体目标和具体措施。

4.拟订改进计划。在确认考核分析结果以后，需要拟订改进计划。计划内容主要包括本次改进的主题、目标（标准）、时间、改进方法或措施及资源支持等。

第8条　考核结果总体分布情况分析

1.对数据质量进行检测，确保考核数据的有效性。

2.按类计算出各类人员的平均分，计算其他各种统计量，对不同类别的考核结果进行分析。

第9条　考核工作执行情况分析

分析考核工作的执行情况，加强考核过程监督与考核纪律管理。

1.通过收集、整理考核意见和结果，分析考核工作是否得到了较好的执行，评估考核结果得分的真实性及客观性。

2.抽样调查是否进行了绩效面谈，员工是否知道自己的考核结果。

3.抽样调查员工的反映，看是否有不公正的考核现象，是否存在考核误区，是否有申诉的机会和途径等。

第10条　考核方案与执行结果对比分析

通过统计分析发现考核方案的不足之处，并及时修正。

如果统计结果分布不正常，则需通过进一步分析确定哪个方面出现了问题。例如，是考核者不能正确理解考核规则，还是公司考核体系存在问题。

第11条　考核结果应用分析

1.通过分析找出有效应用考核结果的方法，并研究考核结果是如何为员工培训、岗位异动、薪酬调整及员工解聘等实际工作服务的。

2.为公司人事决策提供依据，为人力资源发展等战略提供参考。

第12条　无论是各部门主管、人力资源部门人员，还是分析专家，都必须具备丰富的经验并深入了解实际情况，这样才能透过理论看清事件的本质。

### 第3章　考核结果的具体应用

第13条　工作绩效考核结果与能力态度考核结果比较分析如下图所示。

（续）

**工作业绩考核结果与能力态度考核结果比较分析**

第 14 条　绩效考核结果的具体应用如下表所示。

**绩效考核结果的具体应用说明**

| 运用方向 | 具体说明 |
|---|---|
| 引导员工行为趋向公司的目标 | （1）将公司目标逐层分解并落实到每位员工身上<br>（2）通过实施绩效考核，使员工加深对自己工作职责和工作目标的认识，有助于引导员工行为趋向公司的目标，增强公司竞争力 |
| 帮助各部门主管与员工建立绩效伙伴关系 | （1）在考核的过程中，上下级之间应充分沟通<br>（2）协商制订绩效改进计划，开展绩效辅导与过程沟通、考核结果反馈面谈，说明其不足之处，指明其今后需要努力的方向 |
| 提出员工绩效改进建议 | （1）员工绩效受工作能力和工作态度的影响<br>（2）分析员工绩效不佳的原因<br>（3）上级主管协助员工制订绩效改进计划，不断提高其绩效水平 |
| 招聘与选拔的有效依据 | （1）用于做出招聘决策<br>（2）用于招聘与选拔工作的效果评价，若选拔出来的优秀人才的实际绩效考核结果很好，则说明以此为依据进行选拔是一种有效措施 |

（续）

（续表）

| 运用方向 | 具体说明 |
|---|---|
| 培训与开发的有效依据 | （1）认真分析考核结果，发现员工在专业知识、工作技能方面的不足，有针对性地为员工制订下一阶段的培训计划，提升员工的整体素质<br>（2）比较分析前后考核期的考核结果，将其作为培训效果的评价依据 |
| 晋升、调职、降职的依据 | 通过分析员工在一定时期内的绩效，选出绩效较好，较稳定的员工作为晋升培养的对象 |
| 淘汰绩效不佳者 | 若员工不积极进取，企业应将其淘汰 |
| 分配奖金的依据 | （1）员工考核结果等级划分的依据<br>（2）月度考核结果与月度奖金挂钩，季度考核结果与季度奖金挂钩，年度考核结果与年度奖金挂钩<br>（3）部门经理根据员工的年终考核结果提出薪酬调整意见，并报人力资源部审核 |
| 试用期管理的有效工具 | （1）在遵守相关法律的基础上，更多地对试用期员工进行绩效考核<br>（2）对于试用期员工应采用优胜劣汰的方式进行考核 |
| 员工潜能评价和职业发展指导 | （1）强化员工对公司价值观的认同<br>（2）员工应认真分析个人今后的发展方向，及时调整个人职业生涯规划 |

第15条　岗位人员考核结果的应用

1.有效评价岗位人员的工作能力。

2.制订和完善岗位人员的培训计划。根据岗位绩效考核结果，分析同一岗位人员之间的差距，人力资源部可针对员工的不足制订培训计划。

3.岗位人员绩效考核结果将作为岗位人员晋升、调薪、评先、奖励、解除劳动合同等方面的依据。

4.为岗位员工的奖励分配、发放与激励提供依据。

5.加强领导与岗位人员的沟通，促进双方建立良好的工作关系。

6.营造平等竞争的良好氛围，加强企业文化建设。

### 第4章　附则

第16条　本制度由人力资源部负责解释。

第17条　本制度自颁发之日起生效。

## 4.2.5　绩效改进与提升流程与制度

1.绩效改进与提升常见问题

（1）绩效改进与提升仅针对个人。团队在组织中发挥着重要作用，因此，团队绩效改进非常重要。绩效改进既要针对个体，也要针对整个团队，这就使得绩效管理的工作量成倍增加。

企业通过对战略目标进行层层分解，将员工个人目标与部门目标相结合，构建能够有效地诠释与传播企业总体发展战略的 KPI 体系，使之成为落实企业战略规划的重要工具。

（2）绩效改进与提升过于注重关键绩效指标。在绩效考核管理中，构建关键指标体系是提高企业绩效水平的工作重点之一。除了绩效指标，绩效管理准备阶段、执行阶段、考核阶段及反馈与改进阶段仍有很多工作需要完成，所以仅有关键绩效指标是不够的。

关键指标可以全面反映企业、各部门的状况，是企业的发展目标、团队的管理工具。但是，企业不仅是为了关键指标而运转。例如，营销管理不能唯指标论、唯数据论，KPI 指标要能为营销管理服务，但是，营销管理是一种过程式的管理、系统式的管理，工作做得越细，效果才会越好。

（3）不注重绩效标杆管理。标杆管理法对绩效改进与提升发挥着重要作用，所以企业要加强对关键事项的控制，获得高层领导的支持，这样绩效改进与提升才会效果显著。

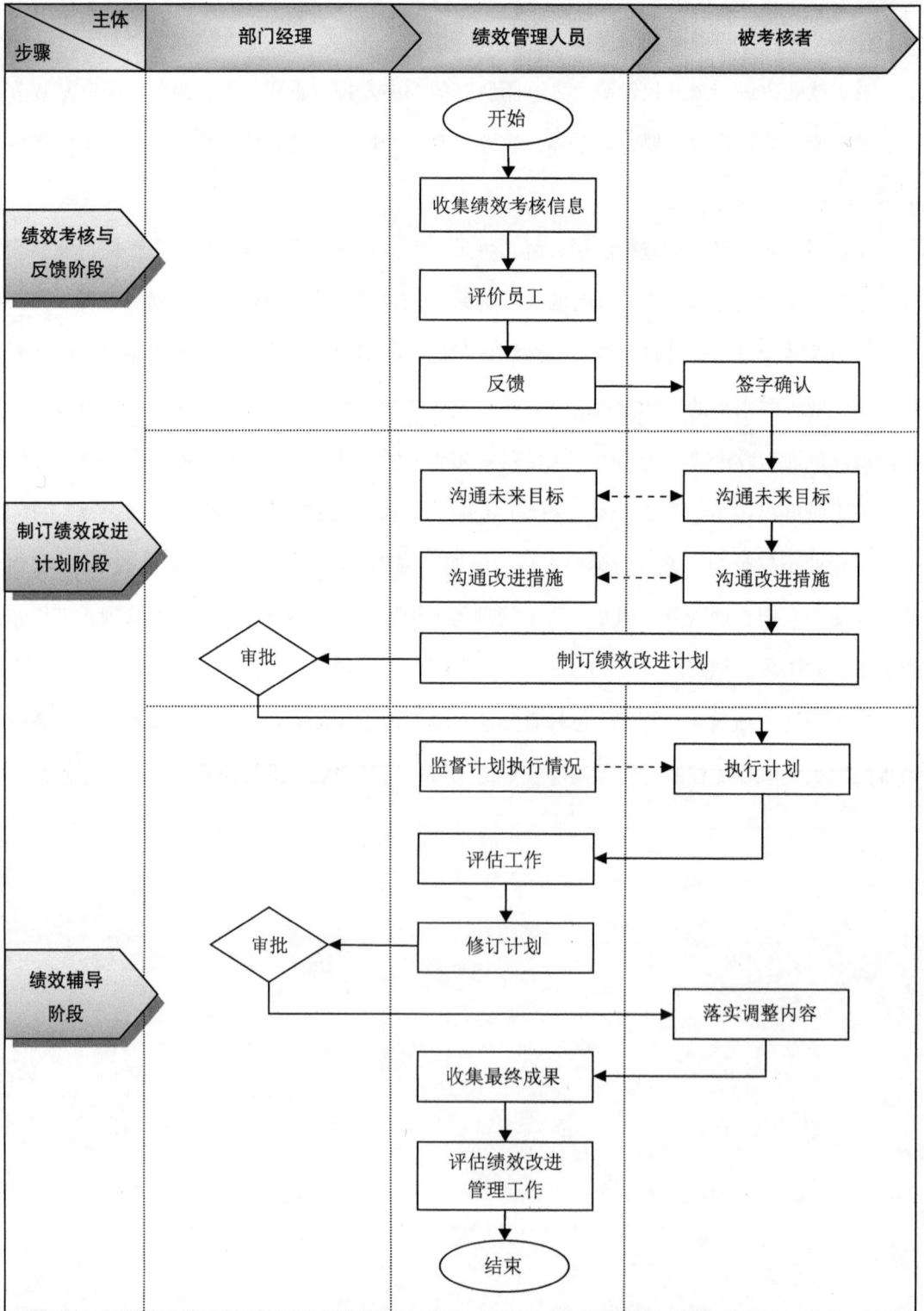

2. 执行流程图

| 主体 步骤 | 部门经理 | 绩效管理人员 | 被考核者 |
|---|---|---|---|

**绩效考核与反馈阶段**

开始

↓

收集绩效考核信息

↓

评价员工

↓

反馈 → 签字确认

**制订绩效改进计划阶段**

沟通未来目标 ◄- - - 沟通未来目标

↓

沟通改进措施 ◄- - - 沟通改进措施

↓

审批 ◄── 制订绩效改进计划

**绩效辅导阶段**

监督计划执行情况 - - -► 执行计划

↓

评估工作 ◄──

↓

审批 ◄── 修订计划

↓

落实调整内容

↓

收集最终成果 ◄──

↓

评估绩效改进管理工作

↓

结束

3.执行关键节点及执行细节

| 阶段 | 关键节点 | 执行细节 |
|------|---------|---------|
| 绩效考核与反馈阶段 | 收集绩效考核信息 | 绩效管理人员负责收集被考核者的绩效考核信息，全面了解被考核者的工作情况 |
| | 评价员工 | 绩效管理人员评价被考核者的工作情况，找到被考核者有待改进的地方 |
| | 反馈 | 绩效管理人员将评价结果反馈给被考核者。被考核者与绩效管理人员就改进内容进行沟通和确认 |
| 制订绩效改进计划阶段 | 制订绩效改进计划 | 绩效管理人员与被考核者就改善目标及实现该目标的具体措施进行沟通和确认，双方在充分沟通的基础上制订绩效改进计划，并报部门经理审批 |
| 绩效辅导阶段 | 执行计划 | （1）被考核者根据已批准的绩效改进计划有步骤地改进工作内容<br>（2）绩效管理人员负责指导和监督被考核者执行绩效改进计划 |
| | 评估工作 | 绩效管理人员须定期对被考核者的绩效改进计划的实施情况进行评估 |
| | 修订计划 | （1）绩效管理人员根据评估结果及时修订计划，并将修订后的计划报部门经理审批<br>（2）被考核者根据修订后的计划改进工作内容 |
| | 评估绩效改进管理工作 | 绩效改进工作完成后，绩效管理人员应收集计划执行过程中的各类信息，并对绩效改进管理工作进行评估 |

## 4.绩效改进与提升管理制度

### 第1章　总则

**第1条　目的**

为了提高各岗位人员的工作绩效，规范企业的绩效管理工作，完善企业绩效管理体系，不断增强企业的核心竞争力，根据企业绩效管理制度，特制定本制度。

**第2条　适用范围**

本制度适用于本企业全体员工绩效改进与提升的相关工作事宜。

**第3条　绩效改进与提升的指导思想**

1.绩效改进与提升是绩效考核的后续工作，其出发点是提高员工的考核成绩，这两个环节不能分开进行。

2.将绩效改进与提升工作融入部门日常管理工作中。

3.帮助员工改进绩效、提升工作能力是绩效管理人员的职责。

**第4条　绩效改进与提升的工作重点**

绩效改进与提升的工作重点包括诊断绩效、制订绩效改进计划、实施和评价绩效改进计划。具体可分为三个阶段，即绩效计划阶段、绩效辅导阶段、绩效考核及反馈阶段。

### 第2章　考核及反馈阶段的绩效改进与提升

**第5条**　绩效考核及反馈阶段是诊断与分析绩效的阶段。诊断与分析绩效是绩效改进过程的第一步，也是改进绩效的基本环节，企业各级管理人员需要重视本阶段的绩效改进与提升工作。

**第6条**　绩效管理人员应综合收集到的考核信息，客观、公正地评价员工，并将绩效考核结果反馈给员工。

**第7条**　考核者与被考核者应进行绩效面谈。双方在充分沟通与协商的前提下，找到被考核者绩效低下的原因，然后有针对性地制订绩效改进计划。

**第8条**　绩效问题诊断分析工作可以从两个角度进行。

1.考虑影响团队或个人绩效的四大因素，即知识、技能、态度和环境。

2.考虑绩效考核工作涉及的三大因素，即员工本人、主管（直接上级）和绩效周围环境。

**第9条**　绩效改进工作要点及措施如下表所示。

**管控要点**

- 从业务发展要求出发，对绩效进行诊断，并区分主次问题
- 明确企业绩效面谈和申诉流程，严格按照流程开展工作
- 被考核者的上级主管负责其绩效改进工作
- 事先对面谈人员进行培训，面谈人员需要拟定面谈提纲

**管控工具**

- 被考核者绩效考核成绩表
- 面谈提纲

（续）

| 绩效改进工作要点及措施 | | |
|---|---|---|
| 绩效分类 | 不易改变 | 容易改变 |
| 急需改善 | 将其列入长期绩效改进计划，或者将之与员工薪酬挂钩 | 优先做 |
| 非急需改善 | 暂不列入绩效改进计划 | （有助于相对困难的绩效改善） |

第10条 解决绩效问题的方法

1. 员工。向主管或有经验的同事学习，参加企业内外部相关培训及相关的研讨会，阅读相关书籍，选择某一工作项目，在上级主管的指导下进行训练。

2. 经理/主管（被考核者的直接上级）。参加企业内外部关于绩效管理及人员管理等方面的培训，向公司内有经验的管理人员学习，向人力资源管理专家咨询。

3. 公司环境。适当调整部门人员分工或开展部门间人员交流，改善部门内的人际关系。在企业资源允许的情况下，尽量改善员工的工作环境和工作条件。

第11条 在反馈绩效考核结果时，被考核者必须在考核表上签字，签字不代表其认可考核结果，只代表被考核者知晓考核结果。

第12条 被考核者若对绩效考核结果有异议，则可向直接上级或人力资源部提出申诉。

第13条 在进行绩效面谈时，考核者与被考核者共同制定有针对性的培训措施，并在人力资源部的协助下开展培训。

### 第3章 绩效改进计划阶段的绩效改进与提升

第14条 制订绩效改进计划

在这一阶段，各部门经理应与员工进行充分的沟通，就绩效目标达成共识，具体包括以下内容。

1. 员工的基本情况、直接上级的基本情况及该计划的制订时间和实施时间。

2. 上一周期的绩效评价结果和绩效反馈情况，确定员工需要改进的地方，明确员工需要改进的原因。

**管控要点**

✪ 被考核者与考核者协商并达成一致后，要在绩效改进计划上签字确认

✪ 绩效改进措施应细化至具体工作，并规定完成期限、改进结果等

**管控工具**

✪ 绩效改进工作计划表

（续）

3.明确员工现有绩效水平和经过改进之后的绩效目标。

4.针对存在的问题制订合理的绩效改进计划。

第15条　制订绩效改进计划的注意事项

1.计划内容要有可操作性，即制订的计划内容需要与员工待改进的绩效工作内容相关联。

2.计划要得到管理人员与员工的认同。

3.绩效改进计划要满足具体、可衡量、可达到、相关联和有时限性五个要求。

第16条　在改进绩效的过程中，可参照"绩效改进工作计划表"开展具体工作。

### 绩效改进工作计划表

编号：_____　　　　　　　　　　日期：___年__月__日

| 姓名 | | 所在岗位 | | 所属部门 | |
|---|---|---|---|---|---|
| 直接上级 | | 考核期 | | 考核结果 | |
| 绩效不符合工作标准描述 | | | | | |
| 原因分析 | | | | | |
| 改进目标及措施 | （需要详细说明工作内容、实施日期、完成日期等） | | | | |
| 改进措施记录 | | | | | |
| 改进效果评估及后续措施 | | | | | |

#### 第4章　绩效辅导阶段的绩效改进与提升

第17条　绩效辅导阶段即实施与评估绩效改进计划的阶段，绩效管理人员应在考核周期内对绩效改进计划的实施过程进行监督。

第18条　绩效管理人员须监督绩效改进计划是否按照预期进行，收集、整理计划执行过程中的问题，记录绩效改进工作进展情况，及时修订和调整改进计划。

第19条　各部门应建立健全双向沟通制度，如周/月例会制度、周/月总结制度、汇报/述职制度、观察记录制度及周工作记录制度等。

**管控要点**

✪ 为每一位被考核者指定专门负责绩效改进辅导的绩效管理人员，该人员负责监督和辅导被考核者的绩效改进工作

✪ 人力资源部须定期检查员工绩效改进计划的执行情况

✪ 双向沟通制度中应明确规定所有记录的格式和内容编写要求

**管控工具**

✪ 绩效管理人员名单

✪ 周/月例会制度

✪ 周/月总结制度

✪ 汇报/述职制度

✪ 观察记录制度

✪ 周工作记录制度

（续）

第 20 条　绩效管理人员若发现被考核者有绩效改善方面的问题，应将其及时准确地记录在"绩效改进表"中。

第 21 条　企业通过前后两次绩效考核结果对绩效改进计划的完成情况进行评价，如果员工在第二次的绩效考核中有显著进步，就说明绩效改进计划取得了一定的成效。

## 第 5 章　附则

第 22 条　本制度由人力资源部制定，其解释权和修订权归人力资源部所有。

第 23 条　本制度自颁布之日起生效。

第 5 章

# 高效实战之企业重要岗位人员绩效考核

# 5.1 高层管理人员绩效考核

## 5.1.1 高层管理人员绩效考核常见问题

1. 在考核高层管理人员的过程中缺乏对企业长远目标完成情况的考核

在设计高层管理人员的绩效考核内容时，常常会遇到两个问题：一是过于关注高层管理人员的个人能力及个人业绩，而忽视了对其协作能力的考核；二是过于注重高层管理人员对企业当期经营目标做出的贡献，而忽视了对企业长远目标完成情况的考核。

2. 未能将考核指标落实到高层管理人员的具体工作中

由于事先未对高层管理人员进行深入的调查并与之沟通，绩效管理部门在制定高层管理人员的考核标准时未能将考核指标落实到具体的工作中，导致绩效考核结果与预期目标之间出现较大偏差，针对高层管理人员的绩效考核流于形式。

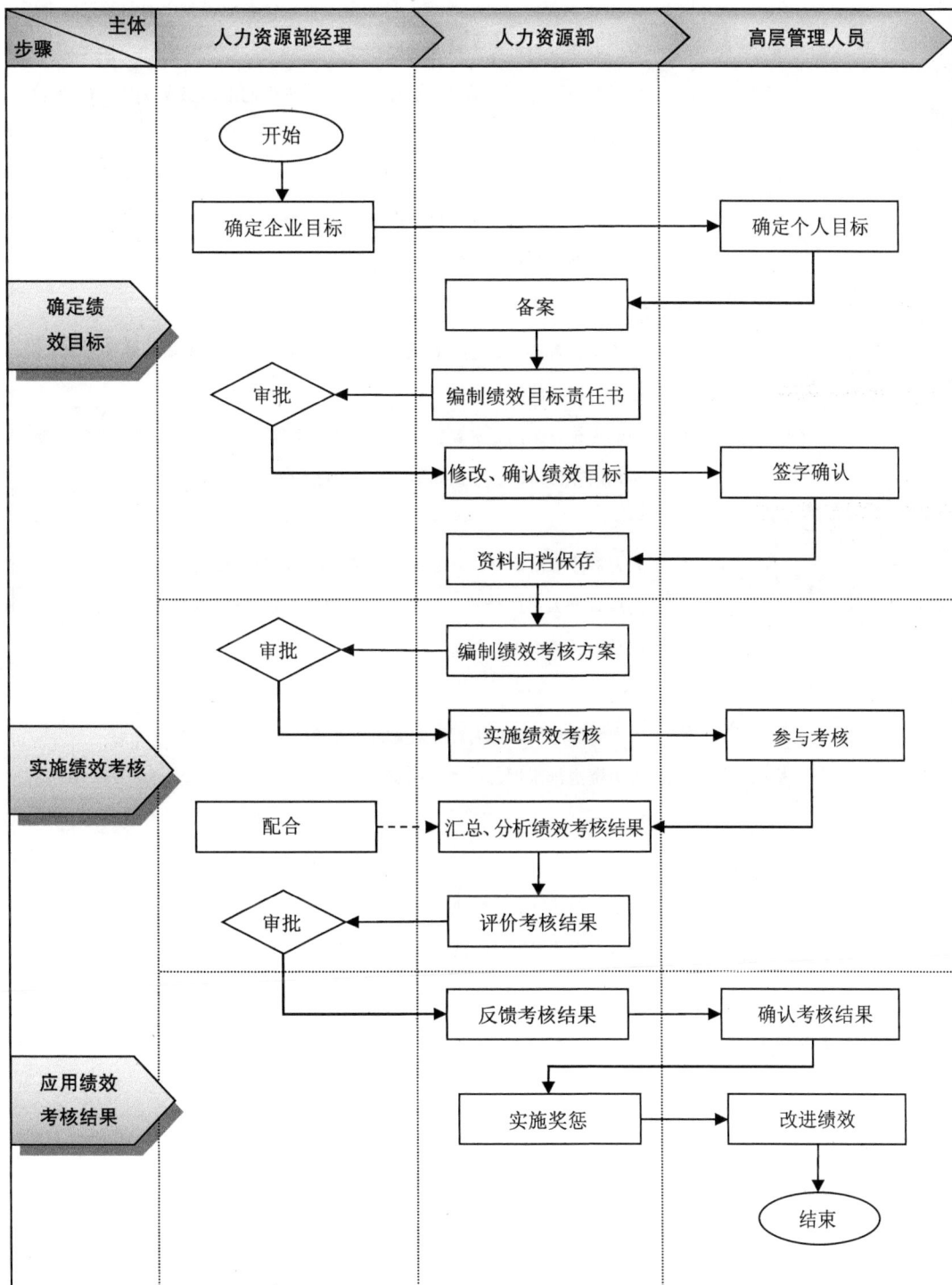

## 5.1.2  高层管理人员绩效考核实施流程与制度

### 1. 执行流程图

| 主体 步骤 | 人力资源部经理 | 人力资源部 | 高层管理人员 |
|---|---|---|---|

```
                         开始
                          │
                          ▼
         确定企业目标  ──────────────────────▶  确定个人目标
                                                     │
                          备案  ◀────────────────────┘
                          │
                          ▼
   审批  ◀──  编制绩效目标责任书
    │
    ▼
  修改、确认绩效目标  ──────────▶  签字确认
                          │
           资料归档保存  ◀────────┘
                          │
                          ▼
   审批  ◀──  编制绩效考核方案
    │
    ▼
  实施绩效考核  ──────────▶  参与考核
                          │
   配合  ┄┄  汇总、分析绩效考核结果  ◀──
                          │
                          ▼
   审批  ◀──  评价考核结果
    │
    ▼
  反馈考核结果  ──────────▶  确认考核结果
        │                       │
        ▼                       ▼
   实施奖惩  ──────────▶  改进绩效
                              │
                              ▼
                            结束
```

确定绩效目标

实施绩效考核

应用绩效考核结果

## 2. 执行关键节点及执行细节

| 阶段 | 关键节点 | 执行细节 |
|---|---|---|
| 确定绩效目标 | 编制绩效目标责任书 | （1）人力资源部根据高层管理人员备案的目标任务编制相应的绩效目标责任书，并报人力资源部经理审批<br>（2）绩效目标责任书内容主要包括责任人、责任期限、职责权限、责任内容及奖惩措施等 |
| | 资料归档保存 | （1）高层管理人员须在绩效目标责任书上签字确认<br>（2）人力资源部须在绩效目标责任书上盖章，并及时将其归档保存 |
| 实施绩效考核 | 编制绩效考核方案 | （1）人力资源部根据高层管理人员的绩效目标责任书编制绩效考核方案，并报人力资源部经理审批<br>（2）绩效考核方案内容主要包括考核目的、考核时间、考核主体、考核对象、考核内容与指标、考核标准、考核方法和考核量表等 |
| | 汇总、分析绩效考核结果 | （1）人力资源部须汇总、分析高层管理人员的绩效考核结果<br>（2）高层管理人员的绩效考核结果主要包括自我考核、总经理考核、客户考核及下属考核四个方面 |
| | 评价考核结果 | （1）人力资源部须对高层管理人员的绩效考核结果进行评价<br>（2）人力资源部根据各项考核指标的权重计算各项考核结果的分数，并进行汇总 |
| 应用绩效考核结果 | 实施奖惩 | （1）人力资源部负责将绩效考核结果反馈给高层管理人员<br>（2）人力资源部根据目标责任书及绩效考核方案对高层管理人员实施奖惩 |

## 3. 高层管理人员绩效考核管理制度

### 第1章 总则

**第1条 目的**

为了规范企业高层管理人员的绩效考核工作，提高高层管理人员的工作积极性，促进企业整体目标的达成和管理方式的改善，特制定本制度。

（续）

第 2 条　适用范围

本制度适用于本企业高层管理人员的绩效考核工作。

第 3 条　职责划分

1. 人力资源部经理负责对高层管理人员的绩效考核工作进行全面监督和管理，并及时将绩效管理的相关决策传达给各部门。

2. 人力资源部在本部门经理的指导下开展高层管理人员的绩效考核管理工作，并向本部门经理及时汇报绩效管理各项工作事宜。

第 4 条　考核时间

1. 高层管理人员的绩效考核采取年度考核的方式，每年考核一次，每半年述职一次。

2. 人力资源部于每年＿＿月＿＿日前完成上一年度高层管理人员绩效信息收集工作，并在＿＿月＿＿日前完成绩效考核工作。

### 第 2 章　绩效考核内容

第 5 条　高层管理人员的绩效考核分为经营目标完成情况考核和管理改善情况考核两部分内容。

1. 经营目标完成情况的考核重点是基于策略重点落实情况设置的 KPI 的完成情况。

2. 管理改善情况的考核内容主要包括计划管理、文化建设、人才培养与人员调配、绩效改善、职业素养与工作态度等。

3. 高层管理人员的绩效考核内容如下表所示。

**管控要点**

❂ 人力资源部应根据企业的实际情况，结合定量指标和定性指标，合理设定考核指标

❂ 企业人力资源部应与高层管理人员协商设定考核指标

**管控工具**

❂ 高层管理人员绩效考核表

#### 高层管理人员的绩效考核内容

| 考核内容 | 具体内容 | 考核内容说明 |
| --- | --- | --- |
| 经营目标 | 生产目标 | 对生产计划完成率、生产任务完成率等的考核 |
| | 销售目标 | 对销售额、销售量、销售回款率、产品市场占有率、产品市场开发率及产品市场覆盖率等的考核 |
| | 研发目标 | 对新产品研发率、新产品研发成功率及新产品上市率等的考核 |
| | 成本目标 | 对生产成本控制额／率、销售成本控制额／率、研发成本控制额／率及客户管理成本控制额／率等的考核 |
| | 客户目标 | 对新客户开发率、客户回访率及客户维护率等的考核 |

（续）

（续表）

| 考核内容 | 具体内容 | 考核内容说明 |
|---|---|---|
| 管理改善 | 计划管理 | 对各类计划的改善状况的考核 |
| | 文化建设 | 对企业文化建设、企业文化培训及员工文娱活动管理等的考核 |
| | 人才培养 | 对企业员工的培训战略的考核 |
| | 人员调配 | 对各类人员岗位调动及调配事项的管理等的考核 |
| | 绩效改善 | 对为了提高员工整体绩效水平而采取的措施的有效性的考核 |
| | 职业素养 | 对职业素养的考核 |
| | 工作态度 | 对工作积极性、责任感及协作性等的考核 |

第 6 条　高层管理人员绩效考核的重点是 KPI 和计划的完成情况。

### 第 3 章　实施绩效考核

第 7 条　确定绩效目标

1. 在考核初期，高层管理人员应依据企业的经营策略和年度经营计划确定绩效目标。

2. 高层管理人员与上级主管就下一考核阶段绩效目标进行讨论、评议和审定。

3. 高层管理人员与上级主管达成共识后，将经过双方确认的内容填入"高层管理人员考核表"。

4. 在考核期内，被考核者若发现公司内外部环境发生重大变化，则可以申请对原定的工作目标进行阶段性调整，经上级主管同意后，将调整的内容填入"述职表计划调整"一栏。

第 8 条　实施考核

1. 在考核期末，被考核者将工作目标完成情况填入"高层管理人员考核表"中的"计划完成情况"一栏，同时被考核者须将其他应由本人完成的部分填写完整。

2. 在进行述职时，被考核者须对绩效完成情况进行说明。

3. 考核者根据被考核者的目标达成情况和述职情况评价被考核者的工作表现。

**管控要点**

❂ 人力资源部须安排专人对考核实施过程进行监督

❂ 考核者应在适当的时候与被考核者进行沟通

**管控工具**

❂ 绩效考核实施方案

❂ 高层管理人员考核表

❂ 高层管理人员自我述职报告

❂ 绩效考核反馈表

❂ 绩效考核争议处理办法

（续）

> 第 9 条　考核结果反馈
>
> 在考核结束后，人力资源部应及时将考核结果反馈给人力资源部经理及被考核者，并针对考核过程中出现的问题与被考核者进行沟通。
>
> 第 10 条　考核结果确认
>
> 被考核者和人力资源部共同确认绩效考核结果，若被考核者对此没有异议，则人力资源部据此为被考核者发放绩效工资；若被考核者对此有异议，人力资源部可按考核争议处理办法处理。
>
> **第 4 章　附则**
>
> 第 11 条　本制度由人力资源部制定，其解释权和修订权归人力资源部所有。
>
> 第 12 条　本制度经总经理审批通过后自颁布之日起生效。

# 5.2　中层管理人员绩效考核

## 5.2.1　中层管理人员绩效考核常见问题

1. 个人绩效与部门绩效权重设置不合理

企业在实施中层管理人员绩效考核之前，要合理设置个人绩效和部门绩效在中层管理人员绩效考核中的权重。

2. 未明确中层管理人员在完成绩效指标的过程中应承担的责任

企业在实施中层管理人员绩效考核时，只对中层管理人员下达需要其完成的绩效指标，而未明确其在完成绩效指标过程中应承担的责任。这样一来，很难将中层管理人员的管理责任落实到具体的执行过程中。

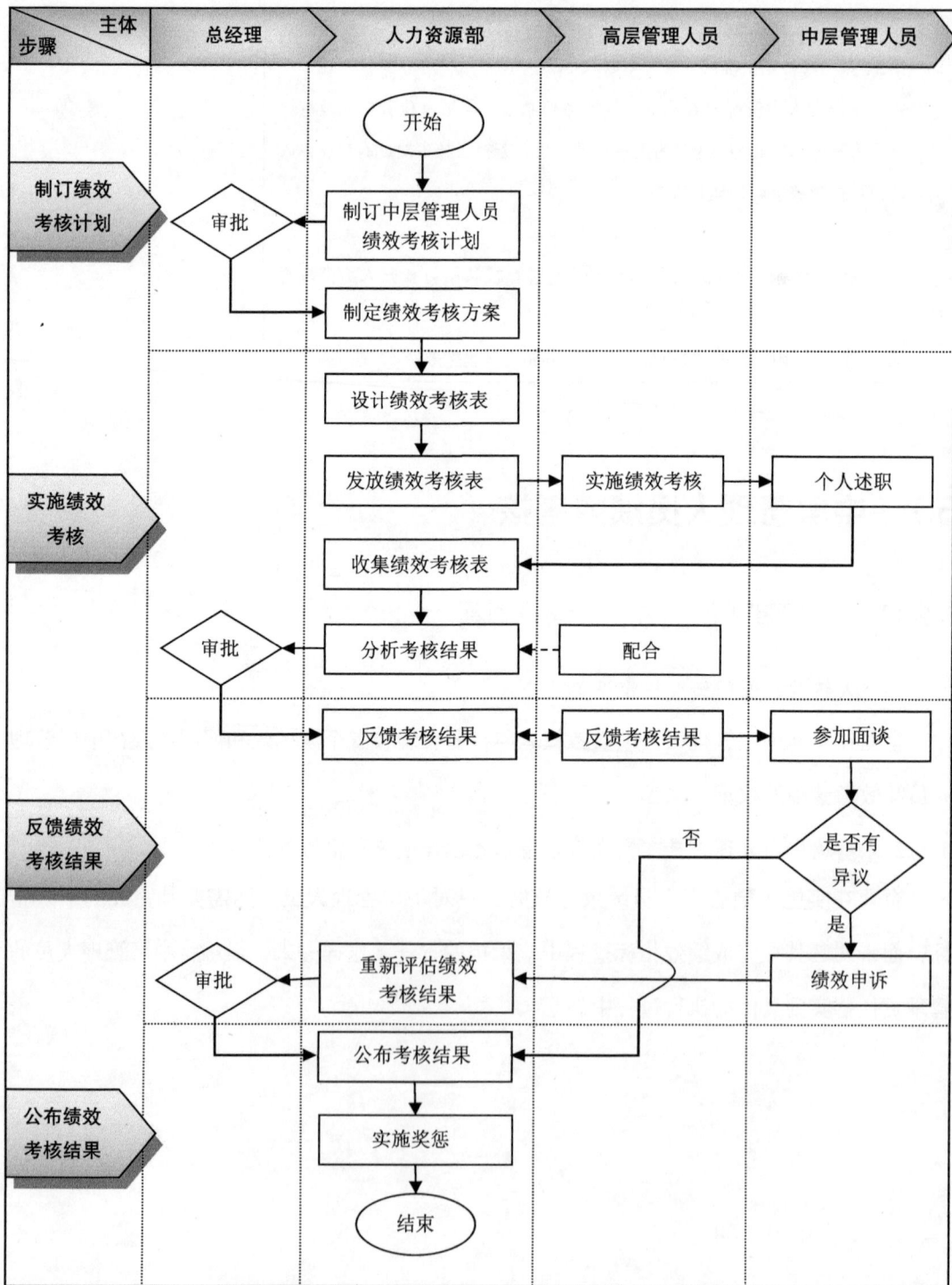

## 5.2.2　中层管理人员绩效考核实施流程与制度

1. 执行流程图

| 步骤 \ 主体 | 总经理 | 人力资源部 | 高层管理人员 | 中层管理人员 |
|---|---|---|---|---|

```
                              开始
                               │
                               ▼
制订绩效     ◀── 审批 ◀── 制订中层管理人员
考核计划                    绩效考核计划
                               │
             审批 ──────▶ 制定绩效考核方案
                               │
                               ▼
                         设计绩效考核表
                               │
                               ▼
实施绩效        发放绩效考核表 ──▶ 实施绩效考核 ──▶ 个人述职
考核                           │                        │
                         收集绩效考核表 ◀──────────────┘
                               │
             审批 ◀── 分析考核结果 ◀--- 配合
                               │
             反馈考核结果 ◀── 反馈考核结果 ◀── 参加面谈
                                                      │
反馈绩效                                               ▼
考核结果                                          是否有异议
                                       否 ◀────┤        │是
                                              │         ▼
             审批 ◀── 重新评估绩效 ◀──────────  绩效申诉
                      考核结果
                               │
             ──────▶ 公布考核结果 ◀────────
公布绩效                       │
考核结果                   实施奖惩
                               │
                               ▼
                             结束
```

2. 执行关键节点及执行细节

| 阶段 | 关键节点 | 执行细节 |
|---|---|---|
| 制订绩效考核计划 | 制订中层管理人员绩效考核计划 | （1）人力资源部负责制订中层管理人员绩效考核计划，并报总经理审批<br>（2）绩效考核计划内容主要包括考核地点、考核时间、考核主体、考核对象、考核内容、考核指标、考核标准及考核方法等 |
| 实施绩效考核 | 设计绩效考核表 | （1）人力资源部根据绩效考核计划及绩效考核方案设计"绩效考核表"<br>（2）绩效考核表内容主要包括考核指标、指标说明、考核标准及指标权重等 |
| | 收集绩效考核表 | 人力资源部须在规定的时间内收集"绩效考核表"，包括上级领导对中层管理人员的考核表、自我评价表及下属对中层管理人员的评价表 |
| | 分析考核结果 | （1）人力资源部负责整理、统计绩效考核表数据<br>（2）绩效考核结果应根据绩效考核表进行计分，并按最终得分确定考核等级 |
| 反馈绩效考核结果 | 反馈考核结果 | （1）人力资源部须对考核结果进行检查、确认，并报总经理审批<br>（2）人力资源部负责将绩效考核结果反馈给被考核者<br>（3）人力资源部和被考核者的上级主管与被考核者进行绩效面谈 |
| | 重新评估绩效考核结果 | （1）人力资源部负责受理绩效考核申诉<br>（2）人力资源部根据考核申诉程序对绩效考核结果进行重新评估，并将重新评估后的绩效考核结果报总经理审批 |
| 公布绩效考核结果 | 公布考核结果 | （1）被考核者若对考核结果有异议，则可在接到结果之日起一周内向人力资源部提出申诉<br>（2）人力资源部负责公布绩效考核结果，将其作为对相关部门或人员实施奖惩的依据 |

## 3.中层管理人员绩效管理制度

### 第1章　总则

**第1条　目的**

为了对员工的工作业绩、工作能力及工作态度进行客观、公正的评价，充分发挥绩效考核的激励和促进作用，促使中层管理人员不断改进工作绩效，提高自身能力，从而提高企业的整体运行效率，特制定本制度。

**第2条　适用范围**

本制度适用于本企业所有中层管理人员的绩效考核管理工作。

**第3条　职责划分**

1.总经理负责审批中层管理人员的绩效考核计划，并监督其执行情况。

2.高层管理人员协助人力资源部做好整个考核过程的组织、指导、监督、考核结果分析及公示等工作。

### 第2章　实施绩效考核

**第4条**　对中层管理人员的考核实际上是对各系统经营与管理状态的考察，因此，采取考核加述职的形式对中层管理人员进行绩效考核更为适宜。考核者依据被考核者在考核期内的工作表现及其述职报告确定最终考核等级。

**第5条　考核实施具体流程**

1.在考核期末，被考核者将工作目标的完成情况如实填入"中层管理人员考核表"，同时被考核者须将其他应由本人完成的部分填写完整。

2.在进行述职时，被考核者须对绩效完成情况进行说明。

3.考核者根据被考核者的目标达成情况和述职情况对被考核者的工作表现做出评价。

**第6条　考核依据**

考核者应将工作业绩、核心能力及工作态度作为中层管理人员绩效考核的依据。

1.考核期内的工作效率与工作结果占整个考核权重的40%。

2.考核期内由工作结果反映出的核心能力占整个考核权重的35%。

3.被考核者对工作岗位的认知程度及其付出努力的程度占整个考核权重的25%。

**第7条　考核方式及其权重**

中层管理人员的绩效考核主要有上级领导考核、同级互评、自我评价及下属评价四种方式。其中，上级领导考核占总考核权重的45%，同级互评占总考

**管控要点**

✪ 企业应明确中层管理人员绩效考核指标标准

✪ 人力资源部须做好考核资料的整理与归档保存工作

✪ 在实施绩效考核前，人力资源部应制定具体的绩效考核方案，并按时完成考核工作

**管控工具**

✪ 中层管理人员述职报告表

✪ 中层管理人员绩效考核表

（续）

核权重的 30%，自我评价占总考核权重的 5%，下属评价占总考核权重的 20%。

第 8 条 上级领导考核分数

企业高层管理人员对所有中层管理人员的工作业绩、核心能力及工作态度进行评价，综合所有评价数据进行加权计算，即可得到上级领导考核最终分数。

第 9 条 同级互评分数

中层管理人员之间相互评价工作业绩、核心能力及工作态度，综合所有评价数据进行加权计算，即可得到同级互评最终分数。

第 10 条 自我评价分数

被考核者结合述职报告给出自我评价分数。

第 11 条 下属测评分数

被考核者的直接下属对其工作业绩、核心能力及工作态度进行评价，综合所有评价数据进行加权计算，即可得到下属评价最终分数。

第 12 条 考核最终分数确定

考核最终分数 = 上级领导考核分数 ×45%+ 同级互评分数 ×30%+ 自我评价分数 ×5%+ 下属评价分数 ×20%。

### 第 3 章 考核结果及其运用

第 13 条 考核等级

考核等级是上级主管对被考核者的绩效考核结果进行等级划分。绩效考核结果可划分为 A（优秀，90 分以上）、B（良好，80~89 分）、C（合格，70~79 分）、D（需要改进，60~69 分）和 E（不合格，60 分以下）五个等级。

第 14 条 考核等级的定义如下表所示。

**管控要点**

✪ 企业应明确绩效考核结果的应用目的

✪ 人力资源部须对绩效考核结果应用落实情况进行跟踪

**管控工具**

✪ 考核等级定义说明表

**考核等级的定义说明表**

| 等级 | 等级定义 | 具体内容 |
|------|----------|----------|
| A | 优秀 | 实际业绩显著超过预期目标或岗位职责的要求，在目标或岗位职责要求涉及的各个方面都取得了非常突出的成绩 |
| B | 良好 | 实际业绩达到或超过预期目标或岗位职责的要求，在目标或岗位职责要求涉及的主要方面取得了非常突出的成绩 |
| C | 合格 | 实际业绩基本达到预期目标或岗位职责的要求，既没有突出的表现，也没有明显的失误 |

（续）

（续表）

| 等级 | 等级定义 | 具体内容 |
|------|----------|----------|
| D | 需要改进 | 实际业绩基本未达到预期目标或岗位职责的要求，在很多方面或主要方面存在明显的不足或失误 |
| E | 不合格 | 实际业绩未达到预期目标或岗位职责的要求，在很多方面或主要方面存在严重的不足或失误 |

第 15 条　人力资源部根据被考核者的绩效考核结果，结合其他考核指标，对被考核者的绩效进行分析，分析结果将作为被考核者职位调动、绩效工资发放、奖金发放及培训安排的重要依据。公司总经理对于绩效考核结果的应用拥有最终决定权。

### 第 4 章　附则

第 16 条　本制度由人力资源部制定，其解释权和修订权归人力资源部所有。

第 17 条　本制度经总经理审议通过后自颁布之日起生效。

# 5.3　基层管理人员绩效考核

## 5.3.1　基层管理人员绩效考核常见问题

1. 基层管理人员与下属的工作绩效难以区分

企业为基层管理人员设定的考核指标通常由基层管理人员本人及其下属共同完成，以致难以区分他们各自的工作绩效。

2. 过于注重对过程的考核，忽视了对结果的考核

在对基层管理人员进行绩效考核时，企业未将最终业绩作为绩效考核的核心，过度重视基层管理人员在工作中的艰辛程度，有选择性地评价最终业绩，导致最终绩效结果达不到预期。

3. 绩效考核方案过于注重对未完成考核指标人员的惩罚

基层管理人员绩效考核方案中包含很多负向绩效指标，强调最低标准，一旦相关人员无法完成这些指标，就要接受惩罚，这往往导致基层管理人员把工作重心放在扣分项目上。

## 5.3.2　基层管理人员绩效考核实施流程与制度

1. 执行流程图

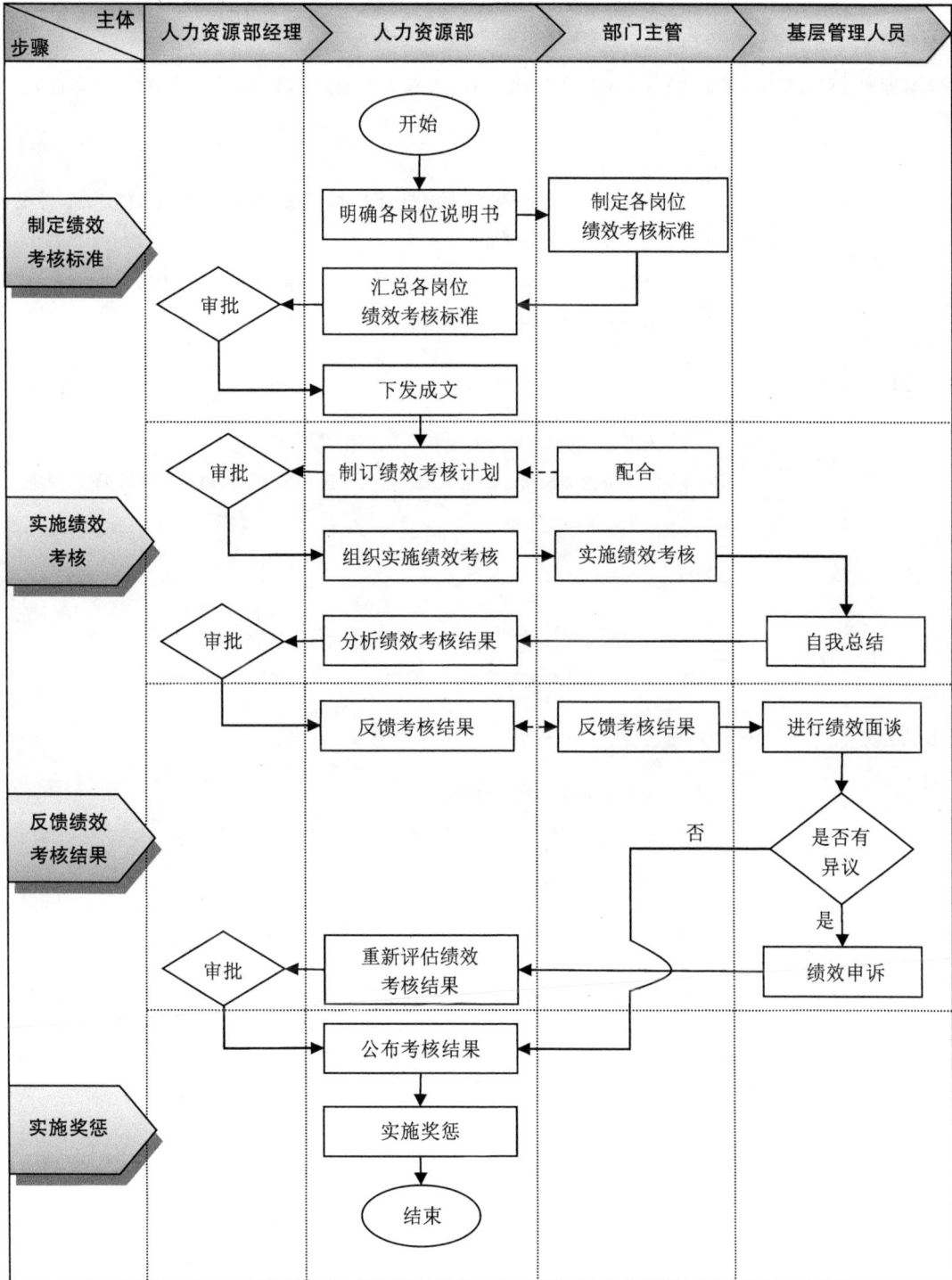

## 2. 执行关键节点及执行细节

| 阶段 | 关键节点 | 执行细节 |
|---|---|---|
| 制定绩效考核标准 | 汇总各岗位绩效考核标准 | （1）人力资源部负责汇总各部门主管制定的基层管理人员考核标准<br>（2）人力资源部负责编制各岗位绩效考核标准表，并报人力资源部经理审批 |
| 实施绩效考核 | 制订绩效考核计划 | （1）人力资源部在各部门主管的配合下制订基层管理人员绩效考核计划，并报人力资源部经理审批<br>（2）绩效考核计划内容主要包括考核地点、考核时间、考核主体、考核对象及考核方法等 |
| | 分析绩效考核结果 | （1）人力资源部负责分析基层管理人员的绩效考核结果<br>（2）人力资源部根据分析结果编制基层管理人员绩效考核结果分析报告，并报人力资源经理审批 |
| 反馈绩效考核结果 | 反馈考核结果 | （1）人力资源部负责将绩效考核结果反馈给被考核者<br>（2）人力资源部和被考核者的上级主管与被考核者进行绩效面谈 |
| | 重新评估绩效考核结果 | （1）人力资源部负责受理绩效申诉<br>（2）人力资源部根据申诉程序对绩效考核结果进行重新评估，并将重新评估后的绩效考核结果报人力资源部经理审批 |
| 实施奖惩 | 公布考核结果 | （1）被考核者若对考核结果有异议，则可在接到结果之日起一周内向人力资源部提出申诉<br>（2）人力资源部负责公布绩效考核结果，将其作为对相关部门或人员实施奖惩的依据 |

## 3. 基层管理人员绩效考核管理制度

**第 1 章 总则**

**第 1 条 目的**

为了对基层管理人员的工作业绩、工作能力及工作态度进行客观、公正的评价，促使基层管理人员不断改进工作绩效，提高自身能力，从而提高企业的整体运行效率，特制定本制度。

**第 2 条 适用范围**

本制度适用于非领导岗位的基层管理人员，考核期内累计不到岗超过三个月的员工不得参与年度绩效考核。

**第 3 条 考核原则**

（1）公平、公开的原则。考核标准、考核程序和考核责任都应依据相关规定制定，并且对企业全体员工公开。

（2）定期化与制度化的原则。绩效考核既是对基层管理人员工作情况的考察，也是对他们未来工作行为的预测。将基层管理人员绩效考核定期化、制度化有助于他们更好地改进绩效。

（3）定量指标与定性指标相结合的原则。基层管理人员考核指标包括定性指标与定量指标两种。

（4）沟通与反馈的原则。考核结束后，人力资源部或各部门负责人应及时与被考核者进行绩效面谈，将绩效考核结果告知被考核者。

**第 4 条 考核实施部门**

人力资源部负责组织并指导基层管理人员实施绩效考核。

**第 2 章 实施绩效考核**

**第 5 条 考核时间**

企业基层管理人员的绩效考核包括月度考核、季度考核和年度考核三种。

（1）根据岗位需要，企业对基层管理人员进行月度考核或季度考核，考核时间分别是下一个月的＿＿日、下一个季度的＿＿月。

（2）所有基层管理人员必须参加企业的年度考核，考核时间为下一年度的＿＿月。

**第 6 条 设定考核指标及评价标准**

人力资源部根据绩效考核计划及岗位说明书确定各岗位的考核指标、评价标准及各考核项的分值。

---

**管控要点**

✪ 人力资源部须监督绩效考核制度的落实情况

✪ 人力资源部须安排专人负责定期更新绩效考核制度内容

**管控工具**

✪ 基层管理人员绩效考核计划

✪ 岗位说明书

✪ 基层管理人员绩效考核标准表

✪ 绩效考核表

（续）

第7条　考核内容

企业对基层管理人员的绩效考核可从工作成绩、工作能力及工作态度三个方面进行。

（1）工作成绩。主要考核基层管理人员实际获得的工作成果，包括工作质量、数量及效益等。不同的工作岗位，其考核重点有所不同。

（2）工作能力。主要是根据基层管理人员实际获得的工作成果及其各方面的综合素质来评价其工作技能、水平，如专业知识掌握程度、业务能力及创新能力等。

（3）工作态度。主要是对基层管理人员平时的工作表现进行评价，包括协调性、主动性及责任感等。

第8条　实施绩效考核

（1）考核者根据考核指标和评价标准，对被考核者的工作业绩、工作能力及工作态度三个方面进行评价，并根据考核结果确定考核等级。

（2）考核者要熟悉绩效考核流程及考核制度，熟练使用考核工具，及时与被考核者进行沟通，客观、公正地完成考核工作。

第9条　其他说明

（1）有下列事迹之一者，根据事由、动机及影响程度，报请升职、记功及奖励，并记入考核记录。

①在业务或技术上有特殊贡献，并获得显著绩效者。

②遇特殊危急事故，冒险抢救，保全本企业重大利益者。

③面对危害本企业产业或设备的意图，能防患于未然，避免损害者。

（2）有下列行为之一者，视其情节轻重程度，报请免职、记过、降级等处罚，并记入考核记录。

①行为不检、屡教不改或破坏纪律情节严重者。

②遇特殊危急事态，畏难逃避或救护失时，导致本企业或公众遭受重大损失者。

③对可预见的灾害疏于觉察或临时急救措施失当，导致本企业遭受不必要的损失者。

④觉察到对本企业的重大危害，徇私不顾或隐匿不报，延误时机，致使本企业遭受损失者。

### 第3章　绩效面谈

第10条　上级主管须与被考核者进行绩效面谈。

第11条　在被考核者认为考核结果不公正，且确有相关证据的情况下

---

**管控要点**

✪ 企业应严格的绩效考核申诉流程，并明确各阶段的审批权限

**管控工具**

✪ 绩效面谈记录表

✪ 绩效考核申诉表

（续）

可以启动考核结果申诉程序。考核结果申诉一般有两个途径：一是向考核者的上级反映情况；二是向人力资源部反映情况。人力资源部须在接到员工申诉后的____个工作日内予以处理。

### 第4章　考核结果等级划分及应用

第12条　考核结果等级划分

基层管理人员的考核结果可划分为下表所示的五个等级。

**考核结果等级划分表**

| 等级 | 考核得分 | 具体说明 |
|------|----------|----------|
| A | 90~100分 | 各项工作完成出色，且业绩突出 |
| B | 80~89分 | 积极、主动地完成各项工作，并取得较好的业绩 |
| C | 70~79分 | 能较好地履行工作职责，能够完成本职工作 |
| D | 60~69分 | 能够完成本职工作 |
| E | 60分以下 | 不能完成本职工作或工作表现较差 |

第13条　考核结果的应用

1. 了解员工对企业的贡献。

2. 为员工的薪酬发放提供依据。

3. 确定员工和部门的培训需求。

4. 为员工的晋升、降职及轮岗等提供依据。

### 第5章　附则

第14条　本制度由人力资源部制定，报总经理审批后实施。

第15条　本制度自颁布之日起生效。

**管控要点**

✪ 人力资源部须制定详细的考核结果等级划分标准

**管控工具**

✪ 考核结果等级划分表

# 5.4 营销人员绩效考核

## 5.4.1 营销人员绩效考核常见问题

1. 考核指标设定不合理

人力资源部未能根据企业的战略目标和年度经营目标设定符合自身发展需求的营销人员绩效考核指标。

2. 考核周期设置不合理

（1）考核周期过长。很多企业根据年初签订的"经济责任书"在年底或次年初进行考核，考核结果主要用于年终奖金分配，这样做容易导致考核周期内出现的问题不能得到及时解决。

（2）考核周期过短。考核周期过短的话，就会在无形之中给考核者和被考核者增加工作量。由于精力有限，考核者和被考核者只能疲于应付。考核周期过短还会导致考核成本增加，甚至影响企业正常的经营活动。

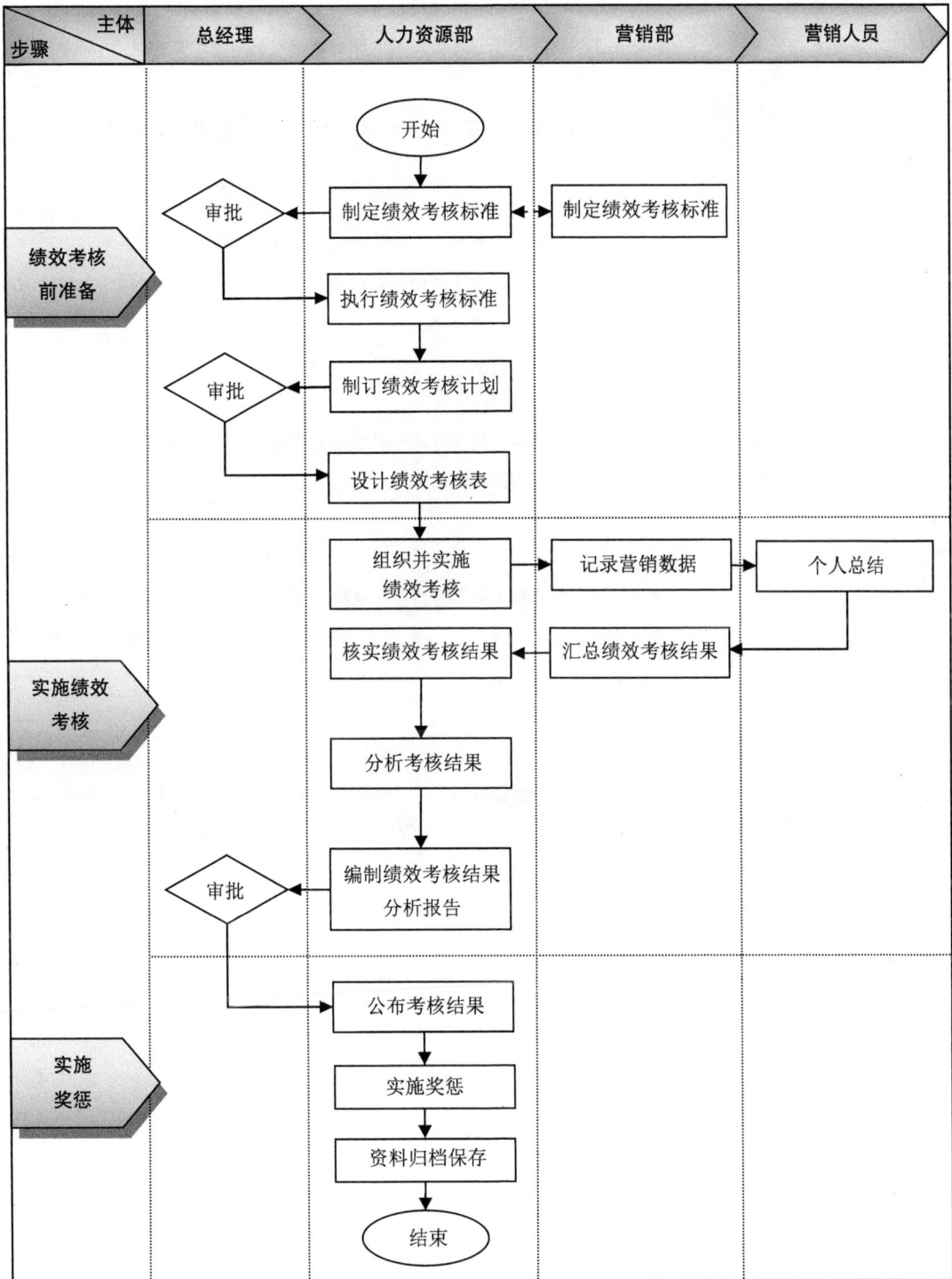

## 5.4.2　营销人员绩效考核实施流程与制度

1. 执行流程图

| 步骤＼主体 | 总经理 | 人力资源部 | 营销部 | 营销人员 |
| --- | --- | --- | --- | --- |

```
                                开始
                                 │
绩效考核    审批 ◄── 制定绩效考核标准 ──► 制定绩效考核标准
前准备                            │
            │                     ▼
            └──────────► 执行绩效考核标准
                                 │
            审批 ◄── 制订绩效考核计划
                                 │
            │                     ▼
            └──────────► 设计绩效考核表
                                 │
                                 ▼
实施绩效              组织并实施 ──► 记录营销数据 ──► 个人总结
考核                  绩效考核                         │
                                                       │
                      核实绩效考核结果 ◄── 汇总绩效考核结果 ◄──┘
                                 │
                                 ▼
                         分析考核结果
                                 │
                                 ▼
            审批 ◄── 编制绩效考核结果
                        分析报告
            │
实施        └──────────► 公布考核结果
奖惩                             │
                                 ▼
                           实施奖惩
                                 │
                                 ▼
                         资料归档保存
                                 │
                                 ▼
                               结束
```

## 2.执行关键节点及执行细节

| 阶段 | 关键节点 | 执行细节 |
|------|----------|----------|
| 绩效考核前准备 | 制定绩效考核标准 | （1）人力资源部与营销部经理共同制定营销人员绩效考核标准，并报总经理审批<br>（2）绩效考核标准内容主要包括绩效考核指标、指标说明及考核评分标准 |
| | 制订绩效考核计划 | （1）人力资源部根据营销人员的特点制订绩效考核计划，并报总经理审批<br>（2）绩效考核计划内容主要包括考核频率、考核时间、考核主体、考核内容及考核方案 |
| 实施绩效考核 | 核实绩效考核结果 | （1）人力资源部负责核实营销部经理提交的营销数据及营销人员的个人总结<br>（2）人力资源部须确认各项考核数据正确无误，以保证考核结果的准确性 |
| | 编制绩效考核结果分析报告 | 人力资源部负责根据绩效考核结果及营销计划、销售预算、责任指标、各项业务核算资料、市场状况、客户意见等资料信息编制绩效考核结果分析报告，并报总经理审批 |
| 实施奖惩 | 实施奖惩 | 人力资源部根据已公布的绩效考核结果及绩效管理制度中对营销人员的考核奖惩办法规定，对营销人员实施奖惩 |

## 3.营销人员绩效管理制度

**第1章　总则**

**第1条　目的**

为了使营销人员明确工作目标和努力方向，让营销管理人员充分了解下属的工作状况，同时提高营销人员的工作效率，保证企业的营销目标顺利达成，特制定本制度。

（续）

第 2 条　适用范围

本制度适用于本企业所有营销人员的绩效考核管理工作。

第 3 条　职责划分

1. 总经理负责监督营销人员绩效考核制度的执行情况。

2. 营销部负责协助人力资源部制定营销人员绩效考核标准，并组织营销人员实施绩效考核。

3. 人力资源部负责做好与绩效考核有关的各项工作。

### 第 2 章　考核周期与考核内容

第 4 条　考核周期

1. 月度考核：每月进行一次，主要考核营销人员当月工作绩效，考核实施时间为次月 1 日~5 日。

2. 年度考核：每年开展一次，主要考核营销人员当年 1~12 月的工作绩效，考核实施时间为次年 1 月 10 日~20 日。

第 5 条　考核内容

公司营销人员的绩效考核主要包括工作绩效、工作能力和工作态度三方面内容，考核权重分别为 70%、20% 和 10%。

第 6 条　营销人员工作绩效考核内容与考核标准如下表所示。

### 营销人员工作绩效考核内容与考核标准表

| 考核指标 | 权重 | 评分标准 | 得分 |
|---|---|---|---|
| 销售额完成率 | 30% | 目标值为____%，每减少____个百分点扣____分，每增加____个百分点加____分 | |
| 销售额增长率 | 25% | 目标值为____%，每减少____个百分点扣____分，每增加____个百分点加____分 | |
| 新产品销售收入 | 15% | 考核期内，新产品销售收入达到____万元，每增加____万元加____分；每减少____万元扣____分，扣完为止 | |
| 客户重复购买率 | 15% | 目标值为____%，每减少____个百分点扣____分，每增加____个百分点加____分 | |
| 团购销售目标达成率 | 15% | 目标值为____%，每减少____个百分点扣____分，每增加____个百分点加____分 | |
| 合　计 | | | |

**管控要点**

❂ 考核时间要避开考核者与被考核者的作业高峰期

❂ 人力资源部应将考核内容提前告知被考核者，并对其进行绩效辅导

**管控工具**

✪ 营销人员绩效考核计划

✪ 营销人员工作业绩考核表

✪ 营销人员工作能力考核表

✪ 营销人员工作态度考核表

（续）

第 7 条　营销人员工作能力考核内容与考核标准如下表所示。

### 营销人员工作能力考核内容与考核标准表

| 考核内容 | 权重 | 评分标准 | 得分 |
|---|---|---|---|
| 专业知识 | 25% | （1）熟悉公司产品知识<br>（2）熟悉本行业产品知识<br>（3）熟练掌握本岗位的专业知识<br>（4）熟练掌握业务知识及其他相关知识 | |
| 沟通能力 | 25% | （1）能清晰地表达自己的想法<br>（2）有一定的说服力<br>（3）能有效化解人员矛盾<br>（4）能灵活运用多种谈话技巧和他人进行沟通 | |
| 分析判断能力 | 25% | （1）不能做出正确的分析和判断<br>（2）能对问题进行简单的分析和判断<br>（3）能对复杂的问题进行分析和判断，但不能将结论灵活运用到实际工作中<br>（4）能迅速对客观环境做出较准确的判断，并能将结论灵活运用到实际工作中，取得较好的销售业绩 | |
| 灵活应变能力 | 25% | （1）思想比较保守，应变能力较差<br>（2）有一定的应变能力<br>（3）应变能力较强，能根据环境变化灵活地采取应对措施 | |
| 合　　计 | | | |

第 8 条　营销人员工作态度考核内容与考核标准如下表所示。

### 营销人员工作态度考核内容与考核标准表

| 考核内容 | 权重 | 评分标准 | 得分 |
|---|---|---|---|
| 员工出勤率 | 20% | 目标值为____%，迟到____次扣____分，扣完为止 | |
| 日常行为规范 | 20% | 违反规章制度____次扣____分，扣完为止 | |

（续）

（续表）

| 考核内容 | 权重 | 评分标准 | 得分 |
|---|---|---|---|
| 责任感 | 30% | （1）不能完成销售任务且工作态度极不认真，得＿＿分<br><br>（2）能自觉完成销售任务，但工作中存在失误，有推卸责任的行为，得＿＿分<br><br>（3）能自觉地完成销售任务，并能对自己的行为负责，得＿＿分<br><br>（4）除了做好自己的本职工作，还主动帮助其他同事，得＿＿分 | |
| 服务意识 | 30% | 出现＿＿次有效客户投诉扣＿＿分，出现＿＿次及以上有效客户投诉，此项不得分 | |
| 合　　计 | | | |

### 第 3 章　实施绩效考核

第 9 条　营销部经理根据销售数据和财务数据对营销人员的工作绩效进行评价。

第 10 条　工作能力与工作态度的考核以营销人员自评与营销部经理评价相结合的方式进行。

第 11 条　当营销人员自评与营销部经理的评价得分相差甚远时，公司营销部须对营销人员的工作绩效进行复核。

第 12 条　人力资源部负责将绩效考核结果反馈给营销部、营销部经理及营销人员，相关人员若对考核结果有异议，则可以在接到结果之日起＿＿日内向人力资源部提出申诉。

第 13 条　营销人员的月度绩效奖金

1.月度考核结果排第 1 名的营销人员可获得＿＿元奖金。

2.月度考核排第 2~3 名的营销人员可获得＿＿元奖金。

3.连续三个月排在前三名的营销人员可获得＿＿元奖金，薪酬等级提高一级。

第 14 条　年度考核结果将被应用于年终奖金发放、薪酬调整、岗位调整及培训等方面，具体如下表所示。

**管控要点**

❂ 考核小组须对营销人员的工作绩效进行复核

❂ 人力资源部要及时公示考核结果，同时采取有针对性的激励措施，提升营销人员的工作绩效

**管控工具**

❂ 营销人员自我述职报告表

❂ 营销人员考核表

❂ 绩效考核申诉表

（续）

**营销人员年度考核结果应用表**

| 年度考核结果 | 年终奖金 | 薪酬调整 | 岗位调整 | 培训机会 |
|---|---|---|---|---|
| 第1名 | ＿＿元 | 提高两个等级 | 晋升一级 | 晋升培训、拓展培训 |
| 第2名和第3名 | ＿＿元 | 提高一个等级 | 优先考虑晋升 | 可申请拓展培训 |
| 第4名、第5名和第6名 | ＿＿元 | 提高一个等级 | 考虑晋升 | 可申请拓展培训 |
| 倒数第1名、第2名和第3名 | ＿＿元 | 降低一个等级 | 观察、纠正或开除 | 岗位胜任培训 |
| 其他营销人员 | ＿＿元 | 不变 | | 可申请相关培训 |
| 备注 | 营销提成视营销业绩及营销目标达成情况而定，参照公司营销提成相关规定执行 | | | |

**第4章　附则**

第15条　本制度由人力资源部制定，经总经理审批后执行。

第16条　本制度自颁布之日起生效，最终解释权归人力资源部所有。

# 5.5　研发人员绩效考核

## 5.5.1　研发人员绩效考核常见问题

**1. 绩效指标提取困难，工作成果不易衡量**

研发人员的工作具有复杂性高、独特性强和可控性差的特点，并且研发工作成果的显性较弱，不容易衡量，因此研发人员的绩效指标不容易提取，且难以量化。

**2. 定性指标考核实施过程中强行对比**

考核人员在定性指标考核实施过程中，强行比较不同岗位上的被考核者，对考核结果落后的人员予以淘汰，导致考核结果不客观。

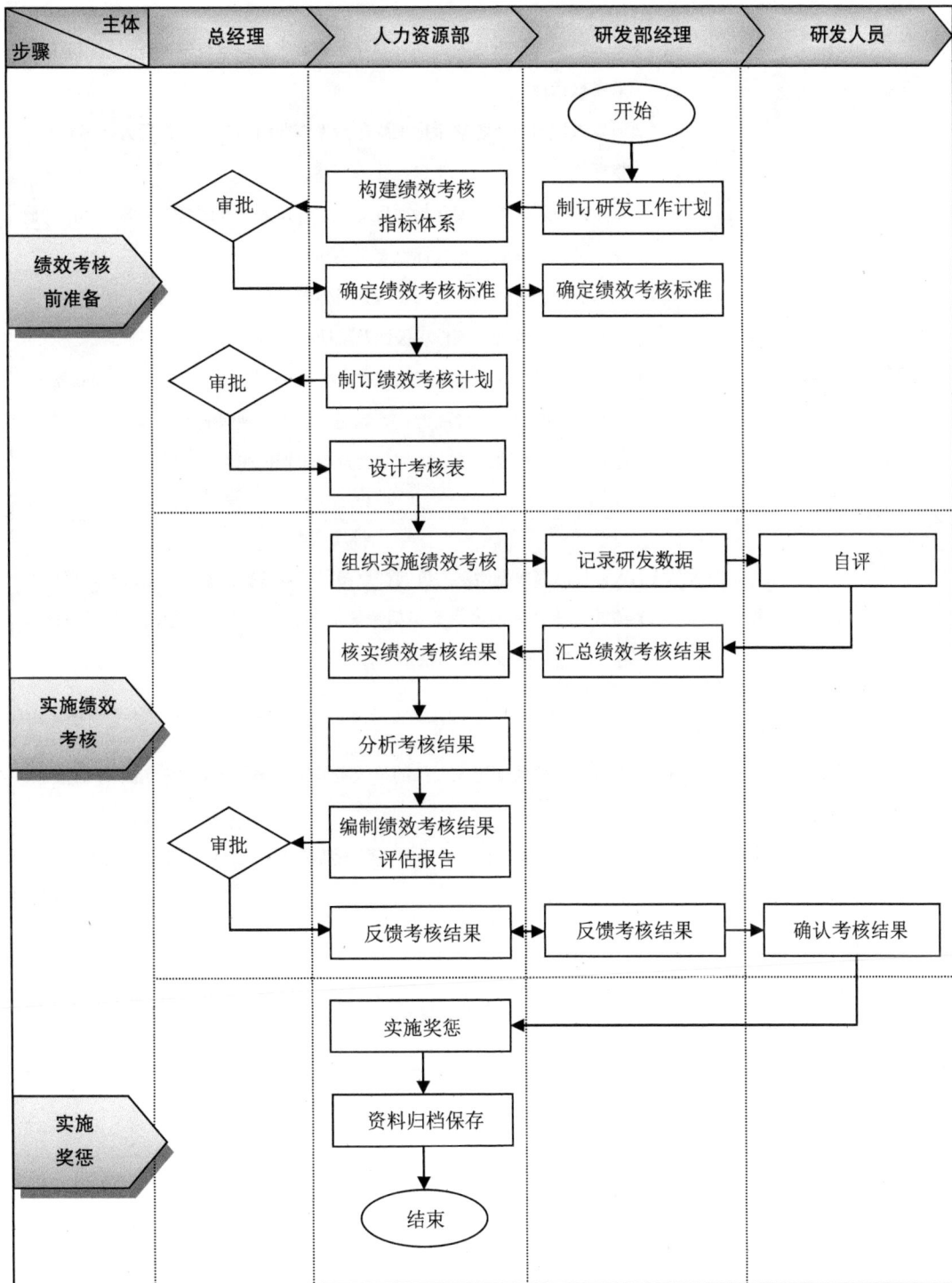

## 5.5.2　研发人员绩效考核实施流程与制度

1. 执行流程图

| 主体 步骤 | 总经理 | 人力资源部 | 研发部经理 | 研发人员 |
|---|---|---|---|---|

```
                                                        开始
                                                         │
                                                         ▼
绩效考核    审批 ◀── 构建绩效考核  ◀── 制订研发工作计划
前准备              指标体系
            │
            └─────▶ 确定绩效考核标准 ◀─▶ 确定绩效考核标准
                         │
            审批 ◀── 制订绩效考核计划
            │
            └─────▶ 设计考核表

实施绩效            组织实施绩效考核 ──▶ 记录研发数据 ──▶ 自评
考核
                   核实绩效考核结果 ◀── 汇总绩效考核结果 ◀──
                         │
                   分析考核结果
                         │
            审批 ◀── 编制绩效考核结果
            │           评估报告
            └─────▶ 反馈考核结果 ◀─▶ 反馈考核结果 ──▶ 确认考核结果

实施            实施奖惩 ◀──────────────────────────
奖惩                 │
                资料归档保存
                     │
                    结束
```

## 2. 执行关键节点及执行细节

| 阶段 | 关键节点 | 执行细节 |
|---|---|---|
| 绩效考核<br>前准备 | 构建绩效考核<br>指标体系 | （1）人力资源部根据研发工作计划确定研发人员绩效目标，并设定相应的绩效考核指标<br>（2）研发人员的绩效考核指标主要包括工作业绩指标、工作行为指标和能力指标<br>（3）企业的研发人员主要包括项目经理、开发人员及测试人员等。不同的研发人员，其绩效考核指标也有所不同<br>（4）人力资源部对研发人员工作行为指标的考核主要从主动性、服从性、责任心、协作精神、工作积极性及纪律性等方面进行<br>（5）研发人员的能力指标包括业务知识、业务技能、计划能力、判断能力、问题解决能力、应变能力、人际交往能力、理解能力、学习能力、创新能力、领导控制能力、决策能力及组织管理能力等 |
| | 制订绩效考核计划 | （1）人力资源部根据研发人员的特点制订绩效考核计划，并报总经理审批<br>（2）绩效考核计划内容主要包括考核周期、考核主体、考核内容、考核指标、考核标准及考核方法等 |
| 实施绩效<br>考核 | 编制绩效考核<br>结果评估报告 | （1）人力资源部根据研发人员的绩效考核结果编制绩效考核结果评估报告，并报总经理审批<br>（2）绩效考核结果评估报告内容主要包括考核结果、评分标准、被考核者的优势和不足 |
| 实施奖惩 | 实施奖惩 | 人力资源部根据绩效考核结果对相关人员或项目实施奖惩 |

3. 研发人员绩效考核管理制度

**第1章　总则**

**第1条　目的**

为了加强公司对研发人员的管理，明确研发人员的工作导向，激发研发人员的工作潜能和热情，通过开展绩效考核工作科学评价研发人员的工作业绩，特制定本制度。

**第2条　适用范围**

本制度适用于本公司所有研发人员的绩效考核管理工作。

**第3条　职责划分**

1. 人力资源部在研发部经理的协助下制定绩效考核标准、收集考核信息及统计考核结果。

2. 研发部经理须协助人力资源部制定绩效考核标准，并组织研发人员实施绩效考核。

3. 研发人员负责向人力资源部提供数据依据。

**第2章　研发人员考核指标的设定**

**第4条**　人力资源部根据研发人员的工作特点，确定研发人员的考核内容，主要包括研发综合运营管理、产品研发管理、研发测试管理及研发团队管理。

**第5条**　研发人员绩效考核指标如下表所示。

**研发人员绩效考核指标汇总表**

| 考核内容 | 考核指标 | 具体说明 |
|---|---|---|
| 综合运营管理 | 费用预算 | 包括研发费用超支率、费用预算变更次数及投资回报率 |
| | 项目数量 | 包括产品研发项目立项数及项目立项通过率 |
| 产品研发管理 | 研发进度 | 包括研发项目延期率、项目进度更改次数及研发计划完成率 |
| | 研发成果 | 包括研发成果达成率及功能模块完整率 |
| | 研发质量 | 包括技术方案差错率、返工次数、研发验收一次通过率及测试缺陷数 |

**管控要点**

✪ 人力资源部以企业发展战略为导向，以工作分析为基础，结合业务流程设定研发人员绩效考核指标

✪ 企业应建立协商沟通机制

**管控工具**

✪ 研发人员绩效考核指标汇总表

✪ 研发人员绩效考核计划

✪ 岗位说明书

（续）

（续表）

| 考核内容 | 考核指标 | 具体说明 |
|---|---|---|
| 产品研发管理 | 产品质量 | 包括产品稳定率、产品故障率、产品故障次数及产品技术稳定性 |
| | 产品市场反应 | 包括新产品销售额、新产品市场占有率及新产品客户投诉次数 |
| | 研发文档 | 包括研发文档编制及时率及研发文档完整率 |
| 研发测试管理 | 测试工作效率 | 包括有效工作时间比及任务进度拖延率 |
| | 测试工作成果 | 包括测试用例制作速度，测试用例质量及提交缺陷数，以及缺陷及时消除率、测试自动化率及误提交缺陷数 |
| 研发团队考核 | 研发团队建设 | 包括核心成员保有率及核心成员流失率 |
| | 研发团队培训 | 包括培训计划完成率、技术培训次数及外部学习交流次数 |
| | 团队沟通 | 包括项目成员任务饱满度、沟通冲突次数及团队协作满意度 |

## 第3章　研发项目考核

第6条　研发项目考核

人力资源部须对研发项目进行绩效评估，具体如下表所示。

**管控要点**

✪ 人力资源部需要对研发人员进行绩效辅导

✪ 企业应建立与绩效挂钩的激励机制和薪酬体系，并明确绩效考评结果应用的审批权限

**管控工具**

✪ 研发项目绩效评估表

✪ 研发项目奖励分配办法一览表

（续）

### 研发项目绩效评估表

| 考核项 | 分值 | 评分说明 |
|---|---|---|
| 项目进度 | 25 分 | 按照计划的开发周期执行，每延迟____天扣____分 |
| 项目质量 | 30 分 | 出现一项不符合规定的地方扣____分 |
| 项目成本 | 25 分 | （1）每超出预算____个百分点扣____分<br>（2）在资金使用方面，按照公司的财务管理规定执行，每出现一次不符合规定的行为扣____分 |
| 客户满意度 | 20 分 | 客户满意度评分目标值为____分，每减少____分扣____分 |

第 7 条　绩效考核结果的应用

研发项目绩效考核结果主要用于计算项目总奖金，同时也可作为研发人员晋升、确定培训需求等方面的依据。

第 8 条　研发项目奖励分配办法

公司对研发项目的奖励分为项目奖金和个人奖金两部分，具体如下表所示。

### 研发项目奖励办法一览表

| 奖励类别 | 奖励办法 | 计算公式 |
|---|---|---|
| 项目奖金 | 公司对研发成功的项目设立专项奖金，奖金数额依据项目技术复杂程度，以项目一年预计净收益为基础按一定比例计提 | （1）项目奖金＝一年内预计净收益 × 计提比例<br>（2）一年内预计净收益＝一年内该项目产品的预计销售额－开发费用预算－产品成本预算 |
| 个人奖金 | 研发设计人员所得的奖金按其在项目中的贡献度予以兑现 | 个人奖金＝项目奖金 × 个人贡献度 |

（续）

### 第4章 研发测试考核管理

第9条 研发测试考核内容

本公司研发测试工作考核内容包括整体工作效率、工作结果和工作质量三个方面。

第10条 研发测试工作考核办法如下表所示。

**研发测试工作考核办法表**

| 考核项 | 考核指标 | 权重 | 评分标准 | 得分 |
|---|---|---|---|---|
| 整体工作效率 | 有效工作时间占比 | 10% | 应达到70%，每减少____个百分点扣____分 | |
| | 项目进度延迟率 | 10% | 所有工作按时完成，每增加____个百分点扣____分 | |
| 工作成果 | 测试用例制作速度 | 10% | 应达到____个/天，每减少____个/天扣____分 | |
| | 用例缺陷数/总缺陷数 | 10% | 应达到70%，每减少____个百分点扣____分 | |
| | 提交的缺陷数 | 10% | 应达到____个，每减少____个扣____分 | |
| | 误提交缺陷数 | 5% | 应低于____个，每增加____个扣____分 | |
| | 缺陷严重程度 | 5% | （1）高危缺陷占比为____%~____%，得____~____分<br>（2）高危缺陷占比低于____%，得____分 | |

**管控要点**

- 考核指标值的权重分配应与目标的优先级一致
- 企业须定期对项目的研发过程进行调查、分析，并根据调查、分析结果及时调整考核指标及其权重

**管控工具**

- 研发测试人员工作考核办法表

（续）

（续表）

| 考核项 | 考核指标 | 权重 | 评分标准 | 得分 |
|---|---|---|---|---|
| 工作成果 | 发现缺陷的难易程度 | 5% | （1）缺陷很难发现，<br>得____~____分<br>（2）缺陷整体较难发现，<br>得____~____分<br>（3）缺陷整体较容易发现，<br>得____~____分 | |
| | 缺陷及时消除率 | 10% | 发现缺陷后在____小时内消除率达到____%，每减少____个百分点扣____分 | |
| | 测试自动化率 | 5% | 应低于____%，每增加____个百分点扣____分 | |
| 工作质量 | 缺陷发现时间 | 5% | （1）测试前期发现缺陷，<br>得____~____分<br>（2）测试中期发现缺陷，<br>得____~____分<br>（3）测试后期发现缺陷，<br>得____~____分 | |
| | 发现的缺陷数和用户反馈缺陷数的比 | 10% | 应达到____%，每减少____个百分点扣____分 | |

### 第 5 章 附则

第 11 条 本制度由人力资源部制定，其解释权与修订权归人力资源部所有。

第 12 条 本制度自颁布之日起生效。

## 第 6 章

# 高效实战之企业关键业务事项绩效考核

# 6.1 安全生产绩效考核

## 6.1.1 安全生产绩效考核常见问题

1. 考核指标设定不全面

企业在设定安全生产考核指标时，忽略了工作业绩考核指标和工作表现考核指标。

2. 考核指标的评价标准不明确

若安全生产考核指标的评价标准不明确，就无法客观、全面地评价安全生产绩效。

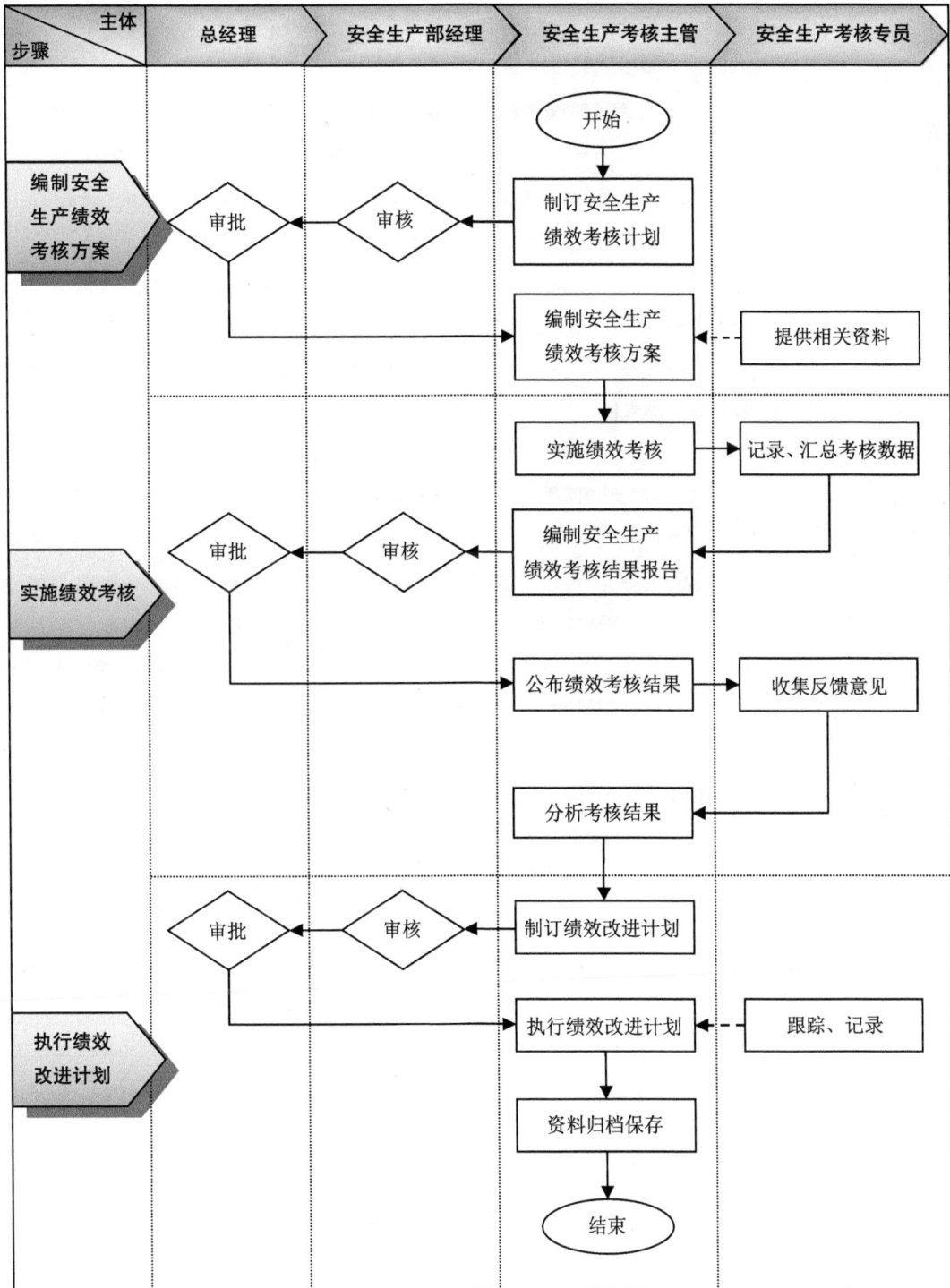

## 6.1.2　安全生产绩效考核实施流程与制度

### 1. 执行流程图

| 步骤 \ 主体 | 总经理 | 安全生产部经理 | 安全生产考核主管 | 安全生产考核专员 |
|---|---|---|---|---|

**编制安全生产绩效考核方案**

开始 → 制订安全生产绩效考核计划 → 审核 → 审批

编制安全生产绩效考核方案 ← 提供相关资料

**实施绩效考核**

实施绩效考核 → 记录、汇总考核数据

编制安全生产绩效考核结果报告 → 审核 → 审批

公布绩效考核结果 → 收集反馈意见

分析考核结果

**执行绩效改进计划**

制订绩效改进计划 → 审核 → 审批

执行绩效改进计划 ← 跟踪、记录

资料归档保存 → 结束

## 2.执行关键节点及执行细节

| 阶段 | 关键节点 | 执行细节 |
|---|---|---|
| 编制安全生产绩效考核方案 | 制订安全生产绩效考核计划 | （1）安全生产考核主管负责制订安全生产绩效考核计划，并报安全生产部经理审核、报总经理审批<br>（2）安全生产绩效考核计划内容主要包括考核内容、考核步骤及考核时间等 |
| | 编制安全生产绩效考核方案 | （1）安全生产考核主管根据安全生产绩效考核计划及安全生产考核专员提供的相关资料编制安全生产绩效考核方案<br>（2）安全生产绩效考核方案内容主要包括考核对象、考核内容及考核方法等 |
| 实施绩效考核 | 实施绩效考核 | （1）安全生产考核主管根据安全生产绩效考核方案组织相关部门或人员实施绩效考核<br>（2）安全生产考核专员须跟踪、记录绩效考核的全过程，并及时向上级主管上报发现的问题 |
| | 编制安全生产绩效考核结果报告 | （1）安全生产考核主管根据安全生产考核专员记录、汇总的考核数据编制安全生产绩效考核结果报告，并报安全生产部经理审核、报总经理审批<br>（2）安全生产绩效考核结果报告内容主要包括安全生产考核计划的执行情况、绩效考核计划修改建议、绩效考核过程中存在的问题及解决对策等 |
| | 公布绩效考核结果 | （1）安全生产考核主管负责公布绩效考核结果<br>（2）被考核者若对考核结果有异议，则可在接到结果之日起一周内向安全生产部提出申诉 |
| 执行绩效改进计划 | 制订绩效改进计划 | 安全生产考核主管根据绩效考核结果制订绩效改进计划，并报安全生产部经理审核、报总经理审批 |
| | 执行绩效改进计划 | （1）绩效改进计划经总经理审批通过后，由安全生产考核主管负责组织实施该计划。安全生产考核专员负责跟踪、记录该计划的执行情况<br>（2）安全生产部和相关生产单位负责执行绩效改进计划 |

3. 安全生产绩效考核管理制度

### 第1章　总则

**第1条　目的**

为了进一步落实安全生产管理规定，提高各级人员对安全生产管理规定的执行力，切实做好安全生产工作，坚决杜绝各类安全事故的发生，加大对生产管理人员安全生产管理工作的考核和奖惩力度，特制定本制度。

**第2条　适用范围**

本制度适用于本公司全体生产管理人员的安全生产绩效考核管理工作。

**第3条　相关说明**

安全生产责任是各部门及员工在各自职责范围内，对安全生产工作应负有的责任。

**第4条　工作原则**

1. 管生产，必须管安全。

2. 安全生产，人人有责。

3. 遵守相关法律法规。

### 第2章　安全生产责任

**第5条　签订安全生产责任状**

安全生产责任必须落实到位，并逐级签订"安全生产责任状"。安全生产责任状自生产管理人员签订之日起生效。

**第6条　安全管理"五同时"**

生产管理人员应认真执行各项安全生产规定，在计划、布置、检查、总结及评比生产工作的同时，也要计划、布置、检查、总结及评比安全生产工作。

**第7条　安全生产培训与安全生产教育**

1. 生产管理人员有责任对下属进行安全生产培训和安全生产教育。

2. 生产管理人员须对新进人员进行安全生产培训。

3. 员工之间逐级帮带，相互传授工作技能，以保障个人人身安全。

**第8条　环境监控**

生产管理人员对安全工作环境负有主动监控和消除隐患的责任，对于无法解决的问题应寻求上级的帮助。

**第9条　作业监控**

1. 生产管理人员应每天对员工安全生产情况及劳保用品使用情况进行监控。

**管控要点**

✪ 人力资源部须定期对员工进行生产安全教育和安全生产技能培训

✪ 人力资源部负责编制安全生产责任状

**管控工具**

✪ 安全生产责任状

✪ 年度安全生产培训计划

（续）

2.员工因身体原因无法在原岗位作业时，生产管理人员应给予适当调配，以保障员工安全。

3.如遇无法协调的情况应主动上报，寻求上级的帮助。

第10条　设备、工具的安全管理

生产管理人员有责任对本单位设备与工具的安全使用情况进行检查和监控；有权制止违章作业，如遇无法制止的情况应主动上报。

第11条　开展安全生产活动

1.生产管理人员对责任范围内的安全生产情况负监管责任。

2.公司应不定期开展安全生产活动，推广安全生产经验。

### 第3章　实施安全生产考核及考核奖惩

第12条　考核指标与考核标准

安全生产部须每月对安全生产管理工作进行考核，具体如下表所示。

#### 安全生产管理工作考核表

| 考核项 | 考核指标 | 权重 | 评分标准 | 得分 |
|---|---|---|---|---|
| 安全操作管理 | 员工违章作业与违章操作次数 | 15% | 应控制在____次以内，每增加1次扣____分 | |
| | 车间安全事故发生次数 | 10% | 应控制在____次以内，每增加____次扣____分 | |
| | 安全隐患发现及时率 | 15% | 应达到____%，每减少____个百分点扣____分 | |
| | 安全隐患整改及时率 | 10% | 应达到____%，每减少____个百分点扣____分 | |
| 工具设备安全管理 | 工具与设备检修及时率 | 15% | 应达到____%，每减少____个百分点扣____分 | |
| 安全生产培训 | 新员工安全生产培训计划完成率 | 15% | 应达到____%，每减少____个百分点扣____分 | |
| | 安全培训覆盖率 | 10% | 应达到____%，每减少____个百分点扣____分 | |
| 安全防护用品管理 | 安全防护用品发放及时率 | 5% | 应达到____%，每减少____个百分点扣____分 | |
| | 员工安全防护用品使用正确率 | 5% | 应达到____%，每减少____个百分点扣____分 | |

**管控要点**

✪ 安全生产部须根据企业的实际情况，结合定量指标和定性指标，合理设定考核指标

✪ 安全生产部应严格区分各考核指标的优先级

✪ 企业应制定详细具体的考核结果等级划分标准

**管控工具**

✪ 安全生产管理工作考核表

✪ 生产车间安全生产考核等级划分标准及奖惩说明表

（续）

第13条 公司根据考核结果给予相关生产车间或人员相应的奖励和惩罚，并要求相关生产车间限期整改，消除安全隐患。

第14条 公司可将绩效考核结果划分为优秀、良好、合格和不合格四个等级。公司每年拿出部分拨款和安全考核罚款设立安全生产管理基金，根据考核结果对相关生产车间或人员进行奖惩。生产车间安全生产考核等级划分标准及奖惩说明如下表所示。

**生产车间安全生产考核等级划分标准及奖惩说明**

| 等级划分 | 考核得分 | 奖惩说明 |
| --- | --- | --- |
| 优秀 | 91~100分 | 奖励____元 |
| 良好 | 81~90分 | 奖励____元 |
| 合格 | 61~80分 | 无奖励 |
| 不合格 | 60分及以下 | 处罚____元 |

第15条 安全生产管理工作评比

1. 公司安全生产管理工作实行季度评比，每三个月对在安全生产管理方面表现突出的生产管理人员进行季度安全奖励，每人每次____元。

2. 责任范围内出现安全事故的生产管理人员不得参加本季度评比。

第16条 对生产车间员工的激励

1. 鼓励员工对安全隐患进行主动排查、主动消除，建立健全自主安全生产管理制度。

2. 每个班组于每月20日对本班组内安全隐患消除情况和安全生产合理化建议收集情况进行上报。

3. 由生产车间对实际效果进行确认后，每次给予员工____~____元的奖励。

4. 为积极推动此项活动的展开，企业每三个月对获得此项奖励最多的员工给予____元的安全生产奖励。

**第4章 附则**

第17条 本制度由安全生产管理部制定，经总经理审批后实施。

第18条 本制度自颁布之日起生效。

# 6.2 项目进度绩效考核

## 6.2.1 项目进度绩效考核常见问题

1. 项目进度绩效考核指标不够全面

企业在设定项目进度考核指标时，既要全面考虑任务的总体完成情况，也要考虑各阶段任务的完成情况。

2. 项目进度绩效考核结果存在偏差

在实施项目进度绩效考核的过程中，相关人员要实时监督绩效考核指标与绩效考核目标是否存在偏差，如果二者存在偏差，要及时调整绩效考核指标，以免影响考核结果。

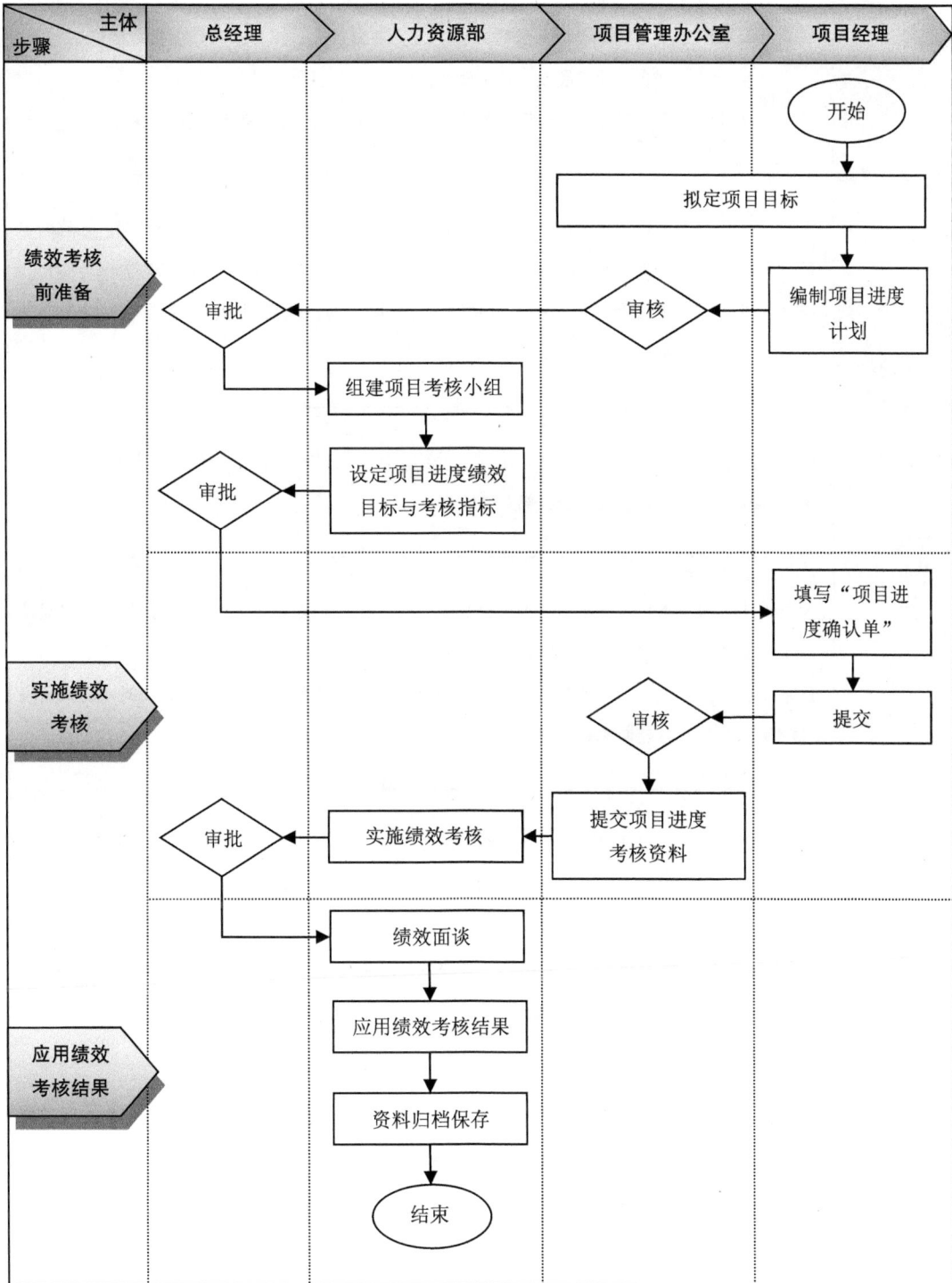

## 6.2.2　项目进度绩效考核实施流程与制度

### 1.执行流程图

| 步骤 \ 主体 | 总经理 | 人力资源部 | 项目管理办公室 | 项目经理 |
|---|---|---|---|---|

绩效考核前准备：

开始 → 拟定项目目标 → 编制项目进度计划 → 审核 → 审批 → 组建项目考核小组 → 设定项目进度绩效目标与考核指标 → 审批

实施绩效考核：

填写"项目进度确认单" → 提交 → 审核 → 提交项目进度考核资料 → 实施绩效考核 → 审批

应用绩效考核结果：

绩效面谈 → 应用绩效考核结果 → 资料归档保存 → 结束

2.执行关键节点及执行细节

| 阶段 | 关键节点 | 执行细节 |
|------|---------|---------|
| 绩效考核前准备 | 拟定项目目标 | （1）项目经理与项目管理办公室根据项目合同、项目章程及项目范围说明书等，结合企业发展战略和年度经营目标，拟定项目目标<br>（2）项目目标主要包括财务效益目标、项目管理目标及社会经济发展目标 |
| | 编制项目进度计划 | （1）项目经理根据项目目标规划项目进度，包括确定工期、关键日期、各阶段工作具体实施时间，以及明确进度控制管理人员、确定控制流程等<br>（2）项目经理负责将编制好的项目进度计划报项目管理办公室审核、报总经理审批 |
| | 组建项目考核小组 | 人力资源部负责组建项目考核小组。项目考核小组由总经理、人力资源部主管、项目经理及人力资源部专员组成 |
| | 设定项目进度绩效目标与考核指标 | （1）项目考核小组根据项目目标、项目业务重点及项目团队成员岗位分析情况设定项目进度绩效目标与考核指标<br>（2）项目进度绩效考核指标包括项目进度计划达成率、阶段任务按时完成率及项目延期率等 |
| 实施绩效考核 | 填写"项目进度确认单" | （1）针对项目计划实施过程中的各关键节点，项目经理均应填写"项目进度确认单"，对项目进度进行如实报告。"项目进度确认单"应在填写当天送交项目管理办公室备案<br>（2）若项目进度需要调整，则项目经理应向项目管理办公室提出申请。经项目管理办公室审核与总经理审批通过后，方可调整项目进度 |
| | 实施绩效考核 | 人力资源部根据项目管理办公室提交的项目进度考核资料计算各项考核指标得分，并将绩效考核结果报总经理审批 |

（续表）

| 阶段 | 关键节点 | 执行细节 |
|---|---|---|
| 应用绩效<br>考核结果 | 绩效面谈 | （1）人力资源部应在绩效考核结果通过审批后的＿＿＿个工作日内将考核结果反馈<br>　　给项目经理<br>（2）项目经理根据绩效考核结果总结项目进度控制过程中的经验和不足，并与相<br>　　关人员进行绩效面谈，提高项目进度的控制能力 |
| | 应用绩效<br>考核结果 | 人力资源部负责汇总项目进度绩效考核结果，将其作为项目绩效工资和项目奖金<br>发放的依据 |

## 3. 项目进度绩效考核管理制度

**第1章　总则**

第1条　目的

为了加强项目进度管理，规范项目进度管理的绩效考核工作，推动项目如期顺利完成，实现项目预期目标，根据公司相关规定，特制定本制度。

第2条　适用范围

本制度适用于本公司所有项目进度的绩效考核管理工作。

**第2章　职责分工**

第3条　项目考核小组

为了保证项目进度考核的顺利进行，人力资源部负责组建项目考核小组（以下简称考核小组），由该小组全面负责项目进度的绩效考核工作。考核小组人员构成及各自职责说明如下表所示。

**考核小组人员构成及各自职责说明**

| 小组人员 | 工作职责 |
|---|---|
| 项目部经理 | （1）认真审查并监督项目进度情况，对项目进度绩效考核提出<br>　　合理意见和建议，与人力资源部相关人员共同做好项目进<br>　　度绩效考核工作<br>（2）与人力资源部经理共同编制项目进度绩效考核报告 |
| 人力资源部<br>经理 | 与项目部经理共同对项目进度绩效考核过程中的各项工作进行<br>组织、控制与审查，确保考核工作的质量和效率 |

**管控要点**

❂ 人力资源部应根据岗位说明书编制岗位绩效评价标准表，并对各岗位进行绩效辅导，落实各岗位职责

❂ 企业应严格绩效考核流程

**管控工具**

❂ 岗位说明书

❂ 考核小组人员构成及各自职责说明表

（续）

（续表）

| 小组人员 | 工作职责 |
|---|---|
| 绩效考核<br>人员 | （1）负责收集相关项目资料，拟定项目进度绩效考核标准，并在人力资源部经理的领导下，认真做好考核工作<br>（2）负责根据考核结果编制项目进度绩效考核报告 |

第4条　考核辅助人员

项目进度考核的辅助人员为涉及项目进度管理工作的项目部综合管理岗位人员。在开展项目进度绩效考核的过程中，项目部综合管理岗位人员应及时、准确地向人力资源部提供相关数据。

第5条　监督与审查人员

为了保证项目进度绩效考核的客观与公正，由公司的项目主管副总担任项目进度考核的监督与审查人员。在考核过程中，项目主管副总主要负责考核工作的过程监督、报告审核及员工申诉处理等工作。

### 第3章　实施考核

第6条　考核方式

1.项目进度考核采取总进度考核和阶段进度考核相结合的方式。

2.在考核过程中，考核小组应先对项目总进度进行考核，然后对项目各阶段进行考核，最后根据两项考核结果计算出最终考核得分。

3.项目进度考核最终得分＝项目总进度考核得分 ×80%＋项目阶段进度考核得分 ×20%。

第7条　项目总进度考核

1.考核指标。项目总进度考核指标为总延期率，其计算公式如下：

$$总延期率 = \frac{项目实际执行天数 - 项目计划执行天数}{项目计划执行天数} \times 100\%$$

2.考核标准。该项指标的目标值为____%；当指标值不高于目标值时，得100分；考核结果较目标值每提高____个百分点扣____分；指标值高于____%，本项不得分。

3.加分奖励。当考核结果为负数，且其绝对值达到____%时，得____分（大于 100 分）。

**管控要点**

❂ 项目部要定期或不定期监督项目进度，确保顺利实现项目目标

✪ 企业应严格项目进度调整审批流程

**管控工具**

❂ 考核结果划分标准表

❂ 考核结果报告

（续）

第8条　项目阶段进度考核

1. 考核指标。项目阶段进度考核指标为阶段项目延期率，其计算公式如下：

$$\text{阶段项目延期率} = \sum \frac{\text{某阶段项目的实际执行天数} - \text{某阶段项目的计划完成天数}}{\text{某阶段项目的计划完成天数}} \times 100\%$$

2. 考核标准。该项指标的目标值为____%；当指标值不高于目标值时，得100分；考核结果较目标值每提高____个百分点扣____分；考核结果高于____%，本项不得分。

3. 加分奖励。当考核结果为负数时，说明该阶段项目提前完成。当考核结果为负数，且其绝对值达到____%时，在100分的基础上加____分。

第9条　考核结果评定

考核小组按照科学的考核方法和流程得到最终考核得分后，应结合薪酬制度等相关规定，对考核结果进行等级划分，具体划分标准如下表所示。

**考核结果等级划分标准**

| 考核结果等级 | 优秀 | 良好 | 一般 | 差 |
|---|---|---|---|---|
| 划分标准 | 90~100分 | 80~89分 | 70~79分 | 70分以下 |

第10条　考核结果应用

在项目进度考核结束后，考核小组应将考核结果及时通知给相关部门和人员。在一般情况下，项目进度考核结果可应用于下列五个方面。

1. 作为项目综合管理岗位人员的绩效工资或奖金发放的依据。

2. 作为项目综合管理岗位人员薪酬等级调整的依据。

3. 作为项目综合管理岗位人员职位调整的依据。

4. 作为对项目综合管理岗位人员进行工作指导和岗位培训的依据。

5. 作为项目综合管理岗位人员明确下一阶段工作目标和发展方向的依据。

第11条　编写项目进度绩效考核结果报告

在项目进度考核结束后，考核小组应根据绩效考核结果编制项目进度绩效考核结果报告，并报相关领导审核与审批。

**第4章　附则**

第12条　本制度由人力资源部制定，其解释权和修订权归人力资源部所有。

第13条　本制度经总经理审批通过后自颁布之日起生效。

# 6.3 项目质量绩效考核

## 6.3.1 项目质量绩效考核常见问题

**1. 未构建项目质量度量体系**

企业在实施项目质量绩效考核之前未构建项目质量度量体系，具体包括度量指标、度量规程（度量数据采集方法、采集频度、职责定义）及 IT 支持（自动化度量工具、保存度量数据的数据库）。

**2. 考核结果应用不合理**

企业未能将项目质量绩效考核结果应用于薪资调整及职位晋升、岗位调配、奖励性培训等各项人力资源工作，导致项目质量绩效考核失去意义。

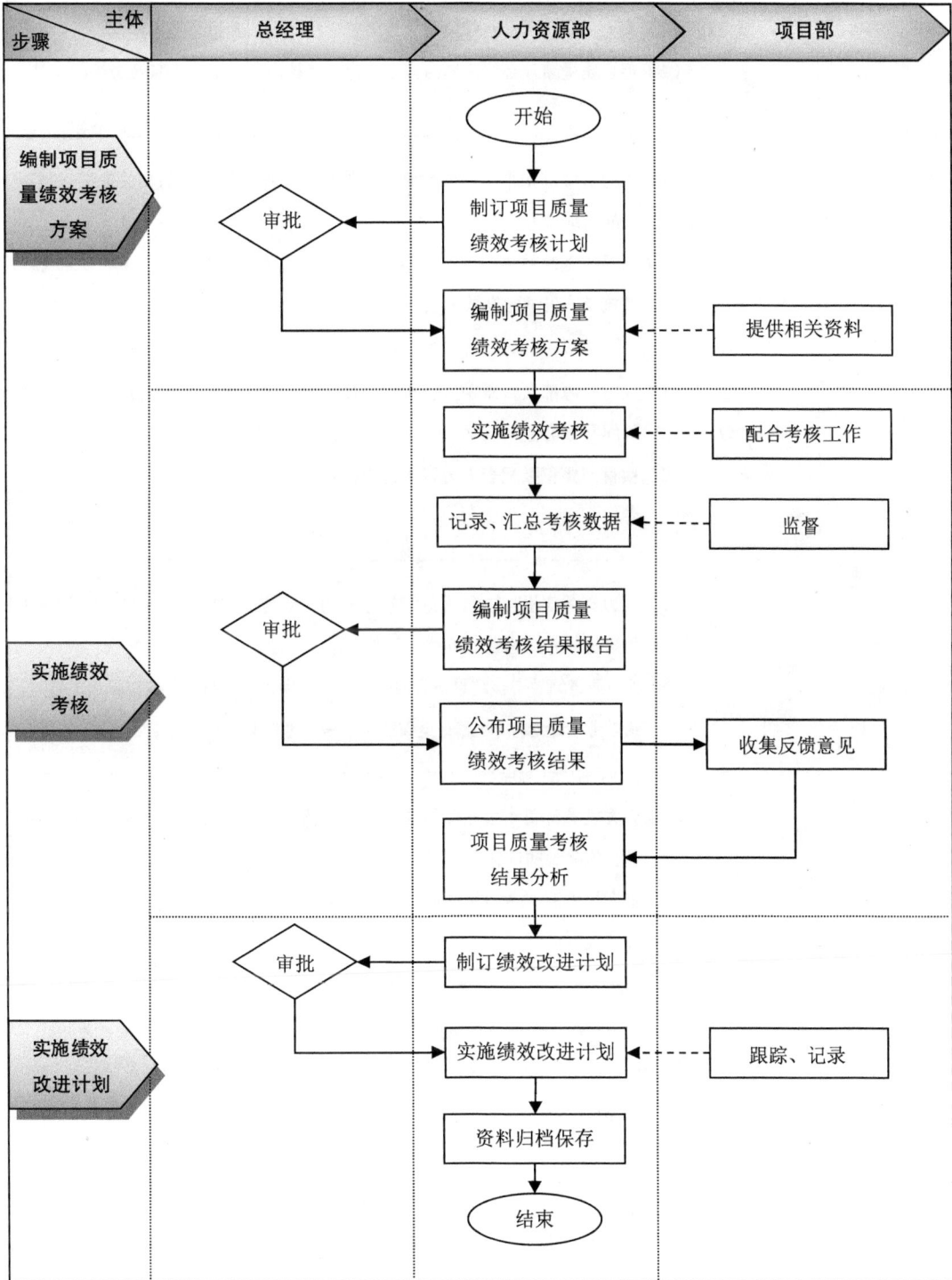

## 6.3.2　项目质量绩效考核实施流程与制度

### 1. 执行流程图

| 步骤　主体 | 总经理 | 人力资源部 | 项目部 |
|---|---|---|---|
| **编制项目质量绩效考核方案** | 审批 | 开始 → 制订项目质量绩效考核计划 | |
| | | 编制项目质量绩效考核方案 | 提供相关资料 |
| **实施绩效考核** | 审批 | 实施绩效考核 | 配合考核工作 |
| | | 记录、汇总考核数据 | 监督 |
| | | 编制项目质量绩效考核结果报告 | |
| | | 公布项目质量绩效考核结果 | 收集反馈意见 |
| | | 项目质量考核结果分析 | |
| **实施绩效改进计划** | 审批 | 制订绩效改进计划 | |
| | | 实施绩效改进计划 | 跟踪、记录 |
| | | 资料归档保存 | |
| | | 结束 | |

## 2.执行关键节点及执行细节

| 阶段 | 关键节点 | 执行细节 |
|---|---|---|
| 编制项目质量绩效考核方案 | 制订项目质量绩效考核计划 | （1）人力资源部负责制订项目质量绩效考核计划，并报总经理审批<br>（2）项目质量绩效考核计划内容主要包括考核内容、考核步骤及考核时间等 |
| | 编制项目质量绩效考核方案 | （1）人力资源部根据项目质量绩效考核计划及项目部提供的相关资料编制项目质量绩效考核方案<br>（2）项目质量绩效考核方案内容主要包括项目质量检查考核、项目技术管理考核及项目试验质量考核 |
| 实施绩效考核 | 实施绩效考核 | （1）人力资源部负责跟踪、记录项目质量绩效考核的全过程，并及时将发现的问题报给上级领导<br>（2）项目部要积极配合人力资源部根据项目质量绩效考核方案组织实施绩效考核 |
| | 编制项目质量绩效考核结果报告 | （1）人力资源部根据项目质量绩效考核的实际情况编制项目质量绩效考核结果报告，并报总经理审批<br>（2）项目质量绩效考核结果报告内容主要包括项目质量绩效考核实际情况概述、绩效考核计划与方案修改建议、绩效考核过程中发现的问题及解决对策等 |
| | 公布项目质量绩效考核结果 | （1）人力资源部负责公布项目质量绩效考核结果，将其作为对相关部门或人员实施奖惩的依据<br>（2）被考核者若对考核结果有异议，则可在接到结果之日起一周内向人力资源部提出申诉 |
| 实施绩效改进计划 | 制订绩效改进计划 | （1）人力资源部根据项目质量考核结果制订绩效改进计划，并报总经理审批<br>（2）绩效改进计划内容主要包括绩效改进目标、绩效改进步骤及绩效改进效果等 |
| | 实施绩效改进计划 | （1）人力资源部负责实施绩效改进计划<br>（2）项目部负责跟踪、记录绩效改进计划的执行情况 |

### 3. 项目质量绩效考核管理制度

#### 第1章　总则

**第1条　目的**

为了提高项目质量，规范项目质量考核管理工作，更好地激励项目质量管理人员提高工作能力，实现项目质量目标，特制定本制度。

**第2条　适用范围**

本制度适用于本公司所有项目质量绩效考核管理工作。

**第3条　职责划分**

1. 人力资源部组织相关人员成立项目质量考核小组（以下简称考核小组），全权负责项目质量管理的绩效考核工作。

2. 项目质量管理人员应积极配合考核小组做好绩效考核工作，如实提供相关数据资料，保证考核工作顺利进行。

#### 第2章　考核内容和考核方法

**第4条　考核内容**

考核小组应从制度建设、管理执行情况和质量审查结果三个方面对项目质量进行考核，具体如下表所示。

**项目质量考核内容说明**

| 考核内容 | 具体说明 |
| --- | --- |
| 制度建设 | 考核项目质量管理相关制度是否健全、合理，是否有完善的项目质量管理体系和项目质量管理实施流程 |
| 管理执行情况 | 考核工作质量管理人员工作执行情况，包括团队建设情况、制度落实情况、项目技术管理和改进情况、项目自检情况等 |
| 质量审查结果 | 根据项目质量验收结果对项目质量进行考核，考核内容主要包括项目审核通过率、客户满意度、质量成本及质量改进计划完成率等 |

**第5条　考核内容权重**

考核小组根据项目的具体情况，合理确定考核内容权重。在一般情况下，制度建设考核、管理执行情况考核和质量审查结果的考核权重分别为10%、30%和60%。

**第6条　考核方法**

项目质量考核方法及其说明如下表所示。

---

**管控要点**

❂ 人力资源部应对考核小组成员进行考核前培训，主要讲解考核目的、考核方法等

❂ 考核小组应掌握多种绩效考评方法的理论知识和实操技巧，选择合适的考核方法

**管控工具**

❂ 项目质量考核内容说明表

❂ 项目质量考核方法说明表

（续）

### 项目质量考核方法说明表

| 考核方法 | 具体说明 |
|---|---|
| 评分法 | 考核小组按照既定标准对考核内容进行评分，并通过取平均值的方法确定项目质量考核结果 |
| 360 度评估法 | 根据客户、上下级及质量管理人员对项目质量工作的评价，按照一定的比重和方法确定考核结果 |
| KPI 考核法 | 通过合理设定项目质量管理工作关键指标，并对其进行准确评估，确定项目质量工作的考核结果 |

## 第3章　绩效考核程序

第7条　绩效考核前的准备工作

在进行项目质量绩效考核前，人力资源部应做好下列四项准备工作。

1. 组织相关人员成立考核小组，确保考核客观、公正、专业。

2. 对考核小组成员进行适当的培训，提升其绩效考核能力。

3. 召开考核动员大会，让考核工作得到员工的理解和支持，促使考核工作顺利进行。

4. 确定考核内容，并认真收集相关数据资料。

第8条　考核标准

考核小组根据考核内容确定项目质量绩效考核标准，具体如下表所示。

### 项目质量绩效考核标准

| 考核内容 | 具体说明 | 评分标准 | 权重 |
|---|---|---|---|
| 制度完善程度 | 质量管理的相关体系、制度、流程及操作规范是否完善、合理 | 制度与体系等完善、合理且更新及时，得 91~100 分 | 10% |
| | | 制度与体系等完善、合理但更新不及时，得 81~90 分 | |
| | | 制度与体系等不完善、不合理但无明显错误，得 61~80 分 | |
| | | 制度与体系等不完善、不合理且缺少必要内容，得 60 分以下 | |

**管控要点**

❂ 企业须构建完善的绩效管理体系

❂ 人力资源部须安排专人审核考核报告的内容与格式，确定无误后报相关领导审批

❂ 人力资源部应制订绩效反馈面谈计划，主要对面谈内容、地点及时间等做出相应安排，以便有效控制面谈过程

**管控工具**

❂ 项目质量绩效考核标准表

❂ 绩效面谈记录表

❂ 岗位说明书

❂ 绩效考核结果表

❂ 项目质量绩效考核结果报告

（续）

（续表）

| 考核内容 | 具体说明 | 评分标准 | 权重 |
|---|---|---|---|
| 质量管理落实情况 | 质量规划、控制及检验等环节的执行力度和落实情况 | 严格落实要求，能有效控制项目质量，得 91~100 分<br>落实基本管理工作，但执行效果一般，得 71~90 分<br>缺少必要的质量管理措施，得 70 分以下 | 15% |
| 项目技术管理情况 | 项目技术策划、审核及改进工作的管理情况 | 技术管理规范、标准，技术质量良好，得 91~100 分<br>技术管理一般，但技术质量符合要求，得 71~80 分<br>技术管理不规范，经改进后技术质量符合要求，得 51~70 分<br>缺少技术管理措施，技术质量严重不达标，得 50 分以下 | 15% |
| 客户满意度 | 客户对项目质量的评分 | 指标值超过____分，本项得 100 分；每降低____分扣____分；指标值低于____分，本项不得分 | 15% |
| 质量成本 | 为保证项目质量所投入的成本 | 指标值低于____元，得 100 分；每增加____元扣____分；指标值超过____元，本项不得分 | 15% |
| 质量改进完成率 | $\frac{实际改进项目数}{计划改进项目数} \times 100\%$ | 指标值高于____%，得 100 分；每减少____个百分点扣____分；指标值低于____%，本项不得分 | 10% |
| 项目审核通过率 | $\frac{审核通过的项目数}{总项目数} \times 100\%$ | 指标值高于____%，得 100 分；每减少____个百分点扣____分；指标值低于____%，本项不得分 | 20% |

（续）

第9条　实施考核

考核小组根据收集到的数据资料和已确定的考核标准实施项目质量绩效考核，并对考核过程进行监督与控制。

第10条　编写项目质量绩效考核结果报告

考核小组根据绩效考核结果编制项目质量绩效考核结果报告，并报相关领导审批。

第11条　实施绩效面谈

考核小组与项目质量管理人员就考核结果进行绩效面谈，找出并分析产生绩效差异的原因，然后有针对性地为项目质量管理人员制订绩效改进计划。

### 第4章　考核结果申诉和应用

第12条　考核结果申诉

项目质量管理人员若对考核结果有异议，则可在考核结果公布后五个工作日内向相关领导提出申诉。相关领导应对申诉内容进行调查、分析，并在五个工作日内做出是否受理的答复。

第13条　考核结果的应用

项目质量管理考核结果主要应用于下列五个方面。

1. 作为项目质量管理人员绩效工资或奖金发放的依据。

2. 作为项目质量管理人员薪资级别调整的依据。

3. 作为项目质量管理人员职位调整的依据。

4. 作为确定项目质量管理人员培训安排的依据。

5. 作为项目质量管理人员确定下一阶段的工作任务及绩效目标的依据。

第14条　注意事项

项目部和人力资源部在应用考核结果时，要认真考虑项目质量管理人员的工作环境和工作条件，对于在恶劣工作环境和工作条件下工作的人员，应适当降低考核要求。

### 第5章　附则

第15条　本制度由人力资源部制定，其解释权和修订权归人力资源部所有。

第16条　本制度自颁布之日起生效。

---

**管控要点**

❂ 企业须制定绩效考核申诉制度，严格绩效考核申诉流程，明确各阶段的审批权限

**管控工具**

❂ 绩效考核申诉表

## 第 7 章

# 高效实战之企业核心部门绩效考核

# 7.1 销售部绩效考核

## 7.1.1 销售部绩效考核常见问题

1.绩效考核指标不合理

企业销售部绩效考核指标不合理主要体现在两个方面。

（1）绩效考核指标数量过多。企业在为销售部设定绩效考核指标时，往往将各类指标全部罗列出来，从过程指标到结果指标无所不包，这样做很容易引入许多与销售部业务无关的指标。

（2）未根据各岗位人员的特点设定绩效考核指标。企业未根据各岗位人员的特点设定销售部绩效考核指标，而是采用"一刀切"的考核指标，使员工对绩效考核产生抵触情绪。

2.应用绩效考核结果时过于注重绩效排名

销售部在应用绩效考核结果时过于注重绩效排名，缺乏正向激励，甚至未根据绩效考核结果给需要改进绩效的人员安排相应的培训，导致销售部绩效考核沦为内部人员相互竞争的手段。

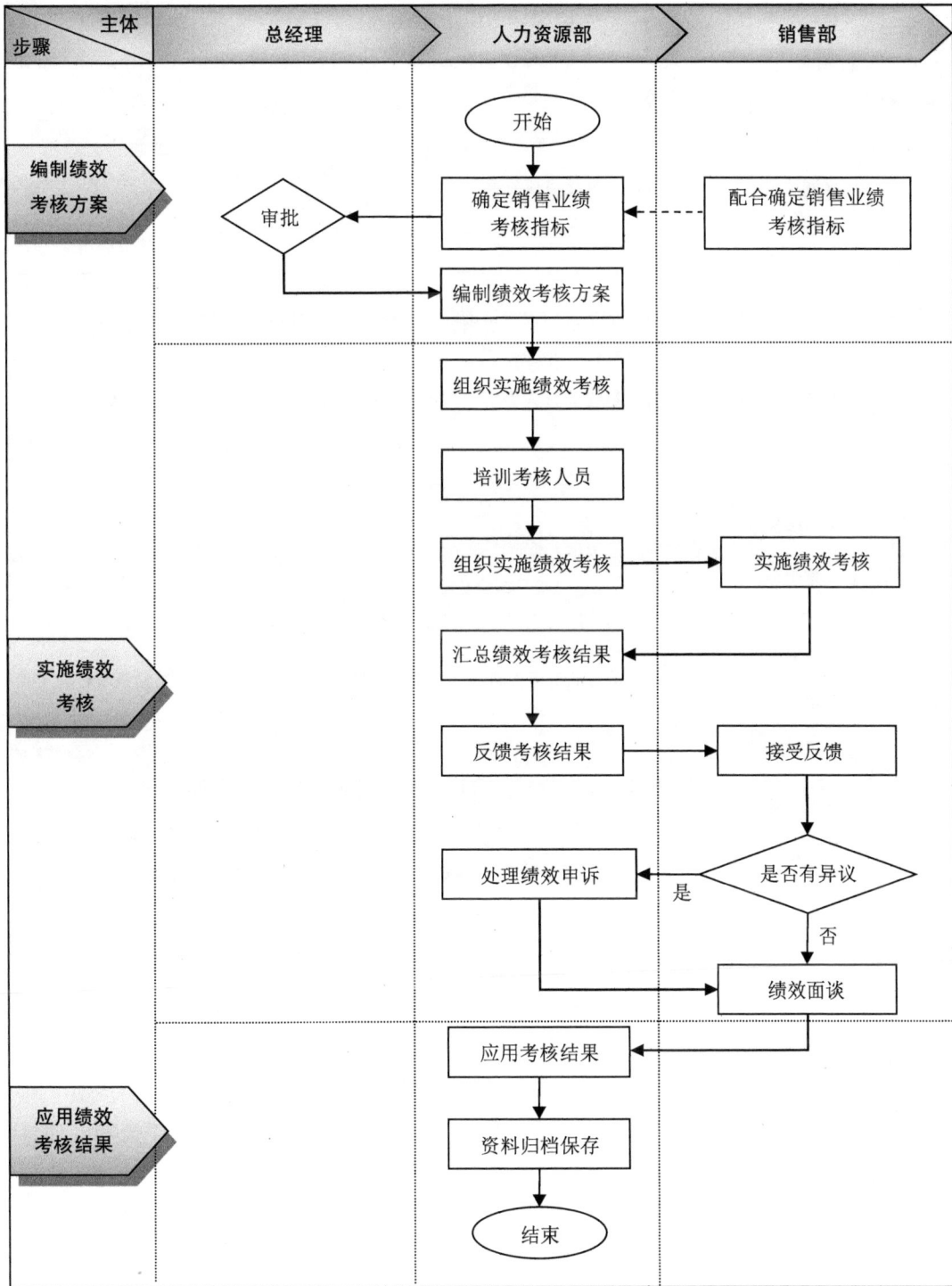

## 7.1.2 销售部绩效考核实施流程与制度

1.执行流程图

| 主体步骤 | 总经理 | 人力资源部 | 销售部 |
|---|---|---|---|

编制绩效考核方案

```
                              开始
                               ↓
                         确定销售业绩        配合确定销售业绩
         审批  ←─────      考核指标    ←-----  考核指标
          ↓
          └───────→  编制绩效考核方案

实施绩效考核

                         组织实施绩效考核
                               ↓
                          培训考核人员
                               ↓
                         组织实施绩效考核  ───→  实施绩效考核
                               ↓                      │
                         汇总绩效考核结果  ←──────────┘
                               ↓
                          反馈考核结果    ───→   接受反馈
                                                     ↓
                         处理绩效申诉  ←─是─   是否有异议
                               │                     │否
                               │                     ↓
                               └────────────→    绩效面谈

应用绩效考核结果

                          应用考核结果  ←──────────┘
                               ↓
                          资料归档保存
                               ↓
                              结束
```

2. 执行关键节点及执行细节

| 阶段 | 关键节点 | 执行细节 |
|---|---|---|
| 编制绩效考核方案 | 确定销售业绩考核指标 | （1）销售部须积极配合人力资源部确定销售业绩考核指标，并报总经理审批<br>（2）销售部的业绩考核指标主要包括销售任务完成率、销售账款回收率及销售额增长率等 |
| | 编制绩效考核方案 | （1）人力资源部负责编制绩效考核方案<br>（2）绩效考核方案内容主要包括考核目的、考核对象及考核标准等 |
| 实施绩效考核 | 组织实施绩效考核 | （1）人力资源部负责对销售部的绩效考核工作进行培训与指导，组织实施并监督和检查绩效考核的落实情况<br>（2）销售部应积极配合人力资源部严格按照绩效考核方案实施考核，并做好相关记录和评定工作 |
| | 汇总绩效考核结果 | 人力资源部应指派专人负责汇总绩效考核结果，并报总经理审批 |
| | 反馈考核结果 | 人力资源部与销售部负责人将经总经理审批通过的绩效考核结果反馈给被考核者 |
| | 处理绩效申诉 | （1）被考核者若对考核结果有异议，则可以书面形式向人力资源部提出申诉<br>（2）人力资源部在接到员工的申诉后，须在规定的时间内做出是否受理的答复。若受理申诉，则按绩效申诉处理流程办理；对于无客观事实依据的申诉，不予受理 |
| | 绩效面谈 | （1）人力资源部应在规定的时间内安排销售部经理与员工进行绩效面谈<br>（2）绩效面谈内容主要包括沟通交换意见、制订绩效改进计划等 |
| 应用绩效考核结果 | 应用考核结果 | （1）人力资源部根据绩效考核结果对销售部及其员工实施奖惩<br>（2）绩效考核结果将应用于员工工作改进、岗位变动、职位晋升、薪酬调整、培训需求确定等各项人力资源工作 |

## 3. 销售部绩效考核管理制度

**第1章 总则**

第1条 目的

为了规范销售部的绩效考核工作，提高销售人员的工作积极性，为销售部的其他工作提供依据，特制定本制度。

第2条 适用范围

本制度适用于本公司销售部的绩效考核管理工作。

第3条 管理职责

1. 总经理

（1）审批绩效考核管理制度的制定与修订。

（2）审批绩效考核结果。

2. 人力资源部

人力资源部是绩效考核工作的归口管理部门，其具体职责主要有下列八个。

（1）对考核各项工作进行组织、培训和指导。

（2）对考核过程进行监督与检查。

（3）汇总、统计绩效考核结果，编制绩效考核结果报告。

（4）协调、处理各级人员关于考核申诉的具体工作。

（5）对月度、季度及年度考核工作情况进行通报。

（6）对考核过程中出现的不规范行为进行纠正与处罚。

（7）汇总绩效考核结果，将其作为薪酬调整、职务升降、岗位调动、培训及奖惩等的依据。

（8）对绩效考核管理制度与绩效考核指标提出修改建议。

3. 销售部

（1）销售部的考核对象主要包括部门经理及其下属。

（2）销售部按照直接上级考核、直接下级考核、自评等不同考核维度对不同考核主体进行考核。

（3）销售部经理负责本部门人员的考核和等级评定，并根据考核结果帮助本部门人员制订绩效改进计划。

第4条 销售部在实施绩效考核时须遵循三个原则。

1. 公平、公正、公开的原则

考核的方式、时间、内容及流程等应向本部门人员公开，考核过程应保持公正与客观，考核结果应向本部门人员公开。

2. 沟通与进步的原则

人力资源部应与销售部及其员工进行充分沟通，找出考核过程中存在的问

（续）

题，共同找到解决问题的办法，提高销售部及其员工的绩效水平。

3. 反馈结果的原则

人力资源部应及时将绩效考核结果反馈给考核部门。考核小组应对考核结果进行说明，使考核结果得到销售部的认可，以达到改进部门绩效的目的。

### 第2章　考核周期与考核内容

第5条　公司对销售部进行月度考核、季度考核和年度考核，其具体考核时间如下。

1. 月度考核于次月5日进行。

2. 季度考核于每季度结束后次月10日进行。

3. 年度考核于次年1月15日前进行。

第6条　销售部的考核内容包括销售任务考核和部门管理考核两个方面。

1. 销售任务考核主要考核销售部销售任务的完成情况，考核结果占总考核得分的80%。

2. 部门管理考核主要考核销售部人员管理和工作分工管理等情况，考核结果占总考核得分的20%。

第7条　人力资源部在销售部的配合下制定销售部部门考核指标和销售部各岗位的考核指标，并定期根据市场变化、公司销售策略变化等对其进行检查与更新。

第8条　制定或更新后的考核指标须经销售部主管、副总审批后方可实施。

### 第3章　销售业绩考核

第9条　销售部的销售业绩考核内容主要包括销售额、销售任务完成情况、销售账款回收情况及销售增长情况等。

第10条　公司应对销售部的销售业绩考核内容进行量化，确定量化指标，并结合实际销售情况及公司内外部环境等因素，设置各个指标的权重。公司对销售部的考核采用百分制，具体指标、权重和评分标准如下表所示。

**管控要点**

❂ 企业应建立并安排专人定期更新销售部绩效考核指标库

**管控工具**

❂ 绩效考核计划

❂ 绩效考核指标表

**管控要点**

❂ 企业应严格规范绩效考核指标的设定工作

**管控工具**

❂ 销售部销售业绩考核表

### 销售部销售业绩考核表

| 考核指标 | 权重 | 评分标准 | 得分 |
|---|---|---|---|
| 销售计划完成率 | 25% | 目标值为____%，每减少____个百分点扣____分；低于____%，本项不得分 | |
| 销售账款回收率 | 15% | 目标值为____%，每减少____个百分点扣____分；低于____%，本项不得分 | |

（续）

（续表）

| 考核指标 | 权重 | 评分标准 | 得分 |
|---|---|---|---|
| 年销售额增长率 | 10% | 目标值为＿＿%，每减少＿＿个百分点扣＿＿分；低于＿＿%，本项不得分 | |
| 利润率 | 10% | 目标值为＿＿%，每减少＿＿个百分点扣＿＿分；低于＿＿%，本项不得分 | |
| 坏账率 | 5% | 目标值为＿＿%，每增加＿＿个百分点扣＿＿分；高于＿＿%，本项不得分 | |
| 销售费用节省率 | 5% | 目标值为＿＿%，每减少＿＿个百分点扣＿＿分；低于＿＿%，本项不得分 | |
| 产品市场占有率 | 5% | 目标值为＿＿%，每减少＿＿个百分点扣＿＿分；低于＿＿%，本项不得分 | |
| 销售合同履行率 | 5% | 目标值为＿＿%，每减少＿＿个百分点扣＿＿分；低于＿＿%，本项不得分 | |
| 客户满意度 | 10% | 目标值为100分，每降低＿＿分减＿＿分；低于＿＿分，本项不得分 | |
| 协作部门满意度 | 5% | 目标值为100分，每降低＿＿分减＿＿分；低于＿＿分，本项不得分 | |
| 领导满意度 | 5% | 目标值为100分，每降低＿＿分减＿＿分；低于＿＿分，本项不得分 | |

第11条　销售业绩考核依据

销售业绩考核的依据是公司财务部的统计数据和销售部本身的统计数据，人力资源部利用这些数据进行考核，计算考核得分。

### 第4章　部门绩效的考核

第12条　人力资源部将最终考核得分进行排序，将销售部的考核结果分为优秀、良好、中等、及格和不及格五个等级，各等级对应的分数如下：

（1）优秀，90~100分；

（2）良好，80~89分；

（3）中等，70~79分；

**管控要点**

✪ 企业应制定详细具体的绩效考核标准，对界限模糊不清的考核内容，应采取多方意见进行综合评定

**管控工具**

✪ 销售部绩效考核标准表

（续）

（4）及格，60~69 分；

（5）不及格，60 分以下。

第 13 条　销售部绩效考核分为部门工作任务考核和部门人员考核两部分，具体如下表所示。

**销售部绩效考核标准表**

| 考核内容<br>考核评级 | 部门工作任务考核 | 部门人员考核 |
|---|---|---|
| 优秀<br>（90~100 分） | （1）工作安排非常合理且能有序进行<br>（2）能出色完成所有任务 | （1）员工的工作内容与其能力非常匹配<br>（2）员工的工作积极性很高 |
| 良好<br>（80~89 分） | （1）工作安排较合理<br>（2）工作按时、按质完成 | （1）员工的工作内容与其能力比较匹配<br>（2）员工的工作积极性较高 |
| 中等<br>（70~79 分） | （1）大部分工作安排合理<br>（2）大部分工作能按时、按质完成 | （1）大部分员工的工作内容与其能力匹配<br>（2）大部分员工的工作积极性一般 |
| 及格<br>（60~69 分） | （1）工作安排不合理<br>（2）部分工作未完成 | （1）部分员工的工作内容与其能力不匹配<br>（2）员工的工作积极性较低 |
| 不及格<br>（60 分以下） | （1）工作安排非常不合理<br>（2）不能按时、按质完成工作 | （1）很多员工的工作内容与其能力不匹配<br>（2）员工的工作积极性很低 |

**第 5 章　绩效申诉和考核结果应用**

第 14 条　被考核者若对考核结果有异议，则可在收到考核结果后七个工作日内向上级领导提出申诉。

第 15 条　公司不受理超过申诉期限的绩效申诉。

第 16 条　相关领导在接到员工的申诉后应仔细审查考核记录，对考核结果进行复核，发现错漏要及时修正，并经销售部主管领导审批后，向相关部门及员工公布申诉结果。

第 17 条　公司不受理无客观事实依据，仅凭主观臆断而提出的绩效申诉。

**管控要点**

✪ 企业应严格绩效考核申诉流程，明确各阶段的审批权限

**管控工具**

✪ 绩效考核申诉表

✪ 绩效考核面谈记录表

（续）

第18条　销售人员根据考核结果和绩效面谈结果制订绩效改进计划。

第19条　人力资源部将考核结果应用于部门奖金发放、销售经理考核等工作中。

第20条　人力资源部应建立日常考核台账，记录考核内容和考核结果，将其作为考核评分的依据，也可将其作为考核结果反馈和考核申诉处理的依据。

第21条　考核过程文件（考核评分表、统计表）应由人力资源部妥善保管。

### 第 6 章　附则

第22条　本制度由人力资源部制定，其解释权和修订权归人力资源部所有。

第23条　本制度自颁布之日起生效。

# 7.2　质量管理部绩效考核

## 7.2.1　质量管理部绩效考核常见问题

1. 对产品合格率实施考核时，未关注产品合格率提升的情况

在对质量管理部进行绩效考核时，企业主要关注关键绩效指标的设定和落实，忽视了绩效提升工作。如果企业对产品合格率提升缺乏足够认识，产品质量水平就会停滞不前，导致绩效考核失去意义。

2. 质量管理目标未落实到员工身上

企业在分解质量管理目标时未能将目标落实到每一位员工身上，导致质量管理目标难以实现。

## 7.2.2 质量管理部绩效考核实施流程与制度

1. 执行流程图

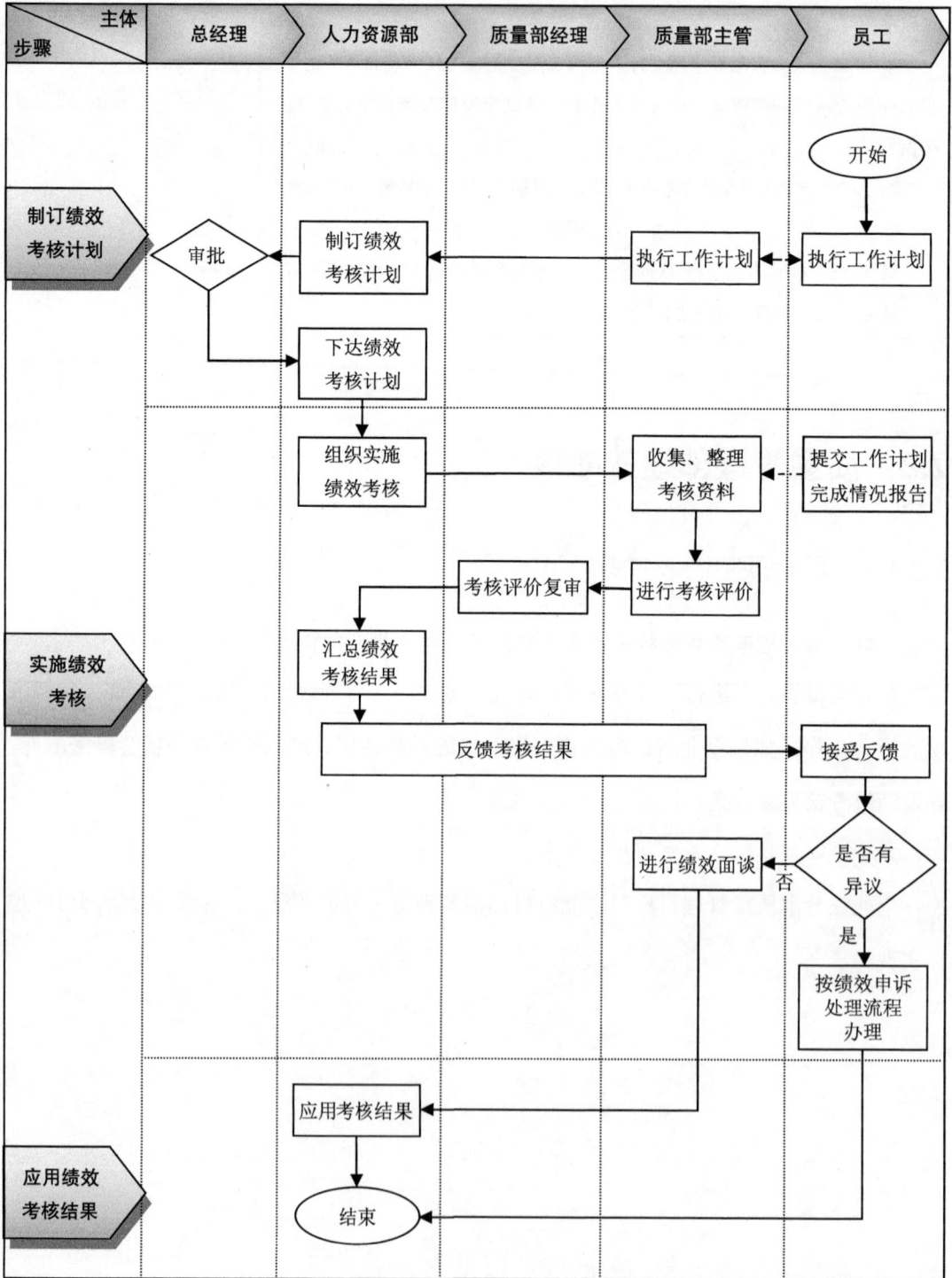

## 2.执行关键节点及执行细节

| 阶段 | 关键节点 | 执行细节 |
| --- | --- | --- |
| 制订绩效考核计划 | 制订绩效考核计划 | （1）人力资源部根据质量部的工作计划制订绩效考核计划，并报总经理审批<br>（2）绩效考核计划内容主要包括考核内容、考核步骤及考核时间等 |
| 实施绩效考核 | 组织实施绩效考核 | （1）人力资源部根据绩效考核计划组织实施并监督和检查绩效考核的落实情况<br>（2）质量部要积极配合人力资源部严格按照绩效考核计划实施绩效考核，并收集、整理考核资料 |
| | 考核评价复审 | （1）质量部经理须复审质量部主管对考核的评价，确定无误后将其提交给人力资源部<br>（2）人力资源部负责汇总质量部经理提交的考核评价结果 |
| | 反馈考核结果 | （1）人力资源部与质量部经理将考核结果反馈给被考核者<br>（2）被考核者若对绩效考核结果有异议，则可以书面的形式向人力资源部提出申诉；若对绩效考核结果没有异议，则由质量部主管与被考核者进行绩效面谈 |
| | 进行绩效面谈 | （1）人力资源部应在规定的时间内安排质量部主管与员工进行绩效面谈<br>（2）质量部主管与员工进行绩效面谈时，应对绩效面谈过程进行记录，将其作为确定员工绩效改进的目标及相关培训安排的依据 |
| 应用绩效考核结果 | 应用考核结果 | （1）人力资源部根据绩效考核结果对质量部及其员工实施奖惩<br>（2）绩效考核结果将应用于员工工作改进、岗位变动、职位晋升、薪酬调整及培训需求确定等各项人力资源工作 |

## 3. 质量管理部绩效考核管理制度

### 第1章　总则

**第1条　目的**

为了确保实现公司质量目标，提高员工的工作效率，为公司品牌经营提供保障，特制定本制度。

**第2条　适用范围**

本制度适用于本公司质量部所有人员的绩效考核管理工作。

**第3条　职责划分**

1. 总经理负责审批和监督绩效考核管理制度的制定和执行情况。

2. 人力资源部负责制订并执行绩效考核计划。

3. 质量部应积极配合人力资源部执行绩效考核计划并及时反馈执行结果。

**第4条　考核原则**

1. 量化、可行的原则。

2. 客观、公正的原则。

3. 反馈、申诉的原则。

4. 激励、奖惩的原则。

### 第2章　部门绩效考核的实施

**第5条**　质量部绩效考核每半年进行一次，于7月____日至____日和12月____日至____日进行。

**第6条**　质量部在实施绩效考核时，通常采取定量考核与定性考核相结合的方式进行，其中定量考核占60%的权重，定性考核占40%的权重。

**第7条**　质量部绩效定量考核指标及评分标准如下表所示。

**质量部绩效定量考核指标及评分标准**

| 考核指标 | 评分标准 | 权重 | 得分 | 数据来源 |
|---|---|---|---|---|
| 来料合格率 | （1）来料合格率＝合格来料批次／来料总批次<br>（2）目标值为____%，每减少____个百分点扣____分 | 5% | | 质量部 |

**管控要点**

✪ 人力资源部应将定性指标细化为具体的考核指标

**管控工具**

✪ 部门绩效定量考核表

✪ 部门绩效定性考核表

✪ 部门绩效考核计划

（续）

（续表）

| 考核指标 | 评分标准 | 权重 | 得分 | 数据来源 |
|---|---|---|---|---|
| 产品合格率 | （1）产品合格率 = 合格产品量 / 产品总量<br>（2）目标值为____%，每减少____个百分点扣____分 | 30% | | 质量部 |
| 退货检验及时率 | （1）退货检验及时率 =48 小时内退货量 / 退货总量<br>（2）目标值为____%，每减少____个百分点扣____分 | 10% | | 生产部 |
| 来料检验准确率 | （1）来料检验准确率 = 准确批次数 / 检验总批次数<br>（2）目标值为____%，每减少____个百分点扣____分 | 15% | | 技术部、生产部 |
| 制程合格率 | （1）制程合格率 = 合格批次 / 指令单总批次<br>（2）目标值为____%，每减少____个百分点扣____分 | 10% | | 质量部 |
| 制程检验准确率 | （1）制程检验准确率 = 准确批次数 / 检验总批次数<br>（1）目标值为____%，每减少____个百分点扣____分 | 15% | | 技术部、生产部 |
| 部门目标费用率 | （1）部门目标费用率 = 实际费用 / 当月销售收入<br>（2）目标值为____%，每减少____个百分点扣____分 | 15% | | 财务部 |

（续）

第8条　质量部绩效定性考核指标及考核说明如下表所示。

### 质量部绩效定性考核指标及考核说明

| 考核指标 | 考核说明 | 权重 | 得分 | 数据来源 |
|---|---|---|---|---|
| 质量记录、统计及分析的有效性 | 查验档案、记录、报表及报告考核过程 | 10% | | 人力资源部 |
| 检验验收标准、编制作业指导书 | 评审文件 | 10% | | 人力资源部 |
| 质量保证体系的有效性 | 评审文件、考核过程、评估效果 | 10% | | 生产部和人力资源部 |
| 制程质量控制的有效性 | 评审文件、考核过程、统计异常、评估效果 | 10% | | 生产部和人力资源部 |
| 质量异常处理的有效性 | 查验报告、考核过程、评估结果 | 10% | | 技术部和人力资源部 |
| 化验室管理改善的有效性 | 检查现场、考核过程 | 10% | | 技术部和人力资源部 |
| 质量档案建设与质量报表设置 | 评审报表、查验档案 | 10% | | 人力资源部 |
| 物料标识监督的有效性 | 考察现场、评估效果 | 10% | | 人力资源部 |
| 质量管理制度建设及执行的有效性 | 评审文件、考核过程，评估效果 | 10% | | 人力资源部 |
| 质量活动策划与推动 | 评审计划、评估效果 | 10% | | 人力资源部 |

（续）

第9条　人力资源部须将经总经理审批通过的绩效考核结果告知质量管理部及其员工。

质量部相关人员若对考核结果有异议，则可在收到考核结果后的＿＿日内向上级主管提出申诉，也可直接向人力资源部提出申诉。上级主管或人力资源部须在接到申诉后的＿＿日内做出是否受理的答复。

第10条　质量部应将绩效考核结果作为部门奖金发放的依据。

**第3章　附则**

第11条　本制度由人力资源部制定，其解释权和修订权归人力资源部所有。

第12条　本制度自颁布之日起生效。

# 7.3　业务技术部绩效考核

## 7.3.1　业务技术部绩效考核常见问题

1. 绩效考核指标不合理

企业在设定业务技术部考核指标时，过分关注业务技术部的直接产出和近期任务的完成情况，忽视了业务技术部对企业战略发展做出的贡献。

2. 绩效考核过程缺乏有效的沟通反馈机制

企业未针对绩效考核建立沟通与反馈机制，导致在绩效考核过程中业务技术部负责人及其下属之间沟通不畅，影响了最终的考核结果。

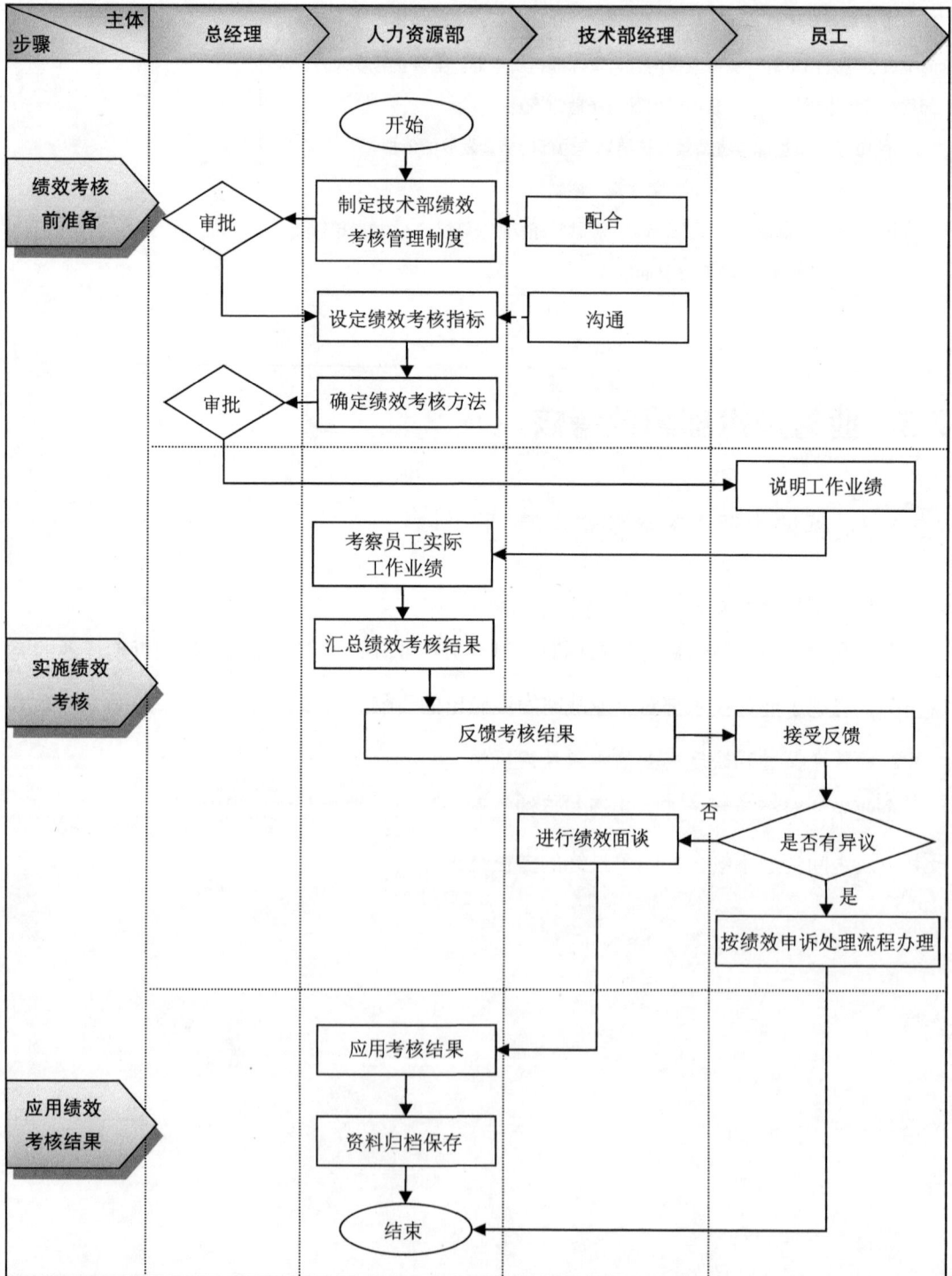

## 7.3.2 技术部绩效考核实施流程与制度

1. 执行流程图

| 步骤 | 总经理 | 人力资源部 | 技术部经理 | 员工 |
|---|---|---|---|---|

绩效考核前准备

开始 → 制定技术部绩效考核管理制度 ← 配合

审批 ← 制定技术部绩效考核管理制度

设定绩效考核指标 ← 沟通

确定绩效考核方法

审批 ← 确定绩效考核方法

说明工作业绩

考察员工实际工作业绩

汇总绩效考核结果

实施绩效考核

反馈考核结果 → 接受反馈

进行绩效面谈 ← 否 ← 是否有异议

是 → 按绩效申诉处理流程办理

应用绩效考核结果

应用考核结果

资料归档保存

结束

## 2. 执行关键节点及执行细节

| 阶段 | 关键节点 | 执行细节 |
|---|---|---|
| 绩效考核前准备 | 制定技术部绩效考核管理制度 | （1）技术部经理应积极配合人力资源部制定技术部绩效考核管理制度，并报总经理审批<br>（2）绩效考核管理制度内容主要包括技术部考核体系的建立、绩效沟通及绩效反馈等 |
| | 设定绩效考核指标 | （1）人力资源部根据技术部绩效考核管理制度，与技术部经理共同设定绩效考核指标<br>（2）技术部的绩效考核指标主要包括专利申请数量、技改项目延期率、技术标准推进率及技术支持计划完成率等 |
| | 确定绩效考核方法 | （1）人力资源部在技术部的配合下选择适当的绩效考核方法，从工作业绩、工作能力和工作态度三个方面对技术部门的员工进行考核<br>（2）绩效考核方法主要有价值法、目标法、计分法和等级法<br>（3）人力资源部须将已确定的绩效考核方法报总经理审批 |
| 实施绩效考核 | 说明工作业绩 | （1）员工要严格按照绩效考核要求对自己的工作业绩进行说明，形成报告并上交人力资源部<br>（2）人力资源部根据员工上交的工作业绩说明报告，考察其实际工作业绩<br>（3）工作业绩说明报告的内容主要包括工作任务目标、工作任务完成率及工作效果等 |
| | 汇总绩效考核结果 | （1）人力资源部应派专人负责整理、汇总、分析绩效考核结果<br>（2）绩效考核结果根据考核表进行计分，并按最终得分确定等级 |
| | 反馈考核结果 | 人力资源部与相关部门负责人共同将考核结果反馈给被考核者 |
| | 进行绩效面谈 | （1）人力资源部应在规定的时间内安排技术部经理与员工进行绩效面谈<br>（2）在绩效面谈的过程中，技术部经理应做好相关记录，将其作为确定员工绩效改进目标及确定相关培训需求的依据<br>（3）绩效面谈的内容主要包括沟通交换意见、制订绩效改进计划等 |
| 应用绩效考核结果 | 应用考核结果 | （1）绩效考核结果将作为部门及员工的奖惩依据<br>（2）绩效考核结果将应用于员工工作改进、岗位变动、职位晋升、薪酬调整及培训需求确定等各项人力资源工作 |

## 3. 业务技术部绩效考核管理制度

### 第 1 章 总则

**第 1 条 目的**

为了达到以下三个目的,特制定本制度。

1. 客观、全面地评价技术部工作绩效情况。

2. 为岗位调动、职位晋升,薪资调整及培训需求确定等人力资源工作提供重要依据。

3. 激励员工提高工作绩效,推动公司发展。

**第 2 条 考核原则**

1. 注重结果,参照过程,力求全面、客观地反映技术部工作实际效果。

2. 侧重于基础工作的达标和任务的完成,同时鼓励特色创新。

**第 3 条 绩效考核频率**

1. 公司于每个季度或半年、年度对技术部工作绩效进行评估,由技术部的上级领导根据部门提供的数据进行评分。

2. 每个技术项目结束后,公司项目办公室和总经办对该项目进行绩效评估。

### 第 2 章 技术部考核体系

**第 4 条** 技术部工作考核实行考核量化打分制,满分为 100 分。

**第 5 条** 公司主要对技术部的技术成果固化、技术改造、技术标准管理、技术支持及部门日常管理五个方面进行考核。

**第 6 条** 技术部绩效考核标准如下表所示。

#### 技术部绩效考核标准

| 考核项 | 考核指标 | 权重 | 评分标准 | 得分 |
|---|---|---|---|---|
| 技术成果固化 | 专利申请数量 | 5% | 基准分为 60 分,每取得一项加___分 | |
| | 专有技术拥有数量 | 5% | 基准分为 60 分,每取得一项加___分 | |
| 技术改造 | 技改项目延期率 | 10% | 应达到___%,每减少___个百分点扣___分 | |
| | 技改费用超支率 | 5% | 应不超过___%,每增加___个百分点扣___分 | |
| | 技改成果达成率 | 10% | 应达到___%,每减少___个百分点扣___分 | |

**管控要点**

✪ 企业应严格设定绩效考核指标,要以企业发展战略为导向,以工作分析为基础,并结合业务流程

**管控工具**

✪ 技术部绩效考核标准

（续）

（续表）

| 考核项 | 考核指标 | 权重 | 评分标准 | 得分 |
|---|---|---|---|---|
| 技术标准管理 | 技术标准推进情况 | 15% | 积极推进技术标准更新，不断提升公司标准在行业内水平，得90~100分 | |
| | | | 根据公司发展需要，推进技术更新，使公司技术标准处于业内平均水平，得70~89分 | |
| | | | 不主动进行公司技术更新，新技术或标准推行不力，得69分及以下 | |
| | 技术资料正确率 | 10% | 应达到____%，每减少____个百分点扣____分 | |
| | 技术资料完整率 | 5% | 应达到____%，每减少____个百分点扣____分 | |
| 技术支持 | 技术支持计划完成率 | 10% | 应达到____%，每减少____个百分点扣____分 | |
| | 客户满意度评分 | 5% | 应平均达到____分，每降低____分扣____分 | |
| | 其他部门满意度评分 | 5% | 应平均达到____分，每降低____分扣____分 | |
| 部门日常管理 | 核心员工保有率 | 5% | 应达到____%，每减少____个百分点扣____分 | |
| | 员工违纪次数 | 5% | 应不超过____次，每增加一次扣____分 | |
| | 员工培训完成率 | 5% | 应达到____%，每减少____个百分点扣____分 | |

### 第3章 持续沟通与绩效反馈

第7条 绩效沟通

1.考核者就绩效考核过程中出现的问题与被考核者进行绩效面谈。

2.在工作过程中，部门领导要与技术人员进行绩效沟通，使他明确部门目标，帮助他根据部门目标确定自身工作目标。

**管控要点**

✪ 人力资源部须对考核者进行必要培训，主要向考核者讲解面谈技巧及面谈方法等

✪ 人力资源部应要求面谈人员拟定面谈提纲，并对绩效面谈提纲进行审核，避免面谈内容脱离面谈主题

**管控工具**

✪ 绩效面谈记录表

✪ 业绩相关报表数据

（续）

3. 技术研发部主管与技术管理人员共同确定各岗位技术人员的考核指标和考核标准。

第 8 条　绩效反馈

绩效评估工作结束后，技术部经理应及时将绩效考核结果反馈给技术人员，并为其设定下一阶段的工作目标。

第 4 章　附则

第 9 条　本制度由人力资源部制定，其解释权和修订权归人力资源部所有。

第 10 条　本制度自颁布之日起生效。

# 7.4　生产车间业务绩效考核

## 7.4.1　生产车间业务绩效考核常见问题

1. 记录考核数据的过程中易出现错记、漏记和多记等问题

在对生产车间业务进行绩效考核时，考核人员在记录考核数据的过程中容易出现错记、漏记和多记等问题，导致最终的绩效考核结果出现偏差。

2. 被考核者对绩效考核有抵触心理

在对生产车间业务进行绩效考核前，考核人员未事先对被考核者进行绩效辅导，导致被考核者对绩效考核有强烈的抵触心理。

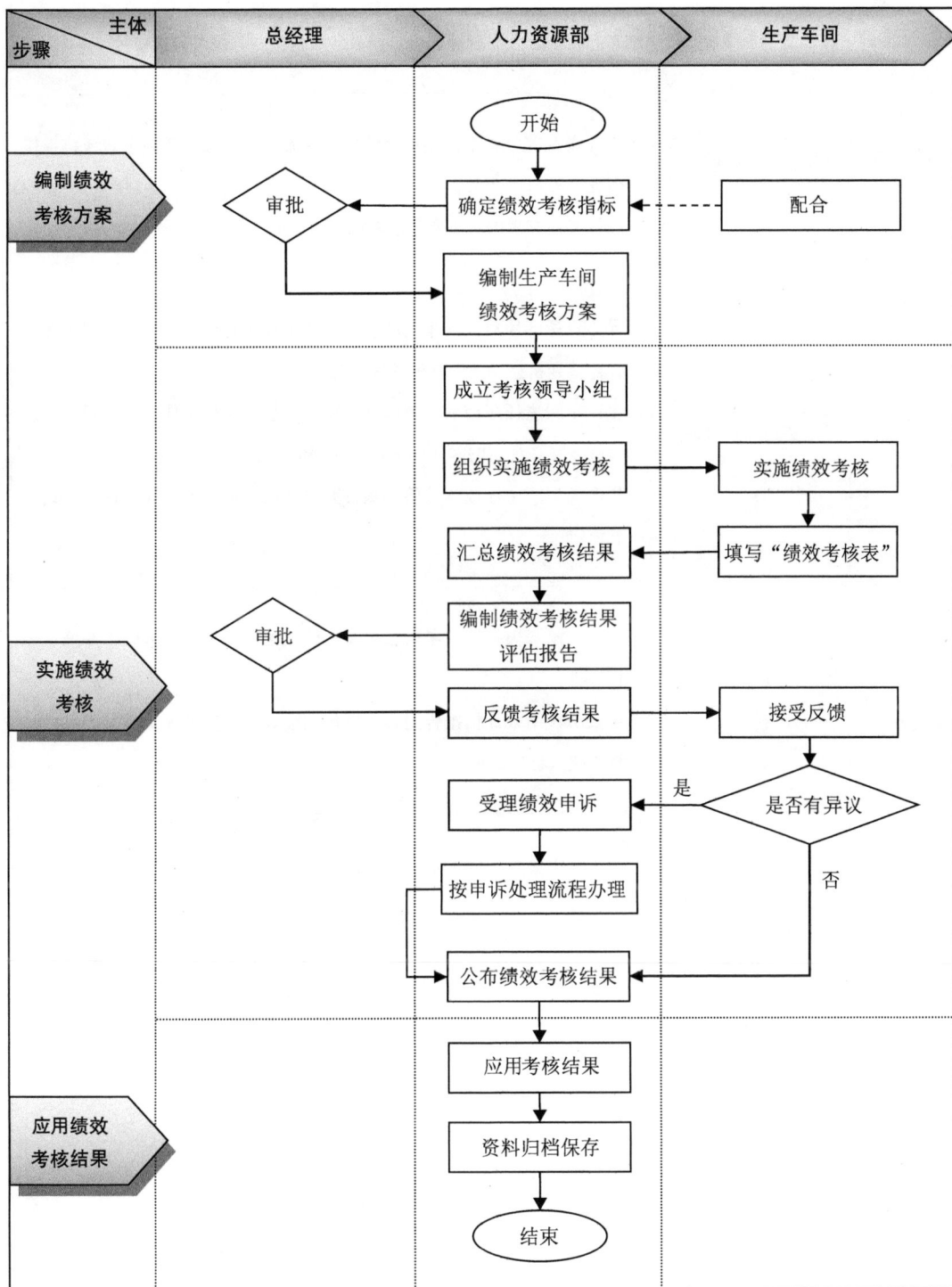

## 7.4.2 生产车间绩效考核实施流程与制度

1. 执行流程图

| 步骤 主体 | 总经理 | 人力资源部 | 生产车间 |
|---|---|---|---|

```
                                      开始

编制绩效
考核方案      审批  ←  确定绩效考核指标  ◄----  配合

                          编制生产车间
                          绩效考核方案

                          成立考核领导小组

                          组织实施绩效考核  →  实施绩效考核

实施绩效      汇总绩效考核结果  ◄  填写"绩效考核表"
考核
                          编制绩效考核结果
              审批  ←     评估报告

                          反馈考核结果  →  接受反馈

                                                是
                          受理绩效申诉  ◄      是否有异议

                          按申诉处理流程办理          否

                          公布绩效考核结果

应用绩效      应用考核结果
考核结果
                          资料归档保存

                                      结束
```

## 2.执行关键节点及执行细节

| 阶段 | 关键节点 | 执行细节 |
|---|---|---|
| 编制绩效考核方案 | 确定绩效考核指标 | 生产车间须配合人力资源部确定绩效考核指标，并报总经理审批 |
| | 编制生产车间绩效考核方案 | （1）人力资源部负责编制生产部绩效考核方案，为顺利实施绩效考核提供保证<br>（2）绩效考核方案内容主要包括考核目的、考核对象及考核标准等 |
| 实施绩效考核 | 组织实施绩效考核 | （1）人力资源部须对生产车间的绩效考核工作进行培训与指导，组织实施并监督和检查绩效考核的落实情况<br>（2）生产车间主任应指导下属做好各岗位的绩效考核工作，员工根据绩效考核方案在规定的时间内进行自我评估并填写"绩效考核表"<br>（3）生产部车间主任根据绩效考核方案对自己和员工的工作表现进行记录和评定 |
| | 编制绩效考核结果评估报告 | （1）人力资源部根据绩效考核结果编制绩效考核结果评估报告，并报总经理审批<br>（2）绩效考核结果评估报告内容主要包括绩效评估参加人员情况、评估过程情况及评估结果 |
| | 受理绩效申诉 | （1）被考核者若对绩效考核结果有异议，则可以书面形式向人力资源部提出申诉<br>（2）人力资源部在接到员工的申诉后，须在规定的时间内做出是否受理的答复，若受理申诉，则按绩效申诉处理流程办理 |
| | 公布绩效考核结果 | 人力资源部负责公布绩效考核结果 |
| 应用绩效考核结果 | 应用考核结果 | 绩效考核结果将应用于员工工作改进、岗位变动、职位晋升、薪酬调整及培训需求确定等各项人力资源工作 |

## 3. 生产车间业务绩效考核管理制度

**第 1 章 总则**

**第 1 条 目的**

为了加强生产车间的班组建设，强化员工的责任意识，激励员工围绕月度及年度经营计划积极努力地开展工作，同时为员工改进工作和抓住工作重点指明方向，特制定本制度。

**第 2 条 适用范围**

本制度适用于本企业生产车间的绩效考核管理工作。

**第 3 条 考核原则**

1. 公开、公正、透明的原则。

2. 定量考核与定性考核相结合的原则。

3. 科学、合理的原则。

4. 全面考核的原则。

**第 2 章 组织与实施绩效考核**

**第 4 条 考核周期**

生产车间的绩效考核分为定期考核和不定期考核两种。其中，定期考核包括月度考核和年度考核。月度考核实施时间为下月的____日至____日，年度考核实施时间为下一年度一月的____日前。不定期考核为不定期抽查，每月至少一次。

**第 5 条 考核程序**

1. 人力资源部负责组建考核小组，由其对生产车间进行考核评价（考核小组由生产部经理、车间主任、车间副主任及质检员组成）。

2. 生产部经理负责审核绩效考核结果。

3. 人力资源部负责汇总并公布绩效考核结果。

**第 6 条 绩效申诉**

被考核者若对考核结果有异议，则可在考核结果公示后____个工作日内向人力资源部提出申诉，申诉内容应包括申诉事项和理由。

**第 3 章 考核内容与考核指标**

**第 7 条 考核内容及权重**

生产车间绩效考核内容主要包括生产任务考核（30%）、生产质量考核（20%）、生产现场 5S 考核（20%）、安全生产考核（15%）及组织纪律考核（15%）。

**第 8 条 生产任务考核**

1. 考核指标

（1）生产产量：完成生产部下达的生产任务。

---

**管控要点**

- ✪ 企业应严格绩效考核流程，并明确各阶段的审批权限

- ✪ 企业须明确规定申诉处理时限

- ✪ 人力资源部在组建考核小组时应遵循考核回避原则，考核人员不得参与自身工作的考核评估工作

**管控工具**

- ✪ 绩效考核计划

- ✪ 绩效考核申诉表

---

**管控要点**

- ✪ 人力资源部应采用主观判断法和定量分析法为考核内容设置权重

- ✪ 人力资源部应对考核指标维度进行检验

（续）

（2）生产产值：完成车间生产产值目标责任的要求。

2. 考核内容

（1）根据生产部下达的生产计划编制车间作业计划。

（2）做好生产进度监督管理，保证生产任务顺利完成。

（3）生产任务考核指标考核细则如下表所示。

**生产任务考核指标考核细则**

| 考核项 | 权重 | 考核标准 | 得分 | 备注 |
|---|---|---|---|---|
| 生产任务 | 30% | （1）生产产量：目标值为____万箱，每低于目标值____箱扣____分；低于____箱，本项不得分<br>（2）生产产值：目标值为____万元，每低于目标值____万元扣____分；低于____万元，本项不得分 | | |
| 生产质量 | 20% | （1）合格品率：目标值为____%，每降低____个百分点扣____分；低于____%，本项不得分<br>（2）优质品率：目标值为____%，每降低____个百分点扣____分<br>（3）废品率：目标值为____%，每高出____个百分点扣____分<br>（4）产品返工率：目标值为____%，每高出____个百分点扣____分 | | |
| 生产现场5S考核 | 20% | 考核标准参见"生产现场5S考核表" | | |
| 安全生产考核 | 15% | 考核标准参考《生产安全绩效考核管理制度》 | | |
| 组织纪律考核 | 15% | 考核标准参见"生产车间组织纪律考核表" | | |
| 合　计 | | | | |

**管控工具**

- 生产车间绩效考核表
- 生产现场5S考核说明表
- 组织纪律考核细则说明表
- 生产任务考核指标考核细则
- 车间作业计划

第9条　生产质量考核指标主要有下列四个。

（1）合格品率。

（续）

（2）优质品率。

（3）废品率。

（4）产品返工率。

第10条 生产现场5S考核

生产现场5S考核内容包括整理（Seiri）、整顿（Seiton）、清扫（Seiso）、清洁（Seiketsu）和素养（Shitsuke），具体说明如下表所示。

### 生产现场5S考核说明

| 5S 活动 | 考核项 | 评分标准 ○非常好：5分 好 ：4分 ○普通：3分 ○较差：2分 ○很差：1分 | 得分 |
|---|---|---|---|
| 整理 | 物料、物品放置有总体规划 | □非常好 □好 □一般 □较差 □很差 | |
| | 工作场所无杂物、无废物 | □非常好 □好 □一般 □较差 □很差 | |
| | 各作业场所有清晰标识 | □非常好 □好 □一般 □较差 □很差 | |
| 整顿 | 各种物品有明确标识，查找方便 | □非常好 □好 □一般 □较差 □很差 | |
| | 原材料、半成品及成品定点、定位码放整齐且标识清晰，标识与实物相符 | □非常好 □好 □一般 □较差 □很差 | |
| | 设备、工具按规定摆放 | □非常好 □好 □一般 □较差 □很差 | |
| | 更换的模具标签统一朝外放置于指定位置 | □非常好 □好 □一般 □较差 □很差 | |
| 清扫 | 工作场所整洁 | □非常好 □好 □一般 □较差 □很差 | |
| | 工作台面整洁 | □非常好 □好 □一般 □较差 □很差 | |

（续）

（续表）

| 5S 活动 | 考核项 | 评分标准 | | 得分 |
|---|---|---|---|---|
| | | ○非常好：5分　　○好　：4分<br>○普通：3分　　○较差：2分<br>○很差：1分 | | |
| 清扫 | 生产设备表面无灰尘 | □非常好 □好 □一般 □较差<br>□很差 | | |
| 清洁 | 工作环境整洁、卫生 | □非常好 □好 □一般 □较差<br>□很差 | | |
| | 工作服干净、整洁 | □非常好 □好 □一般 □较差<br>□很差 | | |
| | 生产车间内部空气清新，且<br>无污染源 | □非常好 □好 □一般 □较差<br>□很差 | | |
| 素养 | 员工行为规范，且能自觉遵<br>守生产车间规章管理制度 | □非常好 □好 □一般 □较差<br>□很差 | | |
| | 员工按照作业要求规范操作 | □非常好 □好 □一般 □较差<br>□很差 | | |
| | 员工工作主动、热情 | □非常好 □好 □一般 □较差<br>□很差 | | |
| 合　　　计 | | | | |

第11条　组织纪律考核

1.组织纪律的考核主要从个人考勤、工作纪律和人员合作三个方面进行。

2.组织纪律考核细则说明如下表所示。

### 组织纪律考核细则说明

| 考核项 | 权重 | 考核标准 | 得分 |
|---|---|---|---|
| 个人考勤 | 30% | （1）不迟到、不早退，每天早上____点之前必须赶到车间办公室参加班前会（迟到或早退一次减____分）<br>（2）开会无迟到、无缺席现象（迟到一次减____分，缺席一次减____分） | |

（续）

（续表）

| 考核项 | 权重 | 考核标准 | 得分 |
|---|---|---|---|
| 工作纪律 | 40% | （1）服从公司和车间领导安排的活动，无推卸行为（不服从或推卸的减____分/次）<br><br>（2）不爱惜工具、机电设备等公司财产（发现一次减____分）<br><br>（3）发现生产质量问题时不报告、不制止、不检举（发现一次减____分）<br><br>（4）故意涂改管理人员写在黑板上的通知或原料看板上的内容及其他记录（发现一次减____分） | |
| 人员合作 | 30% | （1）与本车间或相关部门人员紧密合作，在控制或调整生产进度时能积极、有效地告知相关人员，工作认真负责，从不互相推诿，得____分<br><br>（2）能与本车间或相关部门人员合作，在控制或调整生产进度时能有效告知相关人员，工作认真负责，从不互相推诿，得____分<br><br>（3）与本车间或相关部门人员缺乏合作，在控制或调整生产进度时不能有效告知相关人员，工作不认真、不负责，有推诿或其他影响合作气氛的行为，得____分 | |

### 第4章　考核结果应用

第12条　考核结果核算说明

绩效考核各项内容均为百分制，加权计算后得出最终分数。

第13条　绩效考核等级设置

生产车间的绩效考核结果可划分为五个等级，具体如下表所示。

**管控要点**

✪ 人力资源部和相关责任人须对考核结果进行复核

**管控工具**

✪ 生产车间绩效考核结果等级划分表

#### 生产车间绩效考核结果等级划分表

| 考核等级 | 优秀 | 良好 | 中等 | 合格 | 不合格 |
|---|---|---|---|---|---|
| 得分 | 90分（含）以上 | 80~89分 | 70~79分 | 60~69分 | 60分以下 |

（续）

第 14 条　考核结果应用

　　生产车间的绩效考核结果主要作为生产车间季度奖金和年度奖金的发放依据，也可作为评选优秀车间的参考依据。

### 第 5 章　附则

第 15 条　本制度由人力资源部制定，其解释权和修订权归人力资源部所有。

第 16 条　本制度自颁布之日起生效。

第 8 章

# 高效实战之热门
# 企业绩效考核

# 8.1 电商企业绩效考核

## 8.1.1 电商企业绩效考核常见问题

1. 电商企业跨界经营带来的企业文化冲击

电商企业在整合资本的过程中引入了大量的新业务模块、并购及外包业务，在并购与整合新业务模块的过程中，被重组对象的原企业文化与新企业文化之间必然产生冲突。在原企业文化影响下的员工，无法适应新企业的工作模式。其中，最突出表现是员工不适应新的绩效考核方式，导致绩效管理工作无法向前推进。

2. 绩效指标的更新速度跟不上企业经营模式的变化速度

电商企业的两个显著特点是：一是企业生命周期变更比传统企业要快，尤其是从初创期到成熟期，时间间隔很短；二是电商企业在新技术的影响下，其业务模块和经营模式不断地快速调整。电商企业的绩效指标如果不能准确把握当下企业的发展阶段、经营模式、业务模块，就无法通过绩效考核反映企业的目标实现情况和员工的真实业绩水平。因此，电商企业的绩效指标要在动态中选取。

3. 大数据挖掘能力不足，导致考核数据不全面

电商企业由于其经营特点，每天都会产生大量的经营数据，若绩效考核人员不能对这些数据进行有效的筛选和分析，就不能反映出各业务模块的真实情况。最终，考核结果也不能完全反映企业绩效真实情况，致使绩效考核流于形式。

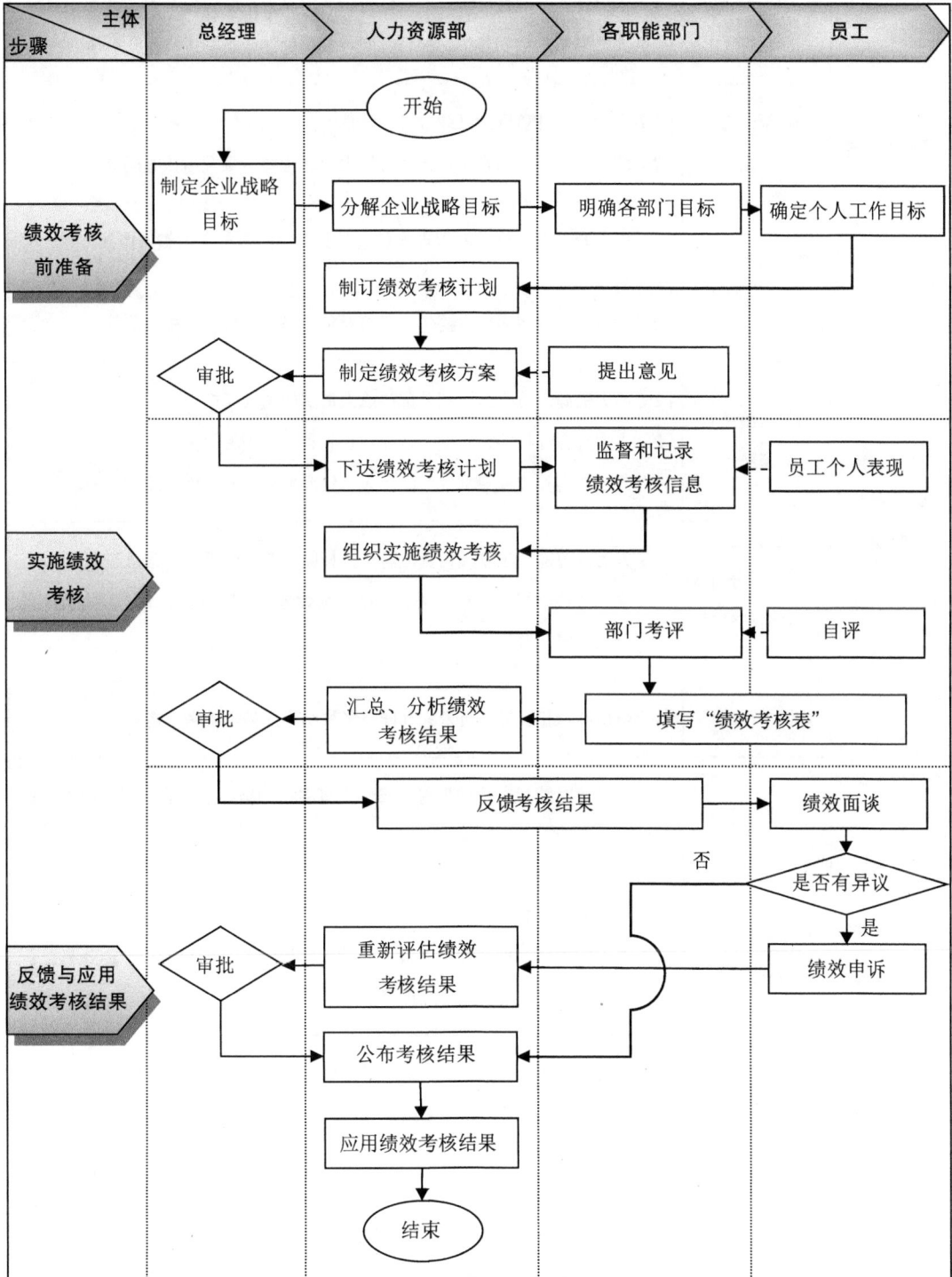

## 8.1.2 电商企业绩效考核实施流程与制度

### 1. 执行流程图

| 步骤 ＼ 主体 | 总经理 | 人力资源部 | 各职能部门 | 员工 |
|---|---|---|---|---|
| | | 开始 | | |
| **绩效考核前准备** | 制定企业战略目标 | 分解企业战略目标 | 明确各部门目标 | 确定个人工作目标 |
| | | 制订绩效考核计划 | | |
| | 审批 | 制定绩效考核方案 | 提出意见 | |
| **实施绩效考核** | 下达绩效考核计划 | 监督和记录绩效考核信息 | | 员工个人表现 |
| | | 组织实施绩效考核 | | |
| | | | 部门考评 | 自评 |
| | 审批 | 汇总、分析绩效考核结果 | 填写"绩效考核表" | |
| **反馈与应用绩效考核结果** | | 反馈考核结果 | 绩效面谈 | |
| | | | 是否有异议 否 / 是 | |
| | 审批 | 重新评估绩效考核结果 | 绩效申诉 | |
| | | 公布考核结果 | | |
| | | 应用绩效考核结果 | | |
| | | 结束 | | |

## 2. 执行关键节点及执行细节

| 阶段 | 关键节点 | 执行细节 |
|---|---|---|
| 绩效考核前准备 | 分解企业战略目标 | （1）人力资源部通过分析企业战略目标，将企业战略目标分解为各部门目标<br>（2）人力资源部根据各部门的目标对各部门的绩效目标进行量化分析 |
| | 制订绩效考核计划 | （1）人力资源部负责制订绩效考核计划<br>（2）绩效考核计划内容主要包括考核内容、考核步骤及考核时间等 |
| | 制定绩效考核方案 | （1）人力资源部负责编制管理人员、各职能部门及员工的绩效考核方案，并报总经理审批<br>（2）绩效考核方案内容主要包括考核对象、考核指标及考核方法等 |
| 实施绩效考核 | 组织实施绩效考核 | （1）人力资源部负责组织相关部门或人员实施绩效考核<br>（2）人力资源部在实施考核的过程中要收集、整理考核资料<br>（3）若考核实施过程中发生变动，人力资源部应及时调整"绩效考核表" |
| | 汇总、分析绩效考核结果 | （1）人力资源部应派专人负责汇总、分析绩效考核结果，并报总经理审批<br>（2）绩效考核结果的分析方法为根据"绩效考核表"进行计分，并按最终得分确定考核等级 |
| 反馈与应用绩效考核结果 | 反馈考核结果 | 人力资源部与相关部门负责人共同将考核结果反馈给被考核者 |
| | 绩效申诉 | 被考核者若对绩效考核结果有异议，则可在接到结果之日起一周内向人力资源部提出申诉 |
| | 重新评估绩效考核结果 | （1）人力资源部负责受理理由充分的绩效申诉<br>（2）人力资源部根据企业相关规定对绩效考核结果进行重新评估，并将重新评估后的考核结果报总经理审批 |
| | 公布考核结果 | （1）人力资源部须确认考核结果已呈报总经理审批，且经被考核者确认签字<br>（2）人力资源部负责公布考核结果 |
| | 应用绩效考核结果 | 绩效考核结果将应用于员工工作改进、岗位变动、职位晋升、薪酬调整及培训需求确定等各项人力资源工作 |

3. 电商企业绩效考核制度

**第1章 总则**

第1条 目的

为了完善企业管理制度，提高员工工作积极性，推动本企业业务快速发展，特制定本制度。

第2条 适用范围

本制度适用于本企业全体员工的绩效考核管理工作。

**第2章 绩效考核管理**

第3条 绩效考核对象及其考核方案设计要求

绩效考核对象包括经营管理团队成员、部门及其负责人和员工。人力资源部应针对考核对象的特点，制定符合实际的考核方案，并设定合理的考核指标，具体如下表所示。

**绩效考核对象的考核方案制定标准参照表**

| 考核对象 | 考核周期 | 考核实施方式 | 考核指标及其权重 |
|---|---|---|---|
| 经营管理团队成员 | 年度考核 | 由企业组织实施，人力资源部负责提供业务支持与管理服务 | 经营绩效考核（70%）、管理绩效考核（20%）和客户满意度考核（10%） |
| 部门 | 半年度考核和年度考核 | 由企业人力资源部负责 | 工作绩效考核（70%）、部门间协作考核（15%）和团队建设考核（15%） |
| 部门负责人 | 半年度考核和年度考核 | 由企业人力资源部负责 | 财务类考核（60%）、运营类考核（20%）、客户类考核（10%）和学习与发展类考核（10%） |
| 员工 | 月度考核和年度考核 | 由人力资源部组织实施，各部门配合完成 | 工作业绩考核（80%）、工作态度考核（10%）和工作能力考核（10%） |

第4条 考核实施程序

1. 考核初期，被考核者和上级主管先总结上一期的绩效，再结合当期业务的重点，最后共同确定考核目标和考核要求。

**管控要点**

✪ 人力资源部应编制绩效考评进度安排表，明确规定每个绩效考评阶段的时间、责任人、具体工作内容及工作方法

✪ 人力资源部应及时对考核资料进行归档保存

**管控工具**

✪ 绩效考核方案

✪ 绩效面谈记录表

✪ 绩效考核申诉表

✪ 绩效考核对象的考核方案制定参照表

✪ 考核结果应用说明表

（续）

2.考核组织管理部门收集考核期内的各类考核资料，将其作为考核评价的依据。

3.考核者依据考核资料，对照考核表，对被考核者进行客观、准确的评价。

4.考核者在对被考核者进行评价后，应与被考核者进行绩效面谈，确认绩效考核结果。

5.人力资源部须汇总、统计绩效考核结果，并将其记入相关人员或部门的绩效档案中。

第5条　绩效面谈

上级主管与被考核者就绩效考核结果进行绩效面谈。被考核者若对考核结果有异议，则可申请二次复议，复议通常由企业高层领导负责。二次复议的结果与原考核结果不一致的，以二次复议的结果为准。

第6条　考核结果的应用

考核结果一般与员工的薪酬、奖金、职务升降、培训等事项挂钩。人力资源部在应用绩效考核结果时可参照下表。

**考核结果应用说明表**

| 考核结果应用 | 适用部门或岗位 |
| --- | --- |
| 年度绩效薪酬 | 中高层管理者、网页设计人员、网络营销推广人员及在线客服人员等 |
| 月度绩效薪酬 | 网络营销推广人员、在线客服人员等 |
| 岗位晋升资格 | 所有职位 |
| 核实提薪资格 | 所有职位 |
| 营销技能培训 | 网络营销推广人员、在线客服人员等 |
| 设计思维及能力开发 | 网页设计人员等 |
| 网络应用技能培训 | 网络维护人员、网络优化人员等 |

第7条　考核资料管理

企业须妥善保管考核资料。人力资源部应将考核过程中涉及的表单、文件以月为周期于本部门内存档，并以年为周期将其移送至档案部保管。

**第3章　附则**

第8条　本制度经总经理批准后实施，其解释权归人力资源部所有。

第9条　本制度每年修订一次，于新制度颁布后废止。

# 8.2　物流企业绩效考核

## 8.2.1　物流企业绩效考核常见问题

1. 企业组织地域分布较分散影响绩效考核的统一性

出于行业需求，物流企业会在多个地点设置分公司或物流点，企业组织地域分布较分散，或者以项目组成的临时性组织较多。各个分公司、物流点、临时项目组受客观因素的影响，存在经营上的差异，各机构需要针对自身特点构建一套考核体系。这样一来，就增加了总公司实施绩效考核的难度。

2. 将绩效考核肤浅地理解为业务提成，导致绩效考核沦为核算薪酬的手段

企业的人力资源部通常会制定与薪酬密切相关的考核制度。所以，员工习惯性地将绩效考核结果与自己的薪酬挂钩，而对绩效考核结果的其他方面应用一无所知。

3. 企业构建的绩效考核体系未涵盖全部物流业务模块

有些企业构建的绩效考核体系未能涵盖全部物流业务模块，导致绩效考核不全面。物流企业的主要业务模块包括物流客户服务业务、物流仓储业务及运输配送业务等。

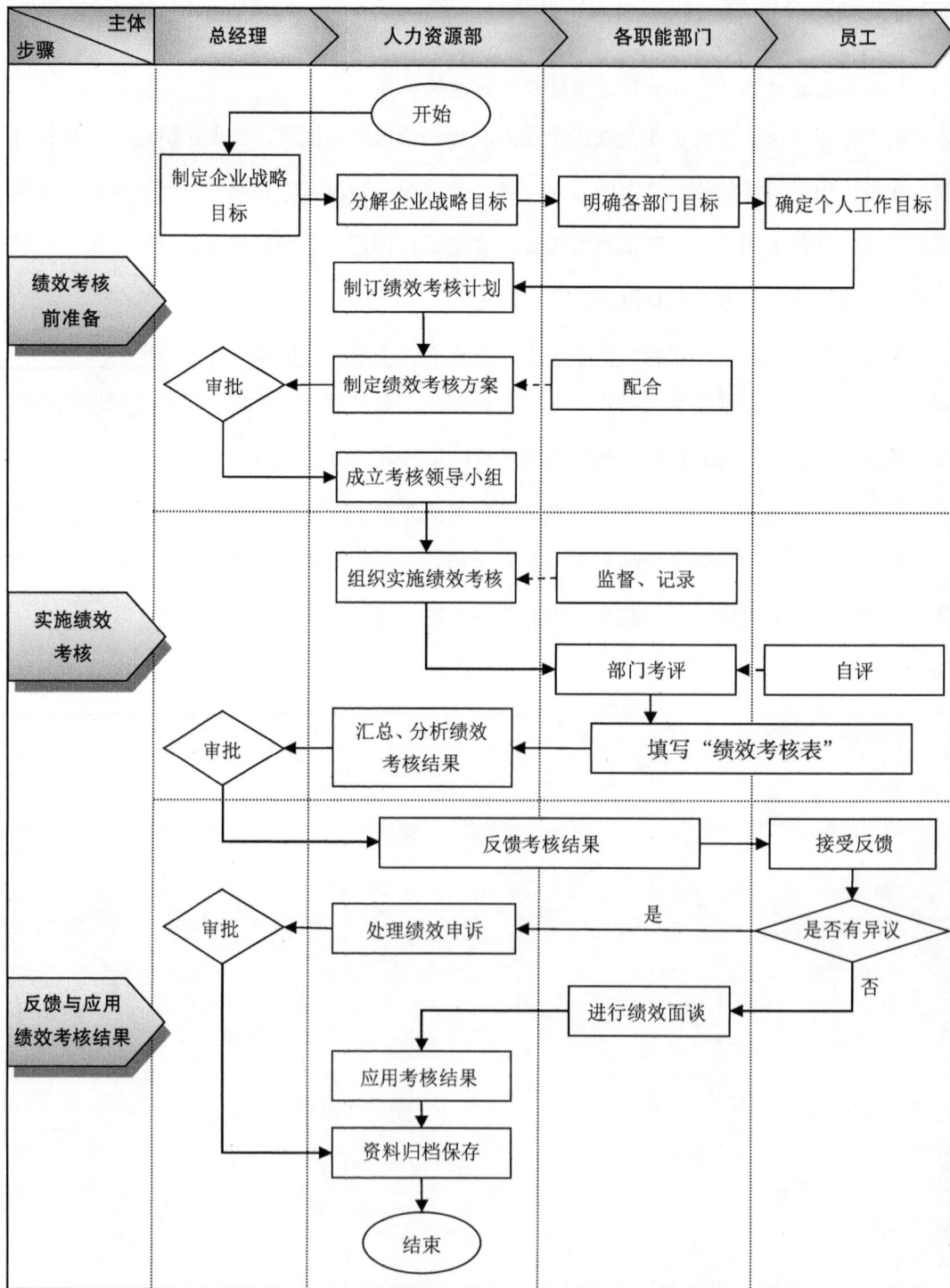

## 8.2.2 物流企业绩效考核实施流程与制度

### 1. 执行流程图

| 主体 步骤 | 总经理 | 人力资源部 | 各职能部门 | 员工 |
|---|---|---|---|---|

开始

**绩效考核前准备**

制定企业战略目标 → 分解企业战略目标 → 明确各部门目标 → 确定个人工作目标

制订绩效考核计划

审批 ← 制定绩效考核方案 ← 配合

成立考核领导小组

**实施绩效考核**

组织实施绩效考核 ← 监督、记录

部门考评 ← 自评

审批 ← 汇总、分析绩效考核结果 ← 填写"绩效考核表"

反馈考核结果 → 接受反馈

**反馈与应用绩效考核结果**

审批 ← 处理绩效申诉 ← 是 ← 是否有异议

否

进行绩效面谈

应用考核结果

资料归档保存

结束

2. 执行关键节点及执行细节

| 阶段 | 关键节点 | 执行细节 |
| --- | --- | --- |
| 绩效考核前准备 | 分解企业战略目标 | （1）人力资源部通过分析企业战略目标，将企业战略目标分解为各部门目标<br>（2）人力资源部根据各部门的目标对各部门的绩效目标进行量化分析 |
| | 制订绩效考核计划 | （1）人力资源部负责制订绩效考核计划<br>（2）绩效考核计划内容主要包括考核内容、考核步骤及考核时间等 |
| | 制定绩效考核方案 | （1）人力资源部负责编制管理人员、各职能部门及员工的绩效考核方案，并报总经理审批<br>（2）绩效考核方案内容主要包括考核对象、考核指标及考核方法等<br>（3）绩效考核方案包括月度考核方案和年度考核方案两种。月度考核方案的考核指标主要包括运输管理、货物安全、信息反馈及仓储管理工作成效等；年度考核方案的考核指标主要包括员工的工作业绩、工作能力和工作态度等 |
| | 成立考核领导小组 | （1）人力资源部组织成立考核领导小组<br>（2）考核领导小组由总经理、人力资源部负责人及相关部门负责人组成 |
| 实施绩效考核 | 组织实施绩效考核 | （1）人力资源部负责组织相关部门或人员实施绩效考核<br>（2）人力资源部在实施考核的过程中要收集、整理考核资料<br>（3）若考核实施过程中有重大变动，人力资源部应及时调整"绩效考核表" |
| | 汇总、分析绩效考核结果 | （1）人力资源部应派专人负责汇总、分析绩效考核结果，并报总经理审批<br>（2）绩效考核结果的分析方法为根据"绩效考核表"进行计分，并按最终得分确定考核等级 |
| 反馈与应用绩效考核结果 | 反馈考核结果 | 人力资源部与相关部门负责人共同将考核结果反馈给被考核者 |
| | 处理绩效申诉 | （1）人力资源部须负责处理员工提出的绩效申诉，并将处理结果报总经理审批<br>（2）人力资源部在接到员工的申诉后，须在接到申诉之日起____日内做出是否受理的答复 |

（续表）

| 阶段 | 关键节点 | 执行细节 |
|---|---|---|
| 反馈与应用绩效考核结果 | 进行绩效面谈 | （1）各职能部门负责人负责与员工进行绩效面谈<br>（2）绩效面谈的目的是让被考核者了解自身的优缺点，并确定下一阶段的工作目标 |
| | 应用考核结果 | 绩效考核结果主要用于员工工作改进、岗位变动、职位晋升、薪酬调整、培训需求确定等各项人力资源工作 |

## 3. 物流企业绩效考核制度

### 第1章　总则

**第1条　目的**

为了提升企业经营业绩，提高员工的工作积极性和工作效率，推动企业各项发展目标落实，特制定本制度。

**第2条　适用范围**

本制度适用于本企业董事长、总经理以外的所有人员的绩效考核管理工作。

**第3条　考核原则**

1. 公开的原则。绩效考核标准、考核程序及考核责任都应当有明确的规定，在实施过程中应严格遵守这些规定。同时，考核标准、考核程序和对考核责任者的规定应向全体员工公开。

2. 公正、客观的原则。企业应遵循公正、客观的原则开展绩效考核工作。

3. 量化的原则。为了使考核标准明确、具体且便于操作，减少人为因素的干扰，应在必要和可行的前提下量化考核标准。

4. 可持续执行的原则。绩效考核制度制定出来后，企业应长期执行。

### 第2章　绩效考核实施管理

**第4条　考核领导小组**

1. 考核领导小组组长由总经理担任，负责提出年度绩效考核总体要求。

2. 考核领导小组副组长由人力资源管理工作的副总经理担任，负责监督考核过程并妥善处理考核过程中的突发事件。

3. 考核领导小组执行组长由人力资源部经理担任，负责组织安排各部门及各岗位开展绩效考核工作。

**管控要点**

- ✪ 人力资源部和相关责任人须复核绩效考核结果
- ✪ 企业应建立绩效信息收集和统计机制

**管控工具**

- ✪ 绩效考核方案
- ✪ 年度考核内容权重分配说明表
- ✪ 绩效考核结果等级划分标准及其权重说明表

（续）

4.考核领导小组执行副组长由高级管理人员担任，负责按时完成对直接下属的绩效考核，指导并监督本部门的绩效考核工作。

5.人力资源部负责收集、整理各部门的绩效考核结果。

第5条 考核周期与时间安排

1.月度考核

月度考核实施时间为次月____日前。月度考核主要与员工的绩效工资、岗位调整挂钩。

2.年度考核

年度考核实施时间为下一年度第一个月的____日前。年度考核主要与员工年终奖金发放、员工职位晋升及薪酬调整挂钩。

第6条 考核方式

1.考核以部门为单位，由各部门负责人牵头，公司人力资源部协助进行。

2.企业中层以上人员考核先由本人进行自评，再由总经理根据考核指标进行评分并总结，其中自评占20%的权重，总经理评分占80%的权重。

第7条 考核内容

1.月度考核：考核月度内关键绩效指标的完成情况，具体内容如下。

（1）运输管理，全天提/发货车辆必须按照规定的批次、规定的线路，准时准点到达/离开目标操作节点。

（2）货物安全，考核期内是否出现破损或货物丢失的情况。

（3）信息反馈，按照客户要求和企业的操作管理规定，将货物实际的提/发货信息和其他相关信息以指定的方式发送至客户指定的人员或信箱。

（4）仓储管理工作成效，仓储物品严格按照环境要求进行存储，仓储盘点账物不符的件数为零。

2.年度考核：综合被考核者全年业绩表现，同时结合被考核者工作能力与工作态度的评估得分，得出被考核者年度考核得分。

（1）年度考核内容权重分配。在对各类员工进行考核时，工作业绩、工作能力和工作态度考核指标所占的权重如下表所示。

**年度考核内容权重分配说明表**

| 名称 | 工作业绩权重 | 工作能力权重 | 工作态度权重 |
| --- | --- | --- | --- |
| 物流业务部门管理人员 | 65% | 25% | 10% |
| 物流业务部门一般人员 | 70% | 15% | 15% |

（续）

（续表）

| 名称 | 工作业绩权重 | 工作能力权重 | 工作态度权重 |
|---|---|---|---|
| 职能部门管理人员 | 60% | 30% | 10% |
| 职能部门一般人员 | 70% | 10% | 20% |

（2）工作业绩考核说明。结合被考核者全年的工作表现，由考核者结合对照考核表内容进行评分。

（3）工作能力考核说明。

①综合考虑本年度被考核者在工作中体现出来的各项能力，参考能力指标打分标准与能力辅导卡记录，并通过对比相同岗位其他员工的表现，最终确定员工的得分。

②能力指标评分标准分为五个等级，若要更改评分标准，须经绩效考核领导小组同意。

③通过工作能力指标加权计算，最终确定该员工本年度能力考核得分。

（4）工作态度考核说明。

①综合考虑本年度该员工在工作中体现出来的态度，并通过对比相同岗位其他员工的态度，最终确定员工的态度得分。

②态度指标评分标准分为五个等级，若要更改评分标准，须经绩效考核领导小组同意。

③通过工作态度指标加权计算，最终确定该员工本年度工作态度考核得分。

第8条　考核指标的调整与修正

因客观环境的变化，员工不得不调整工作计划、绩效考核标准时，经考核负责人和总经理同意后予以调整和修正。考核指标修正必须于考核正式实施前完成。

第9条　考核结果等级划分

绩效考核结果可分为优秀、良好、合格和不合格四个等级，具体划分标准及其权重如下表所示。

**绩效考核结果等级划分标准及其权重说明表**

| 等级<br>划分标准<br>及权重 | 优秀 | 良好 | 合格 | 不合格 |
|---|---|---|---|---|
| 考核得分 | 85分（含）以上 | 70~84分 | 60~69分 | 60分以下 |
| 权重 | 10% | 60% | 25% | 5% |

（续）

第10条　考核结束后，各部门负责人应对受客观环境变化等因素影响较大的考核结果进行重新评定。

第11条　考核结果应用

1. 月度考核结果应用

（1）考核结果为优秀的员工，月绩效工资发放系数为1.2。

（2）考核结果为良好的员工，月绩效工资发放系数为0.8。

（3）考核结果为合格的员工，月绩效工资发放系数为0.5。

（4）考核结果为不合格的员工，月绩效工资发放系数为0。

（5）连续三个月考核结果均为不合格的员工，企业应对其进行岗位调整。调岗后考核分数（满月）仍低于60分者，企业将予以辞退。

2. 年度考核结果应用

（1）企业根据整体的经营业绩、盈利状况、未来发展规划等因素确定年终奖金额度。有下列情形之一的员工，不享有年终奖金：

①考核年度事假超过一个月以上的；

②考核年度旷工天数超过三天以上的；

③考核年度工作时间不满六个月的；

④考核年度被通报批评三次以上的；

⑤考核年度有其他不利于企业发展行为的。

（2）员工申请晋升、提薪的条件如下（员工提薪必须逐级进行，最高不得超过本岗位最高等级工资标准）：

①在同一岗位工作满一年以上；

②考核年度月考核平均分不低于90分；

③考核年度内无书面处罚记录；

④至少提出一个改善部门流程且有利于提高工作效率的建议。

### 第3章　绩效反馈与考核结果申诉

第12条　绩效面谈

考核者应于考核结束后五个工作日内与被考核者进行绩效面谈。为达到考核者与被考核者就绩效改进与能力提升进行沟通的目的，绩效面谈时应重点关注下列两方面内容。

1. 让被考核者了解自身的优缺点。

2. 就下一阶段的工作目标与被考核者达成一致。

**管控要点**

✪ 人力资源部应准确记录绩效面谈内容

✪ 企业应严格绩效考核申诉流程，并明确各阶段的审批权限

**管控工具**

✪ 绩效考核面谈表

✪ 绩效考核面谈反馈表

✪ 绩效考核申诉表

（续）

---

第 13 条　考核结果申诉

被考核者若对考核结果有异议，则可向人力资源部或上级主管提出申诉。人力资源部或上级主管应在接到申诉之日起＿＿＿日内做出是否受理的答复。

**第 4 章　附则**

第 14 条　本制度由人力资源部制定、解释及修订，报总经理批准后生效。

第 15 条　企业各部门和各岗位的考核办法在本制度的基础上，由人力资源部及相关业务部门共同制定。

---

# 8.3　销售企业绩效考核

## 8.3.1　销售企业绩效考核常见问题

1. 设定绩效考核指标时过于注重利润增长

有些销售企业在设定绩效考核指标时，过于注重利润增长而忽视了其他方面的提升。例如，在设计销售人员的绩效考核指标时，对销售利润增长的考核占据过半的考核权重，却忽视了客户体验。

2. 忽视了对绩效考核辅助职能部门的激励作用

销售企业只重视对销售部门的绩效考核，忽视了对辅助职能部门的绩效考核，导致辅助职能部门人员的工作积极性不高。

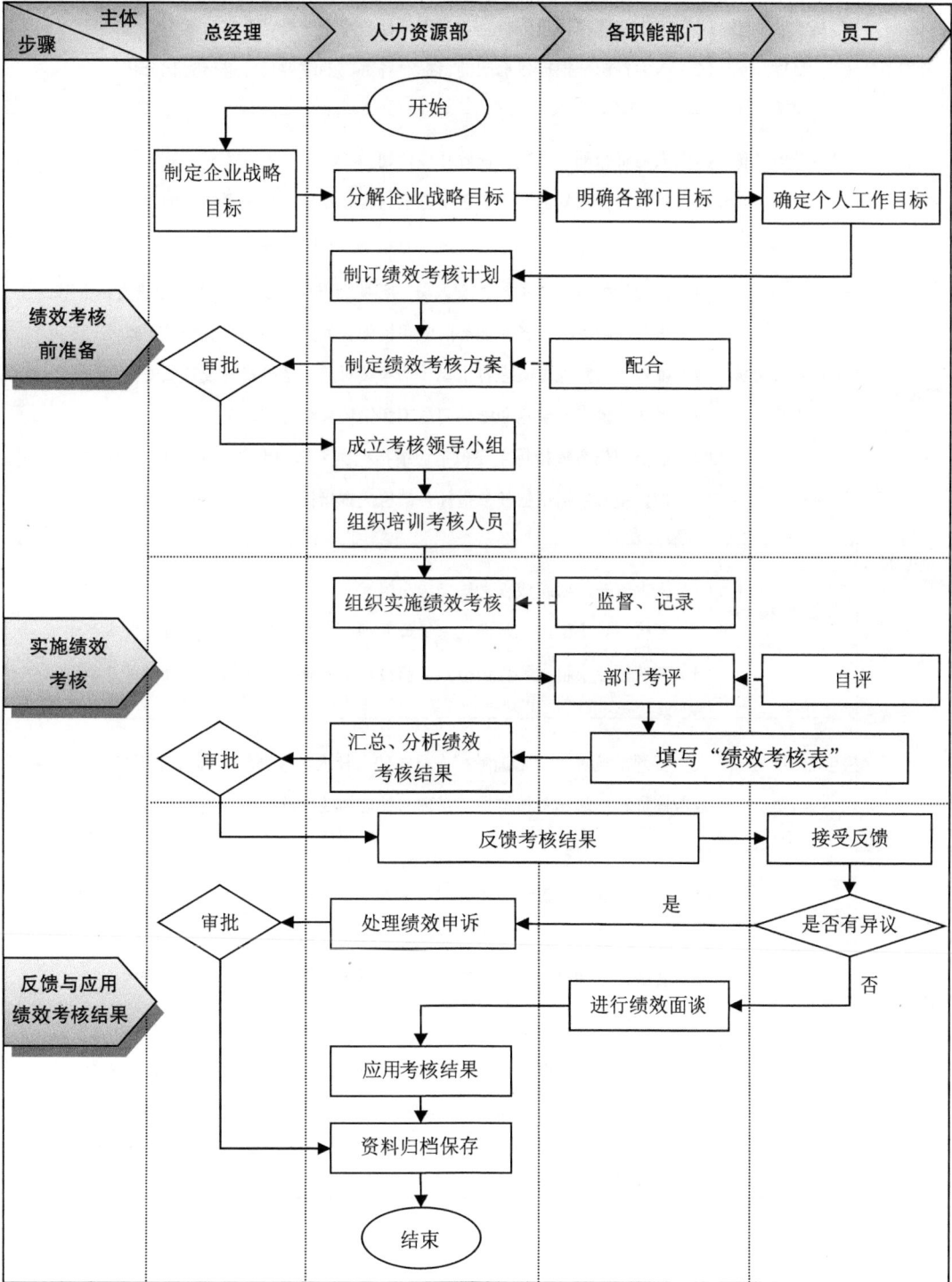

## 8.3.2 销售企业绩效考核实施流程与制度

1. 执行流程图

| 主体<br>步骤 | 总经理 | 人力资源部 | 各职能部门 | 员工 |
|---|---|---|---|---|

```
                              开始
                               │
                               ▼
绩效考核          制定企业战略    分解企业战略目标  ──▶ 明确各部门目标  ──▶ 确定个人工作目标
前准备              目标                                                      │
                               │◀──────────────────────────────────────────┘
                               ▼
                          制订绩效考核计划
                               │
                               ▼
                  审批 ◀──  制定绩效考核方案  ◀──   配合
                   │           │
                   │           ▼
                   └──▶  成立考核领导小组
                               │
                               ▼
                          组织培训考核人员
                               │
──────────────────────────────┼──────────────────────────────────
                               ▼
实施绩效             组织实施绩效考核  ◀──   监督、记录
考核                          │
                               ▼
                            部门考评  ◀──   自评
                               │
                               ▼
                  审批 ◀──  汇总、分析绩效   ◀──  填写"绩效考核表"
                   │        考核结果
──────────────────┼───────────────────────────────────────────────
                   └──▶  反馈考核结果  ──────────▶  接受反馈
                                                        │
                                                        ▼
                  审批 ◀──  处理绩效申诉  ◀── 是 ── 是否有异议
                   │                                    │ 否
反馈与应用          │                                    ▼
绩效考核结果         │            进行绩效面谈  ◀─────────┘
                   ├──▶  应用考核结果
                   │          │
                   │          ▼
                   └──▶  资料归档保存
                               │
                               ▼
                            结束
```

2.执行关键节点及执行细节

| 阶段 | 关键节点 | 执行细节 |
|---|---|---|
| 绩效考核前准备 | 分解企业战略目标 | （1）人力资源部通过分析企业战略目标，将企业战略目标分解为各部门目标<br>（2）人力资源部根据各部门的目标对各部门的绩效目标进行量化分析 |
| | 制订绩效考核计划 | （1）人力资源部负责制订绩效考核计划<br>（2）绩效考核计划内容主要包括考核内容、考核步骤及考核时间等 |
| | 制定绩效考核方案 | （1）人力资源部负责编制管理人员、各职能部门及员工的绩效考核实施方案，并报总经理审批，各职能部门应积极配合人力资源部完成相关工作<br>（2）绩效考核实施方案内容主要包括考核对象、考核指标及考核方法等<br>（3）考核对象主要包括职能部门员工和销售系统部门员工<br>（4）职能部门考核指标主要包括业绩指标、工作态度和工作能力，销售部门考核指标主要包括销售任务指标、销售成本指标及客户管理指标等 |
| | 成立考核领导小组 | （1）人力资源部组织成立考核领导小组<br>（2）考核领导小组由总经理、总经理助理、人力资源部经理及其相关人员组成<br>（3）考核领导小组主要负责指导、监督员工实施绩效考核，并处理绩效申诉 |
| | 组织培训考核人员 | 人力资源部负责组织培训考核人员，使考核人员掌握核实绩效考核资料、运用绩效考核资料、计算考核结果、受理与处理绩效申诉的操作规范和技巧 |
| 实施绩效考核 | 组织实施绩效考核 | （1）人力资源部负责组织相关部门或人员实施绩效考核<br>（2）人力资源部在实施考核的过程中要收集、整理考核资料<br>（3）若考核实施过程中发生变动，人力资源部应及时调整"绩效考核表" |
| | 汇总、分析绩效考核结果 | （1）人力资源部应派专人负责汇总、分析绩效考核结果，并报总经理审批<br>（2）绩效考核结果的分析方法为根据"绩效考核表"进行计分，并按最终得分确定考核等级 |

（续表）

| 阶段 | 关键节点 | 执行细节 |
|---|---|---|
| 反馈与应用绩效考核结果 | 反馈考核结果 | 人力资源部与相关部门负责人共同将考核结果反馈给被考核者 |
| | 处理绩效申诉 | （1）人力资源部负责处理员工提出的绩效申诉，并将处理结果报总经理审批<br>（2）人力资源部在接到员工的申诉后，应在接到申诉之日起＿＿日内做出是否受理的答复 |
| | 进行绩效面谈 | （1）各职能部门负责人负责与员工进行绩效面谈<br>（2）绩效面谈的目的是让被考核者了解自身工作的优缺点，并就下一阶段的工作目标与被考核者达成一致 |
| | 应用考核结果 | 绩效考核结果将应用于员工工作改进、岗位变动、职位晋升、薪酬调整、培训需求确定等各项人力资源工作 |

## 3. 销售企业绩效考核制度

### 第1章 总则

**第1条 目的**

1. 对员工的工作绩效进行客观、公正的评价和反馈，将其作为调整员工工资、奖金及职位等的依据，公平、合理地处理相关的人力资源管理问题。

2. 以工作绩效为依据制订员工教育与培训计划，提升员工的素质和能力，使员工得到更好的发展机会。

**第2条 适用范围**

本制度适用于除本公司总经理以外的人员（不包括试用期员工和临时工）的绩效考核管理工作。总经理的考核由董事会实施。

**第3条 考核依据**

1. 企业各项规章制度。

2. 人力资源部提供的员工行政违纪记录和岗位违纪记录。

3. 被考核者的上级主管人员提供的工作记录。

4. 岗位说明书。

（续）

第4条　考核注意事项

1.考核者在考核的过程中不得有徇私舞弊的行为。

2.只对考核时期和被考核者工作范围内的工作表现进行考核。

3.为了保证考核结果客观、公正，考核评价应有确实根据并做出说明。

**第2章　绩效考核体系建设**

第5条　职能部门考核

1.职能部门管理人员的考核

（1）考核采用目标管理卡的形式进行（目标管理卡是考核期初由被考核者根据企业的目标填写的目标责任书），先由被考核者进行自评，再由其直接上级和考核小组共同评定，并由被考核者按照目标管理卡阐述本考核期主要工作业绩，最后由考核小组对其陈述发表意见并予以评价。

（2）考核权重分别为自评占20%、直接上级占20%、考核小组占60%。

（3）计算公式：月度考核得分＝自评得分×20%＋直接上级评价得分×20%＋考核小组评价得分×60%，年度考核最终成绩＝年度日常考核成绩平均分×80%＋年度综合考评×20%。

2.职能部门员工的考核

职能部门员工绩效考核内容及相关说明见下表。

**管控要点**

✪ 企业应合理设定绩效考核指标

**管控工具**

✪ 目标责任书

✪ 绩效考核计划

✪ 职能部门员工绩效考核内容及相关说明表

### 职能部门员工绩效考核内容及相关说明表

| 考核周期 | 考核内容 | 考核指标 |
|---|---|---|
| 季度考核 | 业绩指标 | 包括数量指标、质量指标、效率指标、时间指标和成本指标 |
| 年度考核 | 业绩指标 | 包括数量指标、质量指标、效率指标、时间指标和成本指标 |
| | 工作能力 | 与岗位相关的能力指标 |
| | 工作态度 | 包括主动性、责任心和协作意识 |

第6条　销售系统人员的考核

1.销售系统人员考核周期

（1）月度考核。对当月的工作表现进行考核，考核实施时间为下一个月的____至____日，遇节假日顺延。

（续）

（2）年度考核。对当年的工作表现进行审核，考核实施时间为下一年度一月的＿＿至＿＿日。

2.销售系统人员考核内容

（1）销售任务指标，主要考核销售任务是否按时、按量达成。

（2）销售成本指标，主要考核销售费用的控制情况。

（3）客户管理指标，主要考核客户的保有与开发、客户关系管理等情况。

（4）销售回款指标，主要考核销售贷款回收情况。

### 第 3 章　绩效考核组织实施

第 7 条　考核组织

企业在进行绩效考核前应组建绩效考核领导小组，由其负责员工绩效考核的指导、监督和考核结果申诉处理工作。绩效考核领导小组由总经理、总经理助理、人力资源部经理及相关人员组成。

第 8 条　考核程序

1.每月＿＿日前（每季度第一个月的＿＿日前），人力资源部须将"绩效考核表"和其他相关部门保存的考核数据汇总后下发给各部门。

2.被考核者的直接上级整理被考核者日常考核原始记录，并在两天内填写完"绩效考核表"，并在每月＿＿日前（每季度第一个月的＿＿日前）将考核结果汇总表提交给人力资源部。

3.每月＿＿日前（每季度第一个月的＿＿日前），人力资源部公布考核结果，被考核者若对考核结果有异议，则可于每月＿＿日前（每季度第一个月的＿＿日前）向人力资源部提出申诉，由人力资源部同考核主体协商处理争议。

4.人力资源部根据考核结果为员工核算薪资。

第 9 条　考核其他事项说明

1.考核前培训管理

考核领导小组成员在第一次开展考核工作前均要参加考核培训，确保考核工作顺利完成。

2.绩效面谈

季度（年度）考核结束后，被考核者的直接上级必须与被考核者进行绩效面谈。

3.考核资料归档整理

企业考核结果及相关文件资料由人力资源部归档保存。任何人未经允许不得随意借阅或使用已归档的文件资料。

**管控要点**

- ❂ 人力资源部应安排专人定期检查绩效考核记录
- ❂ 企业应制定绩效考核资料归档制度，并明确规定责任人、保管时限及借阅规定等，避免出现遗漏、丢失等现象
- ❂ 人力资源部应公开争议处理程序，并由被考核者和组织管理部门共同选派监督人员对争议处理过程进行全程监督，保证争议处理结果客观、公证

**管控工具**

- ❂ 绩效考核表
- ❂ 绩效考核申诉表

（续）

## 第4章　绩效考核结果应用

**第10条　考核结果等级划分**

考核结果分为优秀、良好、合格和不合格四个等级，具体如下表所示。

### 考核结果等级划分标准

| 划分标准及权重 ＼ 等级 | 优秀 | 良好 | 合格 | 不合格 |
|---|---|---|---|---|
| 考核得分 | 85分（含）以上 | 70~84分 | 60~69分 | 60分以下 |
| 权重 | 10% | 60% | 25% | 5% |

**第11条　考核结果应用**

1. 奖金发放

（1）优秀等级的员工，绩效奖金在核定数额的基础上提高20%。

（2）良好等级的员工，绩效奖金在核定数额的基础上提高10%。

（3）合格等级的员工，绩效奖金数额不变。

（4）不合格等级的员工，绩效奖金在核定数额的基础上降低10%。

2. 考核结果将作为员工职位晋升及调整相关福利待遇的参考依据。

3. 不合格等级的员工不得参与晋升、工资调整等。

4. 连续两次考核不合格的员工，公司将对其进行岗位培训，经考查合格后方可重新上岗。

## 第5章　附则

**第12条**　本制度由人力资源部制定、解释和修订。人力资源部和相关业务部门在本制度的基础上共同制定企业各部门和各岗位的考核办法。

**第13条**　本制度自颁布之日起生效。

---

**管控要点**

❂ 人力资源部和相关责任人应对考核结果进行复核，避免出现错算、漏算等现象

❂ 企业应制定详细具体的考核结果等级划分标准

**管控工具**

❂ 考核结果等级划分标准表